イスラームの構造

増補新版

イスラームの構造

タウヒード・シャリーア・ウンマ

黒田壽郎 著

書肆心水

Toshio KURODA
THE STRUCTURE OF ISLAM
Tawḥīd, Sharī'ah, and 'Ummah

イスラームの構造　目次

第二章　シャリーア　イスラームの倫理と法

増補新版

イスラームの構造

タウヒード・シャリーア・ウンマ

本書は二〇〇四年刊行の初版に、インタビュー「多元的文化への偏見のない関心」、増補新版へのあとがきを加え、索引項目を増補改訂し、初版の字句に若干の修正を施した新版である。

序章

近来さまざまな観点からイスラーム、ないしはイスラーム世界にたいする関心が高まっている。それまで一つのブロックとして認識されてこなかった中東、イスラーム世界が、一つのまとまりとして意識されるようになったのはごく最近のことであり、それはおそらく外部の観察者の目には極めて衝撃的であった、イラン・イスラーム革命を契機としているであろう。西はモロッコから東はインドネシアにまで拡がるイスラーム世界には、現在でも十数億のムスリム（イスラーム教徒）が存在しているといわれている。彼らの存在はこれまで、国際政治の舞台で大きな役割を果たすことがなかったため、ほとんど無視されてきたが、状況が様変わりを示したのがイランにおける政治的変化である。この変化は、政教分離、脱宗教、合理的精神に立脚する民主的統治の充実といった、現代の政治的発展のための図式に反するものとして、一般に〈中世帰り〉の、時代錯誤の代物と評価され、現在も基本的にそのように評価され続けている。民主主義的資本主義、ならびに社会主義といった現代の二つの政治的潮流の、いずれにも属さないこのイスラーム革命の路線は、政教分離、脱宗教という観点からみて、現代の政治的潮流に根底から逆らうものであり、先ずはこの点から人々の強い拒絶反応の対象となっている。

ところで肝心なイスラーム、ないしはイスラーム世界の問題であるが、過去において高度な文化的水準を保った事実については、人々の間で若干認知されてはいたものの、この世界の近現代における衰退は著しく、とりわけ西欧による植民地支配の後には、国際的舞台においてほとんど発言権を持ち合わせなかったため、長らく積極的な知的関心の外に置かれてきた。したがってイスラームという教え、その信者たちが多数派を占めるイスラーム世界に関しては、人々は常識の次元で充分な知識を持ち合わせていなかったというのが実情である。この点は長い研究の伝統をもつ欧米においても、大差はないといいうるであろう。この教え、世界についての、細部にわたる諸事情に関して、専門家たちの間には精密な情報が獲得され、蓄積されつつあるものの、この異質の文明をめぐる大枠の認識については、人々の自文化中心主義が突出して全体的な構図を読み損なっているという、基本的な問題を抱えている点は否み難い。この自文化中心主義は、文化的多元性について一般に意識の低い西欧世界の、例えばオスマン朝敵視、蔑視の尾を引いて、一般大衆の常識の次元で著しいのである。

このような状況の中でイスラーム、ないしはイスラーム世界について言及することには、多くの困難が存在する。とりわけこの世界ではイスラームを信ずる者が圧倒的多数であるにもかかわらず、国政レヴェルではイスラームの路線を採る国は比較的少ない。アラブ社会主義、バアス主義等イスラームとは異なる原則で政治が行なわれている改革派の国々があり、最も多数のムスリムを抱えるといわれるインドネシアにおいても、国法をイスラーム化しようと試みる党派は依然として少数派であるといった有り様である。イスラームを国是とする国々としては、サウディアラビアやモロッコといった王制の諸国が挙げられるが、二十一世紀に及んでなお権威主義的なこの制度にたいする固執は、流石に諸隣国の民衆には人気がない。ことほど左様に登場当初は中央アジアからスペインまでを統べる大帝国を築き上げ、それを長らく運営した歴史を持つイスラームの政治的力は、まさに風前の灯火といった状態にあったのである。こと政治的局面に関しては、この世界はイスラーム的とはもはや呼びえないような、四分五裂の有り様であった。外部の観察者が、イスラームはすでに過去のものと判断するのも、故なしとしなかったのである。

そのような情勢の下で突然のように発生したのが、イラン・イスラーム共和国の誕生（一九七九年）である。この革命が外部の世界に及ぼした衝撃はもちろんであるが、それはとりわけイスラーム世界に大きな影響を及ぼさずにはいなかった。この事件が民衆に及ぼす波及力には著しいものがあり、それを押さえ込むためにさまざまな国際的力学が働き、八年にわたったイラン・イラク戦争の結果、現在ではその影響力はかなりの程度封じ込められている。しかし共通の宗教的、文化的伝統を持つこの世界において、イスラームの伝播力は伝導的ではなく、輻射的に作用する。熱源は、地を這うようにではなく、空間を飛び越すようにエネルギーを移動させる。この間にかなり成功し、安定した社会主義を誇るアルジェリアで、強力なイスラーム政党が躍進し、その結果国内で深刻な政治闘争が展開されてきた。その他各地でイスラームへの回帰の波が巻き起こったが、特筆すべきはトルコの最近の変化であろう。第一次大戦の敗北以後トルコは、ケマル・アタチュルクの手によって逸早く脱宗教化の路線をとり、ほぼ一世紀にわたってこの道を突き進んできたが、最近の総選挙によってイスラーム政党が大勝するという番狂わせが生じているのである。この国を取り巻く微妙な国際関係、軍部と深いつながりを持つ旧勢力との関わりで、この国のイスラーム化の行く手には今なお多くの難題があり、その将来は依然として未知数である。しかしこれまで百年に近く圧倒的な力を誇っていた世俗主義の政党が、総選挙において惨敗している事実は、この国でも確実に何事かが進行していることを示すものであろう。

ありそうでなさそうであり、同時になさそうでありそうでもあるイスラームの力を分析し、この世界の将来を予測するためには、政治的な現象面にのみ配慮するばかりでは充分ではない。やはりこの教えの本性そのものと、その文化的、社会的な機能について検討を行なうことが不可欠なのである。すでに指摘したように、政治的側面におけるイスラームの力はすでに退化していることは明らかであるが、その衰退と反比例して国家レヴェルのすぐ下では、イスラーム性はむしろ次第に強化されつつあるのである。この世界における上部構造の退嬰と、下部構造の強化は、現在のこの世界に認められる顕著な特徴であるが、このような事態の解明のためにも先ず質《ただ》さなければならないのは、これまでもっぱら細部に拘泥する専門家たちの多くが不問に付してきたが、一般の人々にとって最も大きな関心事である、次のような初歩的な問いである。「世俗化の潮流が一般的である現在に至ってもなお、人々の心を惹き付けてやまないイスラームの魅力とは何か」。

七世紀の前半にアラビア半島の一角で誕生し、その後瞬くうちに勢力を広め、十四世紀の長きにわたって信徒の数を増やし続け、現在においてもなお十数億の信者を持つといわれるこの教えは、改宗者の数が少ないことで知られている。世界史の中には、短期間に行なわれた勢力拡張のケースとして、アレクサンダー大王の東征、モンゴルの拡張等、例が多い。しかしいずれの場合も、中央の力の凋落に伴って、すぐにその勢いは衰退している。ただしイスラームの拡大の場合は、その限りではないのである。登場当初のエネルギーが漲《みなぎ》った状態における、教勢の拡大、維持については論外であるが、その後の著しい衰退の状況において、宗旨変えを試みる人間が続出したとしてもなんの不思議もない。事実西欧の植民地主義者たちは、この世界の衰退は民衆が、この愚昧な教えを性懲りもなく信奉している故であると、声高に繰り返し述べ立てたものである。しかしその反面この世界をよく知っていた著名な高等弁務官は、彼らがこの奇妙な書物を信奉している限り、われわれには為《な》す術がないと告白しているのである。この奇妙な書物とは、イスラーム独自の聖典であるクルアーン（コーラン）に他ならないが、この教えを信ずる、つまりムスリムとなる、ないしはムスリムであるということは、とりもなおさずこの啓典を生きるための導きの書とすることに他ならない。ところでこの書物には、時代の変遷を通じて変わることなく人の心を打ってやまない、どのような衝迫力があるのであろうか。

イスラーム、及びイスラーム世界の研究の伝統が浅いわが国においても、われわれが問題とする主題についての関心が高まって以来、数多くの著作、論考が出版されている。それらの研究の中には、すでに上述の問いの解答になるような事柄が多く散見されるが、本書はもっぱらこの問題に論議を集中して分析を進めていくことにする。筆者は長らく多くの人々から、この点を明快に説明する研究書の紹介を求められてきたが、なかなかそれに相応しい著作を見つけ出すことができなかった。それには多くの理由が挙げられる。この教えが対象としている事柄がきわめて広範、多岐にわたっており、同時にそれを受け入れたムスリムの対応も複雑、多様であり、なかなか核心を突いた論議が行なわれ難いという、対象の広がりそのものにも原因がある。しかしそれ以上に問題なのは在来の研究が、この教えの核心部分について充分な検討を行なっておらず、その成果が不十分である点であろう。本書はそのような欠陥を補うために、この核心部分に焦点を当て、それをまったく新しい視角から解明する試みである。それに先立ってここでは、既存の研究の問題点を指摘しながら、この試みの概要を簡単に説明しておくことにする。

これまで〈イスラーム〉というタイトルを冠しながら、その実ほとんどイスラームについて論じていないような著作が数多い中で、あたう限り問題の核心に迫る議論を展開するつもりであるが、それに際して先ず冒頭からイスラーム理解の中核部分の構成について紹介しておくことにする。よろず物事には根幹に当たる部分と、そこから派生する枝葉の部分があるが、イスラーム論議の多くが、枝葉の部分の説明に労を割き、その間に焦点を見失ってしまう傾向があるため、本書では先ず事の根幹についての概略の説明から始めることとする。

イスラームの三極構造――タウヒード・シャリーア・ウンマの有機的連関

天啓の書クルアーンを基軸にするイスラームの教えは、基本的に三つの柱、ないしは極からなり立っている。筆者がイスラームの三極構造と呼ぶこの教えの基本構造は、以下に指摘するような三つの極からなっている。つまり(1)固有な世界観である〈タウヒード〉、(2)行動の規範となる〈シャリーア〉、(3)共同体のありようを示す〈ウンマ〉の三つであり、イスラームの特性はこれらの三つの極が作り出す磁場において生み出され、そのような場において機能するといえる。そのさい重要な点は、一々の極についての正確な認識もさることながら、それぞれの極が発する磁性が他の極の発するそれと交感、反応し合う関わりについての認識である。この点の詳細については後の本文において、それぞれの極に関して独立した章を設けて論述するので、それに当たって頂くとして、要はここで挙げられたそれぞれの極は、単独にそれだけで捉えられるのではなく、他との関連において理解されねばならないということである。ところで既存の研究が抱えている問題は、イスラームの基本的認識に不可欠なこの三極構造を形作る一々の部分について充分、かつ正確な分析を行なってこなかったばかりではなく、さらにそれらが互いに関連し合いながら機能する、綜合的な働きについて検討することを怠ってきた点にある。複雑、多岐にわたっているが、同時にきわめて統合的な性格の強いこの教えの、最も肝要な部分が蔑《ないがし》ろにされたままでは、その本性の理解はしょせん不可能であるが、以下にそのような不備の実態を明らかにして、読者の便に供することとする。イスラーム、ひいてはイスラーム世界に関する言説には、重大な欠陥、ないしは欠損が存在している訳だが、その内実を予《あらかじ》め検討しておくことは、読者の理解にとってきわめて重要であろう。とりわけこの種の欠損がたまたまの失敗、不注意の結果ではなく、ある種の一貫した意図によって生み出された気配が濃厚であるため、欠損の実情を検討しておくことは、なおさら重要なのである。

イスラーム、あるいはイスラーム世界をめぐる言説の顕著な偏向性についてはすでに、E・サイードが『オリエンタリズム』や『イスラーム報道』といった著作において優れた指摘を行なっている。とりわけ彼は『オリエンタリズム』において、現代西欧の作家、芸術家たちが描いてきたオリエント、つまり中東世界の現実が、いかに仮想のものであるかを摘出し、彼らの言説の組織的な虚構性を暴き出している。この種の言説の体系が成立するためには、その背後に一貫した態度、姿勢が存在しなければならないが、それをサイードの言葉を借りて一言で要約すれば、「対象の存在をその不在で説明する」という手法である。具体的な現実から遊離した、ロマンティシズム、エクゾティシズムの衣を纏《まと》った視線は、対象の〈不在〉をもって実在めかしたものに飾り立てる。これが完全にフィクションの世界に留まっている限りにおいては、さして問題ではない。しかしそれを通じて現実のありようが忖度された場合、もたらされる誤差は深刻なものである。ところでサイードが炙《あぶ》り出したのは現代西欧の著述家たちの言説の虚構性であったが、これと同じ事態は、西欧の学術研究の場合にも形を変えて存在しているのである。この場合の基本的な手法も、上述したような「存在を不在で説明する」という姿勢と共通しているが、より具体的にいうならば対象の存在を、核心的な部分を省略したまま説明する姿勢と要約することができるであろうか。あらゆる対象は、それを構成する多くの部分を持っている。例えば百の構成要素があるとする場合、九十五の要素を客観的に取り上げ、残りの五つの部分を省略、ないしは変形して説明するのである。この場合九十五という大きな部分についての正しさのゆえに、一般の人々は論述に疑いの目を向けぬようになり、それに乗じて付け加えられる五つの省略、変形に誑《たぶら》かされてしまうことになる。省略、変形された部分が核心的であればあるだけ、もたらされる誤差は大きいのである。

タウヒード

三極構造のそれぞれの極は、イスラームの理解に当たっての最も中核的な部分であるが、省略の具体的な一例として最初に挙げられるのは、イスラームの基本的な世界観である〈タウヒード〉の軽視である。この世界ではしばしば、「イスラームとはタウヒードの教えである」という指摘がなされており、ここにこそイスラームのイスラームたる所以《ゆえん》があるといわれている。事実これはイスラームそのものの本性を知るためだけではなく、姉妹宗教であるユダヤ教、キリスト教とこの教えの主張の相違を明らかにするためにも、絶対に避けて通ることのできない主題である。しかしこの問題は、とりわけ欧米の研究者の間では、ほぼ意識的に回避されているのである。核心部分についての考察を欠いた説明に、ことの実質に迫る成果が期待されるはずがないことは明らかであろう。このような無視の背景には恐らく、後に指摘するように、この問題に関する言及が、研究者たち自身の側の宗教的立場に差し障りをもたらし兼ねないという、特殊な危惧があることも想定される。姉妹啓示宗教の最終版であるイスラームの世界観は、当然先行する諸宗教に対抗しうるだけの、積極的な主張を備え持っている。不用意にこの問題に立ち入ることは、自分たちの宗教的立場を損ない兼ねない危険性を孕んでいるのである。

本文においてその内容を詳しく論ずるが、タウヒードとはさまざまな事象を〈一〉を介して理解する原則であり、〈一化の原理〉と訳されるものである。この原理を神に適用すれば一なる神という、唯一神論の基礎がえられる。ただしこの原理は、固有なかたちで現実世界のありようにも適用される。この原理を厳密に適用した場合、例えばキリスト教の三位一体の議論は基本的な矛盾に曝されるのである。タウヒードの論理からすれば、地上に存在するものみなは自らの外に存在の原因を持ち、自らの外に存在因を持つものは、神の被造物としてすべて生成消滅するという点で共通している。すべての存在者はそのようなものとして同じ性質を共有しており、何一つとして例外はない。イエス・キリストを例外視し、神の子として特権化することは、タウヒードの存在論にもとるものであり、彼の神格化こそキリスト教の存在論の枠組みを危うくしているものに他ならない。イスラームが徹底させているタウヒードの原理は、このように神の子といった考えを根本的に否定するが、ここにこそイスラームの真骨頂が存在する。三位一体論とタウヒード論の質的相違は、さらにキリスト教世界とイスラーム世界の文化、社会的相違と密接に関わってくるのである。

タウヒード論の徹底化は、〈一化の原理〉が、神の唯一性にのみ適用されるのではなく、それが存在界の分析にも活用される契機となっている。万物は同じ神の手になっているため同根であり、それゆえすべて等位にある。そしてそれらは同時にすべて差異的であり、さらに互いに密接に関連しあっている。タウヒードの論理は、万象の等位性、差異性、関係性という三原則を徹底させ、それに基づいて特徴あるイスラームの現世観を作り上げているのである。現世解釈の基本をなすこれらの三原則は、信徒たちの思想ばかりではなく、彼らの実践的行動にも色濃く反映されているが、その第一の特徴は後に指摘するような、万人の平等を説く徹底した民主主義的主張である。ところでこの種の核心的な問題の無視は、宗教としてのイスラームの理解の妨げとなるばかりでなく、イスラームの伝統の正しい解釈の道を閉ざすことになる。このようなイスラームの特性の無視は、直ちにイスラーム文明の固有性の軽視につながっているが、その結果この文明はそのもの独自の内発的観点から分析されることなく、特徴を欠いた、貌《かお》のない文明として表層的に取り扱われ、偏向、歪曲が忍び込みやすい、他者の視線、尺度で忖度《そんたく》されるばかりなのである。

タウヒード研究の不備は、このような観察者の側の省略の手法と同時に、イスラーム世界内部での議論の流儀にも問題があるといえよう。タウヒードは、彼ら自身にとって最も重要な主題であるだけに、この問題については時代、地域を問わずほぼ無数といってよいほど多くの著作がものされている。ただしイスラーム世界の活力が低下するに従って、タウヒードの論議は神の在り様の問題に集中し、〈神の唯一性〉の議論にのみ焦点が当てられるようになってきた。タウヒードとはアラビア語の原義によれば〈一に帰す〉こと、つまり一を基本に考えることに他ならないが、それを遥か高みにある神の唯一性の分析に限り、この原理を現実世界の分析に応用しなかったことに、この世界の知的退嬰が認められるのである。さらにこの問題について論ずるこの世界の知識人の論議は、同じ文化圏に属する読者を対象としており、互いに周知の主題を取り扱っているため外部の者にとっては省略が多く、直接紹介しても意義が少ないという事情もある。しかしいずれにせよイスラームのイスラームたる所以《ゆえん》を、最も明らかにする主題についての検討が割愛されたままでは、対象についての充分な理解は期待されえないことには疑う余地はない。イスラームが啓示宗教の最終版であるとされているのが、このタウヒード観の徹底のゆえであるといわれているが、この点一つをとってもこの問題の省略が、いかに真実を隠蔽する役割を果たしているかは理解に難くあるまい。

シャリーア

タウヒード論の省略に次いで問題なのは、〈シャリーア〉の軽視である。一般にイスラーム法と解釈されるこの主題をめぐっては、欧米のオリエンタリズムはこれまで長らく、学会のとある大家の見解に基づく定説として、きわめて初期の時代からそれが具体的な歴史の展開に、ほとんど何の役割も果たしてこなかったとしてきた。その結果イスラームの歴史、社会の分析に当たって、シャリーアが実際に果たしてきた役割が完全に無視され続けてきたのである。ごく最近になって豊富な地方史研究の素材に基づいてこの誤りが鋭く指摘され、誤解の雲は晴らされた感があるが、ウェーバーまでも巻き込んだこの種の説の強い影響は、未だに深く爪跡を残したままなのである。

一般にイスラーム法と訳されているシャリーアとは、アラビア語の原義で〈水場への道〉という意味であり、要するに信徒たちが生きるに当たっての〈道標〉であるといえる。砂漠の民にとって水の在り処を弁《わきま》えていることは、生死に関わる重大な事柄であった。個々のムスリムは生きるに当たり、クルアーン等の典拠に示された規範を、水場に至る道さながらに実践的な活動の導きとしているのである。そのようなものとしてシャリーアは、ムスリムが存在する限り常に彼らによって参照され続けるものに他ならない。ところで過去、現在を問わず、すべての信者たちの導きの源となるものが、歴史の展開に少しも貢献しなかったなどということは、およそありえないことであろう。ところでシャリーアという表現にはいくつかの意味が存在しているが、ここで重要なのはすべての信者にとっての道標としてのシャリーア、つまり信者個人の〈意識と関わる〉シャリーアと、具体的な〈法的規範〉という意味でイスラーム法と解されるシャリーアの二つである。絶えず個人によって参照される生の道標としてのシャリーアと、すでに社会的な形をとったシャリーアといった両者の間には、質的に大きな隔たりがあるが、ごく最近まで蔑《ないがし》ろにされてきた前者こそ一義的なものであり、それとの対比においては、イスラーム法と呼ばれるものはむしろ副次的なものに過ぎないのである。あらゆる専門用語に関して、解釈の厳密さを期す上では、先ず原義の検討から始めるべきであるが、一義的意味でのシャリーアが蔑ろにされてきたことは研究上の大きな盲点に他ならない。なぜならば個人の意識に関わるシャリーアは、その本性上現在においても十数億の人々の生の模索と関わっており、それがもたらすエネルギーと可能性には、計り知れないものがあるのだから。ただし最近に至ってようやくシャリーアのこの側面の重要性に光が当てられ、例えばイスラーム法成立をめぐる論議にも、大きな変化が生じている。

さらにいわゆるイスラーム法と名づけられるもの自体の分析、解釈にも依然として多くの問題が残されたままである。通説によればイスラーム法は、ごく初期から歴史的な役割を果たすことを止めたとされてきた。しかし例えば遺産相続の問題一つをとっても、その規定は登場当初から現在に至るまで、ほぼ変わることなく一貫して施行され続けている。財の集中を回避し、あたう限り多くの相続権者に遺産を分配するこの法制度は、その他の種々の規範と相俟《あいま》ってイスラーム世界の経済活動に、一定のパターンを形成していることは紛れもない事実である。このパターンはこの世界に、欧米世界で進行中の、資本の無限増殖を可能にするかたちの資本主義を成長させなかった基本的な要因なのである。ことほど左様に、イスラーム法は過去においても現在も、この地域の政治、経済活動に大きく関与しているが、この種のアスペクトからの歴史的分析は、ようやく端緒についたばかりであるといえよう。それに当たって重要なのは、シャリーアがタウヒード論の内容と密接に関わっているという認識である。シャリーアとは、共同体の内部で万人にたいする公平を、どのような規範を介して実現するかといった、タウヒードの世界観の社会的実践のための法的道標であり、私的な問題から公的な事柄まで広範囲な領域を取り扱うこの法には、タウヒード的な価値観が深く染み込んでいるのである。そしてこの具体的実践は、事実この世界の諸事象に、際立った共同体的特徴を作り上げている。ただしシャリーアとタウヒードの密接な関連性については、これまで明確な指摘はほとんど行なわれていない。未だに過去の負の遺産は、残されたままである。

ウンマ

第三の問題点は、三極構造の最後の極である〈ウンマ〉の解釈である。ウンマとは原義では一般にあらゆる種類の共同体を指すが、イスラームの場合これだけでイスラーム共同体を意味している。ところでこの表現をめぐっては、いささか複雑な事情が存在している。つまりこの言葉には、イスラームが理想としているようないわゆる理想的な共同体と、具体的な現実の共同体の二つの意味が重ね合わさっており、これら二つの意味の関係を明らかにせずには、正しい理解が得られないのである。この問題を明らかにするためには、イスラーム世界の歴史的な説明が不可欠であるため、序章に必要と思われる限りでこの点について言及することにする。

正確にはウンマ・イスラーミーヤと呼ばれるイスラームの共同体は、タウヒードの世界観の重要な帰結である徹底した民主主義の理念と、その具体的な実現のための実践的規範であるシャリーアの指示に従うことによって、イスラームの登場当初具体的に理想的なかたちで実現された。預言者ムハンマド（マホメット）の時代から、正統四代カリフの統治に至る期間のイスラーム世界は、後のムスリムが見習うべき〈価値ある先例〉を数多く内に含んだ、理想的な時代であった。正統四代カリフという呼称の〈正統〉とはアラビア語で〈ラーシド〉、つまり正道を歩むという意味であるが、彼らにこのような名が冠されていることは、その統治がいかにイスラームの理念に叶ったものであったかを示している。この時代は、為政者ばかりでなく、彼らにつき従う民衆もまた民主的協調の精神に溢れ、公私にわたって博愛、相互扶助が実践され、調和ある共同体が実現された時代であった。指導者に関しては、当代最も敬虔で、識見のある人物をカリフ職に任命するという原則が貫かれ、適正な手続きを経て選任されたカリフたちは、すべてそれに相応しい人物であった。しかし事情が変化を示すのは、その後のウマイヤ朝（六六一〜七五〇年）の時代からである。権力を掌中にしたこの王朝の初代カリフ、ムアーウィヤはカリフの地位を世襲制にしているが、これは当時の民主的な慣行を目の当たりにしてきた民衆にとって、大きな堕落、腐敗であった。「ムアーウィヤはカリフの地位を、王権に堕落させてしまった」。当時の識者は、政治の世俗化についてこのような批判を浴びせ掛けている。

信者たちの長である為政者の世俗化は、イスラームの基本原則、タウヒードの原理からの逸脱であり、端的にいって権威主義の復活、民主的精神からの逸脱を意味するものであった。権威主義の復活は、旧来のさまざまな遺制に息を吹き返らせ、共同体の活性、調和を損なっていく。イスラーム世界の長い歴史においては、数限りないイスラーム回帰運動の例が見られるが、事の当事者にとってその主たる目的は、共同体内部におけるタウヒード的なものの回復、つまり民主的なものの再興を意図したものであった。この世界においては、政治的改革、共同体の民主性の向上は、タウヒード的なものを基軸として理解される。それからの逸脱は、権力による垂直的支配、条里化、囲い込みを強め、共同体の活性の源に他ならない社会的なエネルギーの水平的な配分の回路を分断し、閉ざすことにつながるのである。このように世俗化の問題が、タウヒードの原理の侵食を介して、権威主義の台頭、社会的水平性の無視へとつながる契機であると捉えられているところに、この世界の基本的な特徴がある。ここで問題なのは世俗化こそ、民主主義的社会構築の一里塚であるとする西欧起源の価値観と、タウヒード的なものの維持、復活こそ、そのための基本路線であるとするこの世界の伝統的価値観の相違である。この間の事情を正確に理解するには、ウンマとタウヒードの間の密接な関わりについての充分な認識が必要であるが、ここでは政治の民主化のための志向性の方向が完全に異なっているという点に注目すべきであろう。

ところでつとにウマイヤ朝の時代から始まった世俗化は、その後さまざまな領域、次元で徐々に進行し、その結果一時は一枚岩を誇ったイスラーム共同体は、時を経るにしたがって分裂の度合いを強め、ついには西欧の植民地主義の餌食となり果てるほど弱体化しているのである。イスラーム世界が身を以て体験してきた、この理想的な過去と具体的な現実の間の落差は、ウンマの意味を上述のような二重構造にするのに十分であった。ウンマといえば通常具体的な共同体を指し、そこで多数派のムスリムが主導権を握っている場合、その社会は即イスラーム共同体と認識される。その意味では現実のイスラーム世界は、外部の観察者にとっては確かにイスラーム共同体そのものである。しかしその内実に目を向けた場合、イスラーム的なものは散逸し、その傾向は政治的支配の上層部において著しい。その結果この世界の内部の人々、とりわけ多くの敬虔な信者たちにとっては、上代の先例に比べて自分たちの社会が、すでにイスラームのウンマであるとはいえないと認識されることになる。確かにイスラーム世界と呼ばれる地域には、この教えに由来する伝統的なものが多く存在し、イスラーム的であることは事実である。ただし社会的意識の高い人々の目にとっては、これらの四散した遺物、遺制を統合し、自分たちの共同体を活性化させる元のもの、タウヒード的なものを欠く社会は、もはやイスラーム的とはみなされえない。彼らがウンマとするものは、かつて歴史的に実現された理想の共同体であり、タウヒード的精神に満ち溢れたこの状態の回復こそが、現状打破を可能にするのである。理想的ウンマとその現状の対比は、当然のことながら退嬰に喘《あえ》ぐこの世界の人々にとって最も重要な精神的、知的課題であるが、この課題の意味するところを正確に把握するためには、彼らが理想とするウンマが、いかなるものであるかについて探ることが不可欠である。そのためには先ず、ウンマとタウヒードの関連性についての理念的な検討が必須であり、次いでその具体的な様相を分析するためのシャリーアの歴史的、社会的評価が欠かせない。

以上の指摘は、イスラーム理解にとって最も基本的な三つの極のそれぞれについて、読者に準備段階として簡単にその概要を紹介すると同時に、それら中核的な要素の研究にいかなる欠損が存在しているか、同時にそれらの要素の相互関連性がいかに軽視されているか、という点を明らかにするものであった。この種の研究上の欠陥が放置されたまま、木を見て森を見ずのおびただしい言説が生産され、発信され続けているが、その内実がいかなるものであるかは、推して知るべきであろう。三極構造の内容、それにまつわる諸問題の詳細な説明は本文に譲るとして、以上の導入的な説明に依拠しながら、この辺りで先に述べた最も重要な問い、多くの人々の心を捉えてやまないイスラームの魅力について、簡単な分析を行なっておくことにしよう。おびただしく枝葉を広げているこの教えの、核心的な部分を明らかにするには、三極構造とは別の観点からの分析が必要なのである。

聖典クルアーン

この教えにとっての基本的な典拠は、いうまでもなくクルアーンであるが、イスラームの魅力を捉えるには、先ずこの啓典が誰にたいして呼びかけているかについて注目する必要がある。この書を前にする個々の読者にとって、最も重要な箇所は、預言者ムハンマドに下された最初の短い啓示である。正式に編纂されたかたちでのこの啓典の第一章は、「讃えあれアッラー、よろず世の主」で始まる「開扉」の章である。神を賛嘆し、その導きに従う旨を述べたこの章は、イスラームを受け入れた者のあるべき基本的姿勢を示している点で、冒頭に置かれて然るべきものであることはいうまでもない。しかし一人の人間がいかにこの聖典と向かい合うか、つまりこの書をいかに理解し、その導きによって現世を生きる支えとするかという根本の姿勢を示すものとして、一番初めに啓示された第九十六章の「凝血」の章の、以下に引く最初の数節はとりわけ重要である。「読め、創造を行ない、凝血から人間を創りたもうた汝の主の御名によって。読め。汝の主はこよなく尊く、筆をもって人間に未知の事柄を教えられた御方」。

ここで〈読む〉と訳されているアラビア語の動詞〈qara'a〉は、読むと同時に読誦するという意味を持っている。この二つの意味はそれぞれ異なったアスペクトと関わっているが、イスラームの啓典クルアーンという呼称は、この語の動名詞形で〈読みもの〉、〈読誦のためのテクスト〉という意味に解される。ところでこのような最初の啓示以降、クルアーンの内容は次々と下され、それが後にクルアーンに纏《まと》めあげられることになるが、この最初の数節は個々の信者がこの書といかに接すべきか、つまり典拠と読み手の関係を端的、かつ明快に示している点できわめて示唆的であるといえる。論旨の上から肝要なのはこの呼びかけが、直接一々の個人にたいして行なわれている点にある。神はそれぞれの人間を凝血から創り、〈筆〉という表現で要約されるような理性、ないしは理解力を授けられた。この類ない能力を与えられた人間は各自、それを充分に活用して先ずは啓典の内容を深く読み取り、その導きに従って未知の世界の認識に努めなければならない。天与の能力をもってクルアーンの読解に努め、その指示に従って、自らを取り巻く世界と、それが湛える秘密を読み解く努力をせよと促されているのは、この書の読み手個人に他ならないのである。神と人との間にいかなる仲介者も置かないこの教えの、理性、ないしは理解力の行使に関する呼びかけの直接性は、すべての個人の主体性、能動性に強く訴え、それが個人の啓典理解を促し、その結果各人は周囲の世界にたいする認識の深まりを要請されるのである。ここで重要なのは、各人が促されている理解力の行使の対象が、最終的には〈未知の事柄〉という表現で示される、深い秘密を湛える世界すべてであるという点であろう。クルアーンが呼びかけているのが、先ずそれぞれの個人の知的イニシアティヴに基づくこの書の読解であり、その読解の対象が啓示を媒介として全宇宙の未知の事柄、秘密に及んでいるという視野、展望の広さこそ、この教えが人々の心を捉えて離さない最大の理由なのである。

〈読め〉というクルアーンの最初の指示は、この啓典が古代エジプトの神官たちに与えられた託宣のようなものとは、本質的に異なっていることを示している。選ばれた高位の神官に密かに告げられる神の言葉は、人々に解釈の余地を与えない絶対的な権威を持つ命令、指示として告げ知らされるばかりであった。しかしイスラームの啓典はむしろ、それぞれの個人に広範な主題に言及している原典についての自由な読解を促しているのである。そしてこの個人の知性行使の呼びかけは、その背後にそれをさらに強力にする要因を控えもっている。それは個々の人間が、現世における神の直接の代理人であるという、基本的な考えである。代理者を意味する〈ハリーファ〉というアラビア語は、日本語ではカリフと音写されるが、この言葉は常識的にはウマイヤ朝のカリフ、ヒシャームといった例のように、信者たちを統べる長を指す言葉として知られている。しかしイスラームにおいてはすべての人間が、理性の行使ゆえに現世における〈神のカリフ〉、神の直接の代理人とされており、信者たちの長の意味のカリフは、〈神の預言者のカリフ〉に過ぎず、その代理者性において前者は、後者より一段と高い位置を占めることになっている。個々の人間の神との関わりは最も優先的なものであり、いかなる権威者の介入をも寄せ付けぬという個人にたいする優遇は、それだけ人々に呼びかけを切実に受け止めさせる要因となっている。イスラームは先ず個人、統治の観点からすれば被統治者である民衆のものであり、統治者は二の次であるという上下関係の逆転も、この教えの磁性の一つである。

人間が何ゆえに〈神の代理人〉とされているかという点の詳細は、本文に譲ることにして、神の前でそれぞれの個人が、どのように位置づけられているかを検討することも、この教えの魅力を解明する重要なポイントであろう。この点を最もよく、簡潔に示しているのは、預言者ムハンマドが最後の巡礼（六三二年）の折に、信徒たちを前にして行なった「訣《わか》れの説教」中の一節であろう。そこではすべての人間が父祖アダムの末裔であり、したがって敬神の念を除き、あらゆる人々は平等であるという基本的な民主的宣言が行なわれているのである。イスラームの理念を簡潔に要約し、その教えのなんたるかを指示している点で、この説教は信者たちの間で特に尊重されているが、そのニュアンスを知るために関連部分だけを以下に簡単に紹介しておくことにする。

「皆の者よ、アッラーはこう仰せられている。〈これ人々よ、われら（神の言葉は複数で述べられる。引用者注）は一人の男と一人の女からお前たちを創り、互いに知り合うために部族、民族となした。まことにアッラーが最も貴でる者は、最も敬虔な者である。〉アラブが非アラブに優るとか、黒人が白人に、白人が黒人に優るということはない。優劣があるとすれば、それは敬神の念においてである。あらゆる人間は、土くれから創られたアダムの裔である。そして見よ、ひとが誇りと思うものは、血筋、財産その他すべてが廃棄された」。

アラブの発想は、アフマド・アミーンが指摘しているように、例えばギリシャ人のそれのように整然と構成されたものではなく、蜜を求める昆虫があちこち花を飛び回るように、主題が目まぐるしく変わり、慣れない者には要旨が捉え難いのが特徴である。しかし右に挙げた一節から、主要な点は自ずと明らかであろう。一対の男女の末裔であるあらゆる人間は、それぞれ部族、民族に分かれているが、それは互いに敵対、敵視するためではない。神の前ですべての人間は、生まれの貴賤、富の多寡等にかかわらず、対等である。もしも優劣があるとすれば、それは敬神の念に基づいているが、それが問われるのは来世のことであり、現世においてひとは皆完全に平等なのである。それまで人類史上には、人間の平等を説く教えがいくつも存在してきた。しかしこれほど明確、かつ徹底的に民主的思想を述べている例は稀有であるといえよう。イスラームの魅力の原点は、万物の等位性を説くタウヒード論からも推測し得るように、一人の例外もなく人間に対等の地位を与えているところにある。当然のことながらこの平等観は、人間の基本的権利の擁護を伴っているが、七世紀の時点で「訣れの説教」は次のように明言しているのである。

「皆の者よ、お前たちの生命、財産、名誉は、主の御前に姿を現すまで、神聖にして侵すべからざるものである」。

今を去ること十四世紀の昔に行なわれた人権宣言は、民主的思想の常として、人々の強い支持を受けずにはいなかった。個人の優先性、基本的人権の擁護という組み合わせは、当然各人の相互協調を要求せずにはいない。個人の優先は、決して個我の確立、個人の意思の野放しの解放を起点とする方向に進むものではなかった。共同体の編成に当たって、イスラームは最初からスピノザの思想、つまり「考えを分かち合う者たちの協調こそ最も効果的」という路線の上にあった。社会生活において〈わたし〉は限りなく他者に開かれていたが、預言者ムハンマドの最後の説教は、共同体の中での個人の採るべき基本姿勢を、以下のように簡潔に述べている。

「皆の者よ、あらゆるムスリムはたがいに兄弟（姉妹）である。ムスリムはすべて兄弟の絆で結ばれている。お前たちの奴隷についても、自分たちが口にするのと同じ食物を与え、自分たちが身に纏《まと》うものと同じ着物を与えよ」。

すべてのムスリムはたがいに兄弟姉妹であるという認識は、個人の尊厳、人権の擁護の思想と対になって現れるのが常であるが、平等の意識が博愛へとつながる事情については、贅言を要するまでもないであろう。ここで明らかにしておかなくてはならないのは、十八世紀の後半にフランスでなされた〈自由、平等、博愛〉の理念に基づく人権宣言に先立つこと千年余の時点で、すでにアラビア半島の一角で別種の人権宣言が行なわれていたという事実である。唯一なる神への信仰を基礎にしているか、人間中心主義であるかという基本的骨格に相違はあるものの、人間のレヴェルにおいて、民主主義的なものが保持していなければならないものは、ほとんど七世紀の時点で完備されていたのである。神を媒介とする民主主義と、人間中心のそれとの比較は本文の任務であるが、先ずはこのような個人の優先性に始まって、豊かな共同体構築の理念までを射程に入れたこの教えの基本的な主張が、人々の心を捉えて離さない点であることを指摘した。

イスラーム社会形成の歴史

預言者ムハンマドと正統カリフの時代

以上でイスラームという教えの中核をなす三極構造の概要と、その点に関する研究上の不備を指摘した後に、この教えの魅力、ないしは説得力の源である民主的な性格について略述した。これによって七世紀の初めにアラビア半島の一角に登場したイスラームの教えが、何ゆえに短期間に勢力を拡大して、一大文明圏を作り上げることが可能であったか、またその後衰退の道を辿りながらも、未だに潜在的な力を維持し続けている理由は何か、といった事情の一端を明かしえたはずである。それに次いで検討する必要があるのは、宗教としてのイスラームとその文化、社会的伝統との関わりであり、とりわけこの伝統形成に当たって大いに貢献したイスラーム法としてのシャリーアの役割である。在来の研究は、イスラームを取り上げる場合もっぱらその宗教的側面のみを強調し、それとイスラーム世界の社会、ないし歴史の関わりについては不問に付してきた。また歴史の研究に当たっては、さまざまな外面的史実のみを取り上げて、それらをそのように現象させているものについての配慮を怠ってきた。しかしイスラームという教えはそもそも、個人の意識を神との関わりにおいて強調しているものの、共同体的な性格を色濃く持っている宗教であり、現世における人々の生き様に深く関与している。その格好な例がイスラーム法の存在であろう。キリスト教や、仏教は、信者たちに具体的な生活に関係するキリスト教法、仏教法といった法的規範をもっていない。しかしイスラームには実定法的な規範が存在しているという事実は、それ自体でこの教えが社会のありよう、歴史の展開の流儀と深く関わっていることを端的に示唆するものといえよう。世界観としてのタウヒード、法としてのシャリーアとウンマの共同体は、互いに密接に関連しながら機能しているのであり、これが理想的か、具体的かのいかんを問わずウンマの内実から、伝統の特質の形成に深く関与していることは疑いないのである。それは当然歴史の展開の特殊性とも密接に関わっているのである。

周知のようにイスラームの預言者、ムハンマドは世に容れられた預言者であり、彼の教えの成功は、その原則に基づく具体的な共同体の成立と手を携えていた。通常ある種の思想、ないしイデオロギーが求める理想的な社会像は、経典、政治的マニフェストといったかたちを採って、理念的、抽象的に描き出される。しかしイスラームの場合はそれと異なり、登場初期に具体的な歴史の中でそれを実現しているのである。したがって正統四代カリフの時代までの歴史は、多くの信者たちによって、とりわけスンニー派の人々にとって、批判の余地のない神聖なものとして崇められているのである。具体的に実現された神聖史の内実については、なお言及すべき多くの事柄がある。しかしここではそれを要約して、共同体内部の公私にわたるタウヒード的な精神の充実と規定しておくことにしよう。ここで問題なのは、これからの逸脱がいかなる過程を経て招来したか、同時にその存続がこの世界の伝統の形成にどのような貢献をしたかという、タウヒードをめぐる力の対抗、拮抗関係の分析である。すでに述べたようにイスラーム世界においては、ごく初期から権力の中枢部の世俗化が始まっていた。この世俗化は、この世界を統合させてきたタウヒードの精神からの逸脱を助長し、政治的な分裂、それに伴う共同体の弱体化をもたらさずにはいなかった。

しかしこれは事の半面であり、支配の中枢、ないしは政治的上層部における世俗化が進行する傍ら、そのすぐ下では広範な民衆の手によって、共同体の活性を維持するさまざまな努力が続けられていた。ドゥルーズの卓抜な表現を借りれば、支配の上層部によって試みられる、〈囲い込み空間〉＝〈溝つき空間〉の論理による権威主義的な条里化にたいして、底辺の民衆は、タウヒードの世界観に支えられた〈滑らかな空間〉の論理によって、権力の構築する境界線の囲みの間隙を縫って、巧みに逃走する術を習得していった。この世界における世俗化の進行は、当初一枚岩であったイスラーム共同体を地域的に分裂させると同時に、その内部のイスラーム性を特殊な流儀で配分する契機を作っていった。権力の外部への逃走が不可能であった民衆は、共同体の内部において権力から自衛する手段を講じているが、それに大きく与《あずか》っているのが、共同体の自律性を法的に支えているイスラーム法としてのシャリーアなのである。そのような意味でシャリーアは、欧米のオリエンタリストの説くところとは異なり、この地域における文化、社会的な伝統の形成と密接に関わっているのである。イスラーム世界の過去と現在、ひいては理想的なウンマとその現状の乖離《かいり》の間には何が存在しているのか、ここで行なわれているタウヒード性と世俗性との拮抗《きっこう》は、今なお継続中のドラマであるが、その本性を知り、同時にその帰趨を占うためには、そこで主役を演じてきたシャリーアを指標にして、葛藤の歴史的経過を回顧する必要があるのである。

ウマイヤ朝・アッバース朝の時代

登場当初一大帝国を築き上げたイスラーム共同体は、この帝国をすべて自前のイスラーム的原理に基づいて運営してきた。一昔前には荒野で家畜を養う遊牧民であったり、遠隔貿易に携わる隊商の商人だったりした人々にとって、イスラームの理念に基づいて短時日のうちに成就した大帝国の運営は、新たな創意、工夫を要する事柄であった。大規模な版図を運営するためには、統治のための大掛かりな官僚機構が不可欠である。そしてこのような大型組織の維持、運営に当たっては強力な権力が必要であり、例えばウマイヤ朝を擁護する人々の間には、この王朝から始まったカリフ職の世襲化も、帝国運営のためにやむを得ぬことであったとする見解もある。ただしそもそも官僚機構はその本性上、上下に貫徹される垂直的な権力構造の強化を志向するものであり、このような支配者の上からの囲い込みは、タウヒード的な力の水平的な配分に慣れ親しんできた民衆にとっては、唾棄《だき》すべきものに他ならなかった。九十年の寿命をもったウマイヤ朝は、その間イベリア半島の攻略、中央アジアへの進出という目覚しい版図の拡大を達成している。しかし同時にこの王朝の歴史を通読すれば明らかであるが、絶えず内部の反乱、抗争の鎮圧に大童《おおわらわ》だったのである。王朝の世俗化と、その下でのイスラーム的なものの強化という相矛盾した傾向は、それぞれ異なった方向に捌け口を見出していたのである。

もっぱら政治的な術策、巧妙さをもってカリフの地位についたムアーウィヤは、その権勢を自分の一統に遺贈するために、評判の芳しくない息子を後釜に据えたが、カリフの世襲化に象徴されるウマイヤ朝の世俗化が、一枚岩のイスラーム共同体に何をもたらしたかを検討することは、その後の世俗化の経過を推量するためにきわめて有益であろう。イスラームは、長らく激しい部族対立に明け暮れたアラビア半島の住民たちを、タウヒードの精神の適用を通じて克服することができた。しかしウマイヤ朝の権威主義は、踏襲したイスラーム的なものを介して勢力の拡大に成功はしているものの、内部にさまざまな対立を生み出しているのである。

その第一は、対立する宗教的分派の登場である。徹底した原則主義者であり、あらゆる世俗的傾向を排して、正統カリフ、アリーの治世に一派をなしたハワーリジュ派は、イスラーム世界で最初の分派であるが、彼らはウマイヤ朝の世俗性を指弾して、何度もこの王朝にたいして激しい反乱を企てている。またシーア派の登場も、この王朝にたいする反発に深い根を持つものであろう。第二は、地域主義の台頭である。シリアのダマスカスに都を置くムアーウィヤは、王朝の設立以前にイラクに本拠を置いたアリーと敵対関係にあった。そのためイラクの民衆はウマイヤ朝に敵対的であり、したがってイラクの出身者は王朝から遠ざけられ、地域的対立が強められずにはいなかった。第三は、部族主義の復活である。ウマイヤ朝は、当然有力な支持者を周囲に集める必要があったが、次第に宮廷内部において南アラビアの出身者と北アラビア出身者の間で、激しい派閥争いが生ずることになる。これが長期化することによって王朝内部の力を削ぎ、結局はその崩壊の遠因となっている。そして第四は、非アラブとの関係の悪化である。イスラームは、すべてのムスリムは兄弟姉妹であり、神の前では平等であるということを原則としている。したがって版図の拡大と共に、新しい非アラブの改宗者の数も増えていく。ところでウマイヤ朝はアラブ中心主義で、新参のムスリムにたいして充分な配慮を行なわなかった。彼らを要職につけないことはもちろんのこと、北アフリカでは、ムスリムに課すことのできない人頭税を取り立てるなど、差別的政策を強行して大反乱に見舞われている。このような姿勢を以てしては、次第に数を増す非アラブ・ムスリムからの支持を期待しえず、結局この王朝は崩壊の憂き目に見舞われることになる。

具体的なウマイヤ朝の例が示しているように、世俗的な欲望の結果獲得された権力は、イスラームが克服し、乗り越えてきたものを忽《たちま》ちのうちに復活させてしまった。先に挙げた宗教的分派の登場、地域主義、部族主義の復活、非アラブの差別等は、すべてイスラームが強く戒めてきたところのものである。この種の堕落、退行に対しては、対立する分派だけではなく、多くの知識人たちがさまざまなかたちで反発を示したが、とりわけ法学者たちの王朝にたいする徹底的な非協力の態度は、その顕著な一例である。ウマイヤ朝の権勢欲にたいする民衆の反発は激しいもので、王朝崩壊の後には宗教心篤く、有徳な言行で知られたウマル二世の場合を除き、歴代カリフの墓が暴かれていることからもその度合いを窺い知ることができる。そしてこの王朝を倒すことになるアッバース朝は、イランの奥地ホラーサーンから、非アラブ・ムスリムの支持を取り付けて開始された、イスラーム回帰の運動であった。この世界ではイスラーム性と世俗性は、左右に揺れ動く振り子の振動のように、勢いを競い合っているのである。

ウマイヤ朝の後を継いだアッバース朝は、それまでのアラブの王朝をムスリムの王朝に変えたといわれるように、新たな改宗者たち、とりわけペルシャ系、トルコ系の人材を積極的に登用した。同時に初期のカリフたちは学芸を奨励し、特にそれまで地域間の差異が大きかった法制度を整備するために、進んで在野の法学者の協力を仰いだ。その結果この王朝はその初期に、イスラーム史の黄金時代と評されるほどの文化的興隆を示している。ウマイヤ朝という準備期間を経て、イスラーム文化は、依然として政治の世俗化の波に浸されながらも、他方では成熟の度合いを強めているのである。ただしこの王朝も、当初のイスラーム性回復のスローガンにもかかわらず、これまでのウマイヤ朝の惰性を完全に絶つことはできなかった。この王朝は、権力維持のためにいっそうの中央集権化を図り、行政面での効率を上げるために、官僚組織の中枢に有能なペルシャ系の人材を登用する。しかし内訌、対立に走りやすいアラブを遠ざけ、宮廷で絶対権力を振るう孤独なカリフたちは、その結果自分たちを取り巻くペルシャ系高官たちの圧力に脅やかされることになる。エリート官僚群の脅威を撥ね退けるために宮廷が採った策は、対抗勢力としてのトルコ系軍人たちの抜擢であった。しかしほどなくして彼らも宮廷にたいし、ペルシャ系官僚がもたらしたのと同様の圧力を加えることになる。軍人のもたらす脅威は、官僚のそれよりもさらに直接的であり、王朝末期ともなると名ばかりのカリフの多くが、補佐役の軍人の手にかかって次々と暗殺されているのである。このような内部の混乱を抱えて弱体化した王朝は、周辺部から次々と小王朝の独立を許し、遂に十三世紀の中葉には急遽東から姿を現したモンゴル勢によって滅ぼされている。このおりにアッバース朝最後のカリフも命を絶たれているが、それ以降イスラーム世界には実質的なカリフ、つまり宗教の長は存在しないことになる。

為政者とシャリーア

以上のような経過を辿ったカリフの歴史の要点を、ここで簡単に纏《まと》めておくことにしよう。当初カリフは、イスラーム共同体の教権と政権を共に統《す》べる存在であった。初期の四代正統カリフの時代までは、歴代カリフは公私にわたってタウヒード性を尊重した為政を施し、内部に多少の矛盾を抱えながらも、民衆の強い支持を享受していた。しかしウマイヤ朝になるとカリフ職の世襲制に見られるように、政治的権力の所有者としての側面が濃厚になり、民衆の反感が強まっていく。アッバース朝にしても事態は変わらず、政権維持の試みが支持者獲得のための世俗的配慮の増大につながり、そのような傾向が却《かえ》って自らの政治的権力の衰退を招く結果となっている。アッバース朝の中期以降は、カリフは教権のみの長であり、実質的な政治的権力を握るアミール、ないしはスルターンと相携えて、二人で共同体の頂点に立つようになった。イブン・ハルドゥーンがいう、〈双子の支配〉の時代である。ところでこの時代の政権の実力者たち（ここでは政治的支配者を意味するスルターンという表現を用いておく）は、多くの対抗勢力と覇を競わねばならなかったため、権力の獲得、維持のためには手段を選ばない傾向があった。このような実情を批判して、十一世紀の法学者アル＝マーワルディーは、『統治の諸規則』という書を著し、政治的支配のあるべき姿を述べている。この書はオリエンタリストの観点からすれば、理想に走りすぎ、現状から遠ざかること著しい、という評価が一般的である。しかし私見によれば、イスラーム的な統治をめぐり多くの先例に基づいて書かれているこの論考は、法的に体系化されているという訳ではないが、政治をめぐるシャリーアの書とみなされうるものであろう。イスラームのシャリーアは、すべての分野に適用されるものであり、政治も決して例外ではないのである。このような意味で理想的な時代のカリフ自身が実践し、同時にムスリムが期待した政治のありようが反映されているこの書は、そのような観点から再評価されて然るべきであろう。

イスラームの登場からアッバース朝の崩壊までは、とにかく教権の長であるカリフが存在していた時代である。ところでこの地位が消滅した後に、イスラームは何によって代表され、擁護されるようになったのであろうか。十三世紀以降イスラーム世界は分裂し、諸王朝が乱立することになるが、政治的支配者の中には自ら敢えてイスラームの長と名乗り出る者は、オスマン朝の場合を除いてほとんどいなかった。またオスマン朝のスルターンがカリフを自称することもあったが、イスラーム世界の人々はそのイスラーム性について判断を留保し、それを受け入れてはいないのである。そのような状況において人々は、政治の世俗化を受け入れざるをえない立場に立たされたが、スルターンがシャリーア、つまりイスラーム法を国法とする限りで、彼の政体のイスラーム性を認めるという条件つきで、その為政を受け入れているのである。表現を変えるならば、カリフという人格に代わって、イスラームの具体的実践に関わるシャリーア、つまり法が、イスラームを代表し、それを擁護する役割を担うようになったのである。この際重要なのは十三世紀から二十世紀初頭に至るまで、王朝は目まぐるしく交代したが、それらの国家の基本的な法であるシャリーアの地位は不変であったという事実である。このような事実と関連して指摘しておくべきは、〈王朝〉、つまり伝統的な〈くに〉を意味するアラビア語の表現の特殊性である。アラビア語で王朝は〈ダウラ〉といわれるが、これは元来有為転変、移ろい易いものを意味している。欧米語ならばレヴォリューション、つまり変化、革命を意味するようなくにに関するこの表現は、政治的権力者は変わっても、シャリーアの地位は不動であるという、イスラーム世界の実態、それに基礎を置く政治的意識を端的に反映しているといいうるであろう。

シャリーアは、ことほど左様にイスラーム世界における歴史的展開に大きな役割を果たし続けてきた。政治的支配者とは、実にしばしば権威主義的で、自分の意思を他に強制することを憚《はばか》らない。明確な法の存在は、そのような為政者の専断にとっては不都合極まりないものである。したがって強力な支配者は、もしも可能な場合、このような法を反古《ほご》にすることを試みたはずである。しかしシャリーアに支えられた草の根のムスリムの力は、権力者のそのような試みを遂に不可能にしてきたのである。彼らは知識人、とりわけシャリーアに通じた法学者を先頭に立てて、支配者たちの世俗性と対抗し続けてきた。彼らの要求は、当然国政に反映されぬ場合こそ多々あったが、ことシャリーアの擁護となると侮り難い力を発揮し続けてきたのである。ここで留意すべきはこのような政治的指導者と、民衆に支持されたイスラーム法との、並行関係と、それによってもたらされる力の配分である。移ろい易い〈くに〉の勢力維持のために汲々とする為政者は、もっぱら外敵からの自国の防衛、国内の治安の維持等に専念してきた。反面イスラーム法は、とりわけ草の根の家族、親族、隣人に始まる小共同体の活性化、調和の維持に大きな関心を払っている。したがって長らく持続された両者の並行関係は、国政のレヴェルと、その直ぐ下のレヴェルとの間の、社会的役割分担の相違というかたちで現れることになった。

近現代とシャリーア

近現代におけるこの地域のくにの単位の脆弱さは、すでに常識の範囲の問題であろう。ただしそれに反して、というよりはそれに反比例して、小共同体の連帯、それを可能にする民衆レヴェルの制度、慣習の安定度は強化されているといいうる程のものなのである。シャリーアを基礎にもつ小共同体の連帯の力強さは、この地域の人々の強い相互扶助の精神に明らかである。しかしこの点で特筆すべきは、社会的福利、厚生の実態である。この地域では伝統的に公共建築の建設や維持は、学校、病院等を含め、国家の助けを待つまでもなく、概ね民衆のイニシアティヴで行なわれてきた。目まぐるしく移り変わる為政者の下で、この地の民衆は自らの生活を防衛するために、国家や為政者の恩恵を特に期待しなかった。小共同体レヴェルでの福祉、安寧は、自分たちの手で行なうという慣習は深く彼らの生活に根付いているが、これを涵養《かんよう》したのは他ならぬシャリーアなのである。小共同体の自衛は、人々の生活態度に根ざしているだけでなく、さまざまな社会的慣習、制度等にも結晶していった。例えば都市のランダムな居住空間、定価経済ではないバザールの取引等、同一律をもっては秤量し難いシステムは、この地の至るところに見出されるが、この乱雑さこそこの地の民衆のしたたかな生き様の表現なのである。権力の囲い込みは、もっぱら同一律の活用によって実施される。上からの権力による条里化に抵抗するには、もっぱら差異性を擁護し、それを活用するにしくはない。民衆はランダムな生活空間に生き、経済行為を実践することによって、簡単に権力の介入を許さない、自己組織的な共同体運営のスタイルを作り上げているのだが、この支えとなっているのもタウヒード性を内に宿したシャリーアなのである。

このような状況は、植民地主義の到来と共にさらに一段の変化を迫られることになる。法の側面に焦点を当てるならば、それは多くの国々における西欧法の導入である。イスラーム世界においては、それまでいかなる事態が生じたとしても、すべてイスラーム的なもので対処してきた。しかしこの世界の政治力の衰退と、国際的なネーション・ステート的国家観の隆盛に伴い、公法の分野で西欧法を採用する国々が増え続けることになった。ただしここで看過されてならないのは、まさに西欧の世紀であり、植民地主義華やかなりし時代においてすら、民衆の価値観、生き様と深く関わる私法の分野、正確には〈私的関係法〉の分野は、依然としてイスラーム法が踏襲されたままであるという事実である。次第に手足をもがれ、もはや私法の領域にしか残存していないシャリーアの衰退ぶりは、長らく外部の観察者をして、イスラームを過去のものと判断させるに充分であった。そのような状況で突然のように誕生したのが、イランのイスラーム共和国である。新生イランは、国教をイスラームとし、国法をイスラーム法とするとして国民に信任投票を行なったが、実に九〇パーセントの賛成を得ている。イスラーム世界の歴史、伝統に関して眼に一丁字《いっていじ》もない人々にとって、これはまさに衝撃的な事件であったが、この世界においてはイスラームへの回帰が、しばしば社会的民主性、民衆の自律性回復の試みであることを知る者にとっては、特に新奇な出来事でもない。とにかく過去の理想的な先例に倣うといった、原点回帰主義の改革を志向する人々は、イスラーム法を国法とするこの革命によって、一挙に七百年も理想の点に向かって回帰しているのである。

以上でイスラーム世界における政治的変化を、シャリーアの位置の検討と絡《から》めながら分析した。当初帝国内の公私すべてにわたる事柄を処理する道具であったシャリーアが、政治権力の変化と共に機能の範囲を狭めていく歴史的過程については、上述の概要で概ね理解されえたはずである。しかしここで再度検討しておかなければならないのは、上述のような過程の分析が、歴史的な状況によって決定付けられた、イスラーム法としてのシャリーアの軌跡だけを対象とするものであり、現在でも十数億の人々の意識的な営みと関わっているシャリーアの力、可能性はまったく考慮の外にあるという点である。イスラーム世界の認識、判断に関しては外部の観察者の推量と、内部の当事者たちの自己評価の間に、おびただしい相違が認められるのは周知のことである。それにはさまざまな理由が存在するが、その最大のものは、この信者たちすべてに関わるシャリーアの重みにたいする理解に纏《まつ》わっているであろう。

イスラーム世界は、他のすべての文明圏と同様に、独自の世界観、伝統をもっている。これまでも、そして今もなお、欧米化こそ進歩の一里塚とする傾向は濃厚であるが、ここにきてようやく文化的多元性についての関心が高まりつつあるように思われる。現行のグローバリゼーションは、世界の均等な発展、向上をうたい文句にしているが、この均等性を求めるスローガンは、実際には大掛かりな詐術を含んではいないであろうか。均等という名のもとに、差異的なものを均質性の中に囲い込み、それによって同一律の支配を強化するといった、危うい普遍化の大波が、政治や経済の領域に襲い掛かっている。このような単純な普遍化は、結局のところ人間のサステナビリティーそのものを危うくするものであるが、その徴候はすでに現代文明のあちこちに顕著である。それぞれの文明圏に属する人々は、直線的な進歩、発展の道筋に疑問を呈し、自ら固有のものに基づいた行方の模索を開始している。イスラーム回帰の現象も、単に欧米の政治的権力、価値観にたいする反抗としてではなく、そのような自己の文化、社会的なアイデンティティーの模索と解釈した場合、文明間の挑戦と反抗といった対立の様相ではなく、開示と融合の協調的なアスペクトで捉えられるはずである。そして対立を協調へと転化させる最も重要な要因は、いうまでもなく他者についての正確な認識の獲得なのである。何はとまれエヴェレストが存在するように、イスラーム世界は確実に存在している。山があるから登るといった登山家のように、われわれはこの世界に足を踏み入れる必要があるが、そのためには正しいルートの発見、調査が不可欠である。本文でわれわれが取り扱う主題は、概ね未知のものであると同時に複雑、多岐にわたっている。したがって登頂を前に上述のような予備的説明を行なった。

第一章

タウヒード

イスラームの世界観

ある特定の文化、文明の本性、特質を考察するに当たっては、それを構成する基本的な諸要素について、正確な認識を持つことが不可欠である。文化、文明といっても歴史的にどの時代を、地理的にどの地域を取り上げるかによって、その構成要素の分節化の度合は異なる。例えば冷たい文化、熱い文化といった区別は、比較論的な視点からいっそう厳密になされるべきであろうが、実際には熱い文化を、冷たい文化同然に扱うという態度は、これまでの欧米の地域研究が陥りがちな落とし穴であった。異質の文明は、野蛮であるか、発展途上であるという自文化中心主義は、とりわけ非西欧圏を取り扱う地域研究に色濃いが、その種の弊害を取り除くためには、従来の視野の偏向、ないしは狭窄の実態を点検し、それを矯正する努力が必要とされるであろう。在来の研究が何を見、何を見損じてきたかという点の確認なしには、意味ある知的探求は期待しえないであろう。すでに序章において指摘したところであるが、イスラーム、ないしはイスラーム世界の研究において、最も深刻な問題点として要約されるのは、以下の二点である。その第一は、それを理解するための最も重要な問題が、ほとんど故意に無視されていることである。第二は、それによって、本来統合的な、もしくはアナログ的な性格を持つ対象を、部分的、デジタル的にしか分析してこなかったという点である。

文明はそれ自体統合的なものであり、それを構成する諸要素の有機的相互関連性を把握せずには、理解しえないことは当然である。さらにイスラームの文化、文明は、他と比較して本性上よりいっそう統合的、有機的であるが、これまでわれわれは、この教え、この地域の解明に当たって、そこに宿されている思想、法、政治、経済、文化、社会等の諸側面を互いに通貫、交流させるような説明に出会うことがなかった。思想は思想、法は法といった具合に、構成要素はそれぞれ単独に、独立した柱として取り上げられるばかりで、その上しばしばその意義、機能までが否定的な評価を受けるというのが実情であったが、この種の事態の改変なくしては、偽りの言説の根拠を断ち、今後の研究の正しい方向付けを行なうことは不可能であろう。あらゆる観察の対象は、その本性を最もよく認識するための、固有の切り口を備えている。イスラームを知るための近道は、タウヒードの観法を知ることにあることは、古来この世界の人々によってしばしば指摘されているが、それに関する意義深い研究は、筆者の知る限りではほとんど存在しない。ただし「イスラームとはタウヒードの教えである」と、現地の識者が指摘するようにその世界観は、先行する他の二つの啓示宗教とイスラームの相違を明示するだけでなく、この教えそのものの本性、ならびにそれが備えている文化的、社会的ネットワークの構造を理解するための最良の鍵なのである。観点を変えるならば、イスラームによるタウヒード観の徹底は、自然、ないしは現実世界と人間との対応を、先行の姉妹宗教のそれとは極めて異なったものとし、それが文化、社会的な諸要素を同心円の土台の上に据えるという、イスラーム文化の基本的な特徴を創り上げているのである。

タウヒードとは何か

等位性、差異性、関係性の三幅対

いよいよ本章において、タウヒードに関する各論に入ることになるが、それに先立ちこの立場が、他のどのような要素と結びついていかなる結果を産出するかについて、予《あらかじ》め論議が進行するさいの大まかな枠組みについて概観しておくことにする。しばしば各論への固執は、読者に全体像に関する展望を見失わせがちだからである。

筆者はこれまでさまざまな機会に、イスラームの基本的な世界観であるタウヒードが、神の唯一性と同時に、存在界の特殊な唯一性を主張していると述べてきた。それによれば世界のあらゆる存在者、つまり宇宙の森羅万象は、一々が存在として等位にあり、それぞれ差異的でありながら、しかもすべてが他と関連し合って存在するものと認識されるのである。タウヒードが提示するこのようなすべての存在者の等位性、差異性、関係性という諸概念の三幅対は、当然いくつかの重要な結果をもたらさずにはいない。それは先ず、後に詳述する自然についての普遍的な解釈であり、その結果としての平等主義的な人間観である。タウヒードからもたらされる三つの原則の組み合わせは、先ずは現実世界の水平的な配置を、そしてそれに続く資質、力能を異にする人間の、対等な相互関連性を強調する思想を産出することになるのである。それは端的にいって、自由、平等、博愛を謳歌する人権宣言の思想と相通ずるものであるが、それは後に分析するように、人権思想の西欧版よりも一段と深い存在論的な根拠を持っている。イスラームの基本的な典拠であるクルアーン、スンナには、これを示唆する文言が無数に鏤《ちりば》められているが、不思議なことに学術研究においては、この点を問題とする著作はほぼ皆無である。後に詳述するタウヒードの三幅対は、イスラームの構造を理解するために基本的なものであり、それはそれ自体として理解されるべきであるが、われわれは幸運なことに、それが位置する地平とほぼ共通の場で思想を展開している一人の哲学者の著作を見出すことができる。それはユダヤ教から破門され、同時にイエス・キリストの神性を認めることなしに、より普遍的な自然観を基礎に神を模索したスピノザの思索の跡である。それぞれの人間の差異性をその属性の様態として捉えながら、同時に個別者の等位性、関係性を説く彼の存在論の骨格は、イスラームのタウヒードが提示している世界観とまさに瓜二つなのである。神と創造の関係については、なお論ずべき問題が残されている。しかし神が一であることの〈地上への反映〉という点について、徹底的な追究を行なったこの哲学者の思索のかたちは、イスラームの現実世界の認識と極めて共通する思想的構造を示しているのである。無限に異なる存在者の属性の様態を、現実認識の最も重要な足掛かり、契機とする思想、観法は、時々刻々創造を繰り返してやまないイスラームの神のありようと共に、その継起、転成をいかに解釈するかという時間、空間の独自な解釈に至るまで、つまり歴史的、地理的認識にまで関わってくる。地上への反映を見せるタウヒードの観法が、人々の文化的、社会的領域に及ぼす影響は、イスラーム法と訳されるシャリーア、イスラームの共同体のありようを示すウンマの概念と共に、イスラーム世界の固有な伝統の形成に大きく与《あずか》っている。それは疑いもなく、イスラームの文明の基本構造の形成に最も深く関わっているのである。

権威主義の否定と水平的構造

以上のような前置きを行なった後で、ここでは再度神の啓示がどのようなかたちで、誰のために下されているのかという点について検討しておくことにしよう。聖典、啓典というと人が先ず想像するのは、ファラオ時代の神官たちに伝えられた神からの託宣のように、一般の人々にいかなる解釈の余地をも与えないような強制的命令、指示といった、閉ざされたメッセージである。このような想像はすぐにイスラームの教えを、いわゆる神権政治と呼ばれる閉ざされた権威主義の密室に閉じ込めようとする。しかしイスラームは、この世にその権利を取り仕切り、代表するような人間、機構を一切もっていない。神の権威を振りかざして政治のために利用したり、神と人との間に立ち入って信仰上の執り成しを行なうような、媒介者的な存在は認められないのである。一人一人の信者は、それぞれ個人として、直接に神と対峙しているのである。したがってこの教えは啓典のすべての読者に、初めから自由な理解、解釈を認めている、というよりはそれを慫慂《しょうよう》、要請しているのである。「読め、創造し給う汝の主の御名によって」という最初の啓示が、メッカ近郊のヒラーの洞窟に籠る預言者ムハンマドに下されて以降、クルアーンに示された内容と、それにたいする信者たちの啓典の理解は、既存のアラビア半島の生活環境を激変させている。このような大きな変化の原因は、民衆のクルアーン理解に求める以外には想定しえないものである。クルアーンのテクストは、一々の信者の知的理解によって吟味され、その理解に応じて具体的に実践されることによって、一つの大きな宗教革命を惹き起こし、その後も永続的な文化、社会的伝統を形成しているのである。それぞれの信者は、テクストの読みに通じた学識高い、宗教に通じた学者たち、あるいは人生の機微に通じ、精神的な高みに達した長老たちの指導によってこの種の理解を補強し、深めることに専念する。これらの先達は、一般の信者が理解に苦しむさまざまな問題について、それを助けるための知的な援助の手を差し伸べる。しかし読解の最初にして最後の当事者は、一人一人の信者に他ならないのである。信仰において、各個人はそれぞれ対等の立場で神と直接に対峙しており、その間にいかなる仲介者も存在しない。いわゆる特権的な存在、聖職者が不在であることがこの教えの大きな特徴の一つであるが、このような水平的構造は、各個人の主体的な知的参加があって初めて可能なことなのである。

六信五行

これに関連して有益なのは、イスラームが信者に要求する基本的条件を検討することであろう。この教えを受け入れ、信者となるに当たって、人が受け入れなければならない基本的な条件としては、いわゆる〈六信五行〉がある。つまり六つの信仰箇条の受け入れ、五つの義務的行為の実践である。これはあまりにも基礎的な事実なのでここでは詳論しないが、義務的行為の第一にあたるのは、シャハーダと呼ばれる信仰告白である。人々はこれを公に唱えることによってムスリムとなり、同時にその証言を繰り返すことによって、自らの信仰を絶えず再確認することになるのである。ところでその内容は、「アッラー以外に神はなく、ムハンマドはアッラーの御使いである」と証言することにあるが、この意味するところは自明であろう。ただしこれは同時に、アッラーから預言者ムハンマドに下されたクルアーンと、それを具体的に活用し、ムスリムの共同体を運営したムハンマドの言行（スンナ）の正しさを信じ、それを原則的に生の道標とすることを意味している。信仰告白とは、すなわちクルアーンとスンナを手掛かりに生きる意志の表明なのであり、信徒たちはこれを礼拝を行なう度に繰り返しているのである。

　ここで留意しなければならないのは、最初から信者たちには依るべき根拠として神の言葉であるクルアーンと、その精神に則ってそれを具体的に活用した預言者のスンナが、基本的な典拠と指定されている点である。クルアーンは唯一なる神の言葉である限り、それに絶対の信を寄せるという態度は、それなりに理解しうることである。しかしイスラームの預言者ムハンマドは、クルアーン中に明言されているように、神の言葉を預かるという役割を与えられてはいるものの、単なる人間に過ぎない。しからば単なる人間の言行が、信仰の典拠となるのはどのような理由に基づいているのであろうか。ここで想い起こさなければならないのは、「読め」という命令で始まる最初の啓示である。ところでこの〈読む〉に当たるアラビア語のカラア（qaraʼa）という動詞は、序章で述べたように、読解する、読誦するといった意味を含んでおり、ちなみにクルアーン（Qurʼān）という語はこの動詞から派生した動名詞であり、啓典の場合には読解のためのテクスト、読誦のためのテクストといった意味を持つものである。読解とは、読み手がその理性的能力をつくして原典の内容を理解することであり、読誦とは、意味深い原典を他者に告げ知らせるといった行為であって、二つの意味の間にはアスペクトの相違があるが、ここでは先ず最初のアスペクトを重視する必要があるであろう。このことはクルアーンが、神からの単純な命令、指示の集大成の書ではなく、読者一人一人がそれぞれの理解力に応じて、内容を味読、了得し、活用するための書であることを端的に示している。そして機会があれば、他者にもその内容を告げ知らせるために、声を出して読誦することが勧められる。とまれこの啓典は、クルアーン、つまり読解のためのテクストという書名そのものが示しているように、預言者ばかりでなく一々の読者に、つまりはそれぞれの信者に、独自の〈読み〉を期待しているのである。読解のためのテクストという意味のクルアーン、「読め」という最初の啓示は、イスラームという教えが誰にたいし、どのようなものとして下されたかを何よりもよく示すものであろう。それは読者の一人一人、つまり一々の信者に、理解力を尽くして読解せよと命じているのである。そしてこの読解は、後に明らかにするように、結果として読者を全宇宙の認識へと誘うのである。

クルアーンとスンナ

ところでこのような読解という観点からすれば、膨大な伝承（ハディース）集のかたちで集大成されているスンナと呼ばれるムハンマドの言行は、まさに一人の預言者がクルアーンの内容を解釈し、その結果を実践した一つの具体例に他ならない。抽象的なクルアーンの内容を独自に理解し、それを現実世界で実践し、その結果最初の、強固なイスラーム共同体を築き上げることに成功したムハンマドの言行は、最初の偉大な読解者の業績として、後の人々の模範とされるに充分だったのである。ここでクルアーンとスンナの関係を要約してみると、それはゲーム理論を用いて説明するならば第一ルール群と、第二ルール群の関係のようなものとみなされうるであろう。ゲーム理論によれば第一ルール群は原則の原則といわれるようなもので、それは具体的、現実的な諸規則を生み出すための大元にあたる諸原則群である。そしてさまざまな現実的条件と第一のルールを調整、整合させることによって実際に活用される諸ルール、つまり第二ルール群が編み出されることになる。クルアーンの中には、それ自体でそのまま具体的な実践の役に立てられる事柄、つまり第二ルール群に属するような規則も多々記されている。しかしその数は少なく、それは機能として第一ルール群、つまり原則の原則といった役割を果たしている。これをイスラームの場合に当てはめていうならば、預言者ムハンマドは、クルアーンの中の第一ルール群を絶えず彼なりに解釈し、活用しながら、第二ルール群のレヴェルの事柄に対処する、つまりイスラーム共同体の具体的な運営に当たっているのである。

クルアーンとスンナの関係は、簡単な表現を用いるならば、原典とその解釈に基づく実践ともいいうるであろう。そしてその後の信者たちに関しては、今度はクルアーンとスンナの二つが、つまり根本の原典とその優れた実践例が共に、第一ルール群に当たるものとして与えられているのである。要するに基本的な典拠と、それについての卓越した解釈者の解釈の具体例とが、共々に基本的な典拠として信者たちに与えられている訳であるが、これはイスラームの聖典が、決して硬直し、柔軟性を欠いた内容を押し付けている訳ではないことを端的に示すものであろう。二つの基本的な典拠のあり方そのものが、人々により深く、有効な〈読み〉とその実践を促しているのである。その際にスンナは、絶えず新たな局面を迎えるはずの信者たちに、ムスリム共同体の長として預言者ムハンマドが、どのようにクルアーンを理解し、実践に活用したかという原則の適用例を、さまざまな領域で示してくれている。クルアーンの内容、ムハンマドの読解と、具体的な状況への適用といった三つの要素は、ある特定の状況の下で第一ルールを活用しながら、いかに第二ルールを生み出すかという、実践的な対応への有益な示唆を与えずにはいない。このような典拠と読解の構造は、信徒たちの間に読解への強い促しのある限り、時代の推移、状況の変化にも絶えず対応しうるだけの柔軟性を備えているのである。宗教は一般に、精神の受動、隷属に導くものと理解されがちであるが、この構造はむしろ精神の能動性、人間の自由を保証し、それへと人を促してやまないものなのである。

以上でイスラームにおけるテクストと読解の関係における、読者の側に求められる自主性についてその一端を述べたが、次いで取り掛からなければならないのは、イスラームの典拠であるクルアーンとスンナが、基本的に何を主張しているかという点の確認である。すでに指摘したようにイスラームの主張するところは多岐にわたっており、それを簡単に要約することは難しい。しかし序章において三極構造というかたちで説明したように、それは概ね三つの領域に分類される。ここでその内容を繰り返すと、それらは基本的な世界観であるタウヒード、信者たちの道標であり、イスラーム法とも訳されているシャリーア、共同体論であるウンマの三つである。これら三つの領域がそれぞれ交差し合って、イスラーム的なものが生み出される磁場が構成されるが、その中でもとりわけ中心的な位置を占めるのは最初のタウヒードである。

これまで種々の予備的な考察を行なってきたが、イスラーム世界においてムスリム自身に、イスラームとは一言でいって何かと尋ねた場合、最も一般的なのはそれは〈タウヒードの教え〉である、という答えである。この教えの核心を端的に言い表すために、信者たちは他にもいろいろないい方を持っている。イスラームは〈本然〉の教えである、あるいは〈誠実さ〉の教えである等々。それぞれの表現には、それを口にする人々の凝縮した想いがこめられていて、それなりに深い意味が宿されている。しかしやはりイスラームという教えそれ自体を、根本的に理解するための最も重要なキー・ワードといえるのは、タウヒードであろう。このタウヒードの理解は先ず、この教えが先行する二つの啓示姉妹宗教、ユダヤ教、キリスト教とどのような点で異なり、この教えの預言者がいかなる意味で最後の預言者とみなされるかといった、三大啓示宗教の中での位置を明らかにする。またそれは、この教えが備えている基本的な世界観の核心の認識につながり、それによって唯一なる神自身のありよう、ならびに神とその被造物である全宇宙との関わりを明らかにする。そして最後にそれはまた、個人としての人間に始まって、その集合体である共同体の本性、機能について積極的な示唆を与えてくれる。イスラームという教えそのものの本性を明らかにし、同時にそれに固有の世界観、人間観、社会観の根拠となるものを提供するタウヒードは、このような意味でイスラームの教えを、根本的な位相から、その全域にわたって照射する、最も重要な要素といいうるのである。このようにイスラームの根幹から、生い茂った枝葉にまで深く関わっているタウヒードについて説明するに当たり、ここでは脇見をせずに直接に問題の核心に迫り、そこでえられた理解を基にさまざまな側面に言及していくことにする。

タウヒードの言語学的原義

イスラームはタウヒードの教えであるといわれるが、この言葉はさまざまな意味で用いられるため、先ずは厳密にその原義を探ることが不可欠である。タウヒード（tawḥīd）という言葉は、アラビア語の動詞ワハダ（waḥada）の二型であり、〈一に化す〉、〈一に帰す〉を意味するワッハダ（waḥḥada）という動詞から派生した動名詞であり、その原義は〈一化〉、〈帰一〉を意味するが、ここでは〈一化の原理〉と理解しておくことにしよう。つまり基本的な事柄について、一を単位として考える原理である。例えばこの原理をこの教えの根本である神に当てはめれば、神の存在に同類のものを配さない、神の唯一性という一神教の基礎がえられる。絶対的存在としての神、アラビア語でthe Godを意味するアッラーは、まさに唯一なる神であるが、それが唯一の信仰の対象であるため、このような神に関して思考を集中させることが、イスラーム世界の思想家たちにとっての最も重要な課題であった点は否めない。神はいかなる存在であり、いかなるものとして定義されうるかといった問題は、宗教学者、神学者たちにとって最大の関心事であり、この主題をめぐって数限りない論議が交わされてきた。その結果イスラームの長い歴史を通じて、多岐にわたる優れた知的成果が上げられている。この主題は、言詮不及の神の存在を認知し、論証するにはいかなる手立てがあるかといった神学的な関心から、当然神そのものについての可能な定義づけの試みを初めとして、神と被造物の関係の解明、人間が神に近づきうる可能性の模索等、多様なテーマと関わっている。そのような意味で唯一なる絶対者としての神の定義づけは、タウヒードの基本中の基本の主題であることは疑いない。

唯一神信仰にとっての根源的な主題である神についての思索は、タウヒードの原理が向けられるべき第一の関心事であるが、後の神学者を含めた思想家たちの間には敬神の念のあまり、このタウヒードの主題をもっぱら神に限る傾向が強まっている。その結果後代になるとタウヒードは、多くの知識人の間で〈神の唯一性〉についての論議、と認識されるようになっていった。唯一なる神はその唯一性によって、現実の世界に特殊な様相をもたらしているのであるが、彼岸の高みにだけしか目を向けない姿勢は、イスラームの教えの最も貴重な側面を覆い隠す結果になっている。この背景には、イスラーム世界の激しい世俗化の高まりが挙げられるであろう。信者たちの多くは公的次元の世俗化に抗しきれず、自らの純粋な信仰心を満足させるためには、もっぱら神への想いに集中する以外にないと考えるようになる。外部世界の退廃を前にして、私的な敬虔さの範囲内で教えの純粋さの維持に努めるという点で、このような態度は確かに一面ではイスラーム的なものの保持に大いに貢献している。しかしそれは反面、他者に向かって開かれた個の集まりとしてのイスラーム本来の共同体性を、自ら閉ざす契機ともなっているのである。しかも〈神の唯一性〉とはアラビア語で（wahdat-Allah）という明確な表現があり、タウヒードの正確な訳ではないことは原義に照らして明らかである。タウヒードの原理は、ただ絶対者である神にだけ適用されるのではなく、宇宙の万象、つまり現実世界そのものの認識にも反映されねばならないのであり、この辺の理解のブレがこの教えそのものの解釈のズレを引き起こし、ひいてはこの世界の退嬰の原因ともなっている。言詮不及の神の本性を探るための高邁な高み、深遠な深みに及ぶ思索が、価値あるものであることは疑いがない。しかしそれが現実との接点を完全に絶っているならば、話は別である。

神の唯一性にたいして向けられるタウヒード的な関心は、多くのタウヒード論、神学基礎論、神の名辞論等のかたちで展開されている。また後期の神智学においても、この点についての壮大、深遠な思想的成果が生み出されている。ただしイスラームのタウヒードとは、神の唯一性を起点として、そこで活用された〈一化の原理〉に則りながら、現実解釈のための基本原則を提示するものなのである。

神が唯一であるということは、そのまま現実のありようとも深く関わっているのであるが、そのような関わりについては以下に徐々に説明するとして、ここでは読者の理解のために議論を先回りして、この原理が現実解釈にあたっての三つの原則、つまり万物の〈等位性〉、〈差異性〉、〈関係性〉の三つの原則を提示するということを、予《あらかじ》め指摘しておくことにしよう。

等位性

啓示宗教において絶対者である神は、同時に創造者としての神である。この種の教えにおいて万物は神の手によって創られるとされるが、その際創造者が一であることは、被造物のありようにも固有な特質を付与せずにはいない。その第一は、この世に存在するものみなの〈等位性〉の原則である。万物は例外なく、神の〈在れ〉という命令によって創られている。この意味で万物の存在は、同じ神から発するものとして同根である。そしてイスラームのタウヒードは、この同根性を強調し、そこに創造者である神とあらゆる被造物の間の関係の〈一〉性、つまり等距離性を認めるのである。この世に存在する森羅万象にとって、神の被造物であるという性質に変わりはなく、この事実によって括《くく》ればそれらの存在の価値はすべて等位にあることになる。〈一化の原理〉はこの点に強く固執し、この論理をこの世に存在するすべての存在者に行き渡らせるのである。現実に存在する森羅万象は、木石、動物の別なく同等な価値の担い手であり、それを人間の次元に適用すれば〈あらゆる人間はアダムの裔〉ということになり、その結果として万人は平等という結論が得られることになる。このような万物、万人の等位性は、創造者と被造物との関わりの厳密な同一性に由来するものであるが、これはタウヒードの教えとしてその徹底性を自認するイスラームと、他の姉妹宗教とを隔てる重要な点である。

創造者と被造物の関係の〈一〉性、等距離性という観点は、イスラームと他の姉妹啓示宗教との相違を、最も端的に立証するものである。万物の等位性という観点は、単にそれらを水平の次元に並べ置くということだけではなく、同時にそれらを等しく尊重し、無視の対象としないことを意味している。この価値の同一性の原則は、存在論的問題にのみ留まらず、認識論的な促しを伴うものであるが、その点は後に論ずることにして、先ずはこの原則を基準にして先行する二つの宗教との比較を行なってみることにしよう。それに当たって想い起こしていただきたいのは、序章で指摘したように、イスラームにおいては神の前ですべての人間が平等であり、相違があるとすればそれは敬虔さの度合いによるのみで、現世においてはあらゆる人間の生命、財産、名誉が保証される点が、預言者によって明言されている事実である。この点に関しては、ムスリムたると非ムスリムたるとを問わない。啓示は血統、皮膚の色、貧富の差を問わずすべての人々に向かって開かれており、また享受さるべき権利に関しては、信徒、非信徒の差は存在しないのである。

ユダヤ教との比較

このような観点からすれば周知のように、ユダヤ教の場合啓示の受け手は、選ばれたる者としてのユダヤの民に限られていた。選民と選ばれざる者の間には、両者を截然と隔てる断層があり、それを境として前者は明らかに後者より神の近くに、つまり一段と高みに位置していることになる。この距離の相違、つまり人間の階層化は結果として、この教え自体の狭隘さを作り上げずにはいない。この狭隘さは、例えば旧約聖書のヨシュア記の記述にも明らかなように、極端な場合には異質の民の殺戮をも、簡単に容認してしまうものなのである。ユダヤ教の選民性の問題点については、それと対抗するかたちで現れたキリスト教の著述家たちがすでに多々述べている。しかしそれがユダヤ教の閉鎖性と構造的に深く関わっている点を鋭く指摘しているのは、『神学・政治論』のスピノザである。自らユダヤ教徒として旧約聖書について深く研鑽し、その後この教えから破門されるという経験を持つスピノザの、この書における最大の関心事は、「預言の賜物はヘブライ人だけに特有のものであったか」という問題であった。そしてその後彼が到達した境地は、イスラームの地平との著しい共通性を備えているため、本書では彼の議論をさまざまな箇所で参照することにする。

スピノザの『神学・政治論』は彼独自の聖書解釈であるが、その主眼点は、ヘブライの民に与えられた預言の内容を自民族だけのものと限定し、それを根拠として自らを他者の上位に置くことに安住する、ユダヤ教の伝統的な理解の流儀を批判することにあった。それに際して彼が吟味するのは、このような優越意識を正当化すると思われるものの妥当性である。つまり万人にとって共通、普遍的な事柄と、一部の人々に固有な事柄の厳密な弁別である。そして彼はある集団の優越意識が、それに相応しい根拠を持つものであるか否かを、次のような仕方で検討する。「各人の真の幸福、福祉は、善の享受そのものの中にあるのであって、他の人々を除外して自分だけが善を享受するという栄誉の中にあるものではない」。また「真の幸福、福祉は、知恵そのもの、真理の認識そのものの中にあるのであって、自分は他人より余計に知恵があるとか、他人は真の認識を欠いているといったこととは絶対に無縁である」。彼によればこうした事柄は、その人間の知恵を、換言すればその人間の真の幸福を少しも増大することがないのである。したがって聖書中に、神はヘブライ人たちを他の諸民族から選んだとか、神は彼らの近くに居り、他民族の近くには居ない、あるいは神は正しい律法を彼らにのみ規定した、といった事柄が記されているのは、人々の律法への服従を奨励するために過ぎなかったという。つまりヘブライ人を、あたかも選民であるかのごとく述べている箇所は、人々をある目的に勧誘するための方便であり、真実はその背後にあるとしている。このような論旨に則って彼は、福祉という点に関して神は、すべての民族にたいして同等に好意的であったとし、その証拠として詩篇から次のような言葉を引いている。

「すべて神を呼ぶ者、誠をもって呼ぶ者の近くに神はいます」。「神はよろずの者に恵みあり、その慈悲は彼の創り給えるすべてのものの上に普《あま》ねし」。

等位か、差別かという差の問題は、神が唯一なる神にして、万物の創造者であるという事実を当てはめてみる場合、ある意味で極めて明瞭である。神が、一部の被造物だけを創り、他を別の神に創らせたとするならば、被造物の間に高低の差が存在することにも一理あるといえよう。しかし創り手が一人であって、その出来栄えに優劣があるということになると、この神様の腕の巧みもさほど有難味がないといえないであろうか。ともあれヘブライ人の選民性を吟味するスピノザは、人々がそれを弁護するために用いているさまざまな手段を一々検討し、それに批判を加えていく。預言そのものの性格、種々の祭式の意味、奇蹟の解釈等、ヘブライ人が自らの優越性、特異性を擁護するために用いた道具立ては数多い。彼はそれらの根拠が薄弱であることを逐一立証していくが、そのさいに判断の基準としているのは自然的光明による認識、つまりすべての人間に共通な諸基盤の上に立脚した自然的認識なのである。あらゆる人々が共有する天与の理性の力に、とりわけ民族的な優劣はありようはずもない。そしてそれが受け入れるもの、受け入れないものには質的に相違はないのである。スピノザは人間の等位性を、知、ないしは認識する者の等位性の側から補強することを試みている訳であるが、その際にいま一つ留意すべきは、それに呼応した認識の対象の普遍性であろう。彼はこの自然的認識に関して、次のような意味深いことを述べている。

「自然の中に存在する一切のものは、確実に自己の本質と完全性とに応じて神の概念を自らのうちに包含し、かつ表現する。だからわれわれは、より多くの自然物を認識するに従って、神についてのより大きく、完全な認識を獲得することになる。換言するならば、結果を原因によって認識するということは、原因のある特性を認識することに他ならないから、われわれはより多くの自然物を認識するに従って、より完全にあらゆる事物の原因である神の本質を認識することになる」。（畠中尚志訳、岩波文庫版、上、一五三頁、若干語句変更）

この文章の意味するところは、創造の結果である万象はすべて何らかのかたちで、創造者の本性を指示する豊かな秘密を宿しているのであり、目をより多くの被造物に見開くことによって、それだけ神そのものについてより多く、完全に知ることになる。ここで重要なのは、神を知る試みこそが最高善であるスピノザにとって、より多く、完全な善を獲得するために、人はこの世に存在する万象にくまなく目を見開かねばならないということである。最高善の獲得のための道が、自然的光明によるより多くの自然的事物の認識に基づいているとするならば、その最大の障害となるものは予《あらかじ》めある種の事物の前に遮蔽幕を置く、差別意識に他なるまい。スピノザは聖書の中の、この差別意識を正当化するさまざまな要素を取り上げ、預言の限定性、祭式の権威主義、奇蹟の虚構性を批判した末に、それを克服する正しい方策として、視野を世界の万象に広げることを主張するのである。自然的事物の認識に基づく知は、他の何にも増して確実であり、憶測、憶断によって対象に関する認識を歪めることがない。ただしそれが提供するものは、全体の中の小さな部分にしか過ぎないため、認識の対象となるものが一部の特権化されたものに限られてはならないのである。このようにすべてのものに目を見開くことの要請は、単に被造物を同一の平面に位置させるという存在論的な側面だけでなく、認識論的な地平とも深く関わっているのである。神の一性と被造物の等位性との関連は、このようなかたちで曇りなく万象を見はるかす、透明な視座を形作るのである。

スピノザの聖書解釈は、すべての存在者に認識を開放するという広角な視野からなされていたため、選民思想の虜であるユダヤ教の権威者たちから、当然非難を浴びる契機を宿していた。スピノザの破門から、後の『神学・政治論』執筆に至る軌跡には明確な一貫性が存在しているが、彼の足取りはそのままユダヤ教とイスラームの相違を示しているように思われる。イスラームのタウヒード論が提示している万象の等位性の原則は、創造者と被造物との関係を〈一化〉し、両者の間の隔たりを等距離に置くことによって、差別の規制を外し、現実世界の解釈に水平的な展望を与えている。万物が同等な存在の価値をもつというこの世界観は、特権的な地位を享受する者たちによる専断が産出する、存在世界についての縦割りの構造化を拒むのである。その第一のターゲットは、例えば先に検討したユダヤ教の選民思想であろう。この思想は〈選ぶ〉という動詞そのものが意味しているように、選ばれた者と選ばれざる者の間に価値、権利の差別を設ける。そしてそこに設けられた差別のための囲い込みの境界線は、内側の者たちの視線を外部から切り離す役割を果たすことになるのである。

キリスト教（精神・物質二元論）との比較

ところでこのような等位性の観点からすれば、キリスト教の場合にも大きな問題が存在しているのである。独自な構造を持つ博愛の教えを、民族という境界をこえて普遍化させたキリスト教は、ユダヤ教の選民主義という視野狭窄を是正している点では、大きな貢献を果たしている。ただしこの教えの中核をなす、神の三位一体説には大きな問題が潜んでいるのである。すべての被造物の等位性という観点からみれば、現実に生きたイエスという人間は、あくまでも一人の人間に過ぎないのではないか。そのような被造物である一人の人間を特権化し、例外的に神の子として位置づける三位一体説は、万物に等しく目を見開くような整合性ある存在論の枠組みを破綻させる、そもそもの原因ではないのか。〈一を差別する者は、すべてを差別する〉というのは差別論につきまとう原則であるが、この場合差別は特権と置き換えることが可能であろう。この世に生きた一人の人間イエスを特権化するためには、なんらかの口実、ないしはドラマが必要であったが、この種の弁明には現実の普遍的な解釈を阻害するような要素が、多々混じり込んでいるのである。

〈天は人の上に人を作らず、人の下に人を作らず〉とは、普遍的な人間平等観の根底をなす重要な考えであるが、一つの例外はそれを正当化するためのさまざまな理由づけを必要とせざるを得ない。例えば原罪と贖い主とか、それに付随する精神の物質にたいする優位といった考えは、イエスの神格化に付随し、同時にキリスト教の特性を作り出している重要な要素であるが、イスラームによるタウヒード観の徹底は、等位性の観点に基づいてこれらの傾向を真っ向から拒否しているのである。預言者の神格化について厳しい態度をとるイスラームは、ムハンマドが神の言葉を預かるという特別な任務を与えられはしたが、彼自身は他と少しも変わることのない一介の人間に過ぎないとしている。ちなみにスピノザは、「イエスに神性を認めることは、三角形にたいして四角形の性質を認めるのと同様に、不条理である」と述べている。彼にとっては、一介の被造物を神格化することは、三角形に四角形の性質を認め、それによって幾何学そのものの整合性を破壊することに等しかった。被造物、自然と創造者との関わりの厳密な検討によって、有限な存在者と無限なる神との相互規定を図ったこの哲学者にとって、イエスの神格化は同時に神の人格化に他ならず、この種の混交は彼の思想の根幹を傷つけるものであったはずである。ところで創造者である神の一性の堅持が、万物の等位性に直結しているという認識は、イスラームのタウヒードならではのものなのである。クルアーンの「純正」の章は、端的にアッラーの一なることを明言し、彼に父、息子が存在しないことを伝えている。「言え。彼はアッラー、唯一なる御方。永遠に自存するアッラーは、生みもせず、生まれもしない。彼に比べうる何ものもない」。（第一一二章一―四節）これは明確な三位一体説の否定であるが、ここで考慮すべきは、批判がイエスの特権化という現実世界のレヴェルだけに止まるものでなく、むしろ神性のありようそのものにまで及んでいる点である。そして神は唯一であり、預言者は神の言葉を預かるという特別な任務を与えられた、一介の人間に過ぎないとする考えと、神を三つの異なった要素の合体したものと解釈し、人間イエスをその一部をなす特権的な存在とする異なった立場は、それぞれまったく異なった世界観をもたらすのである。それがいかに異なった文化、社会的な伝統の形成につながっていくかといった問題は、これまで完全に無視されてきた。ところでこのような神の理解に関する異なった考えは、予想以上に奥深いところまで根を張っていくが、実際にはこの種の相違こそ、キリスト教世界とイスラーム世界を、また両者の作り出した文明を大きく隔てる分水嶺となっているのである。

いずれの啓示宗教にとっても神は同時に創造者であり、そのようなものとしての神が論じられる限りでは、議論にさしたる相違は現れてこない。それゆえ神の唯一性の論議そのものの中では、異なった宗教の間のそれぞれの特徴は明確に見出されないが、こと現実世界の認識の様態となると、互いの間には際立った相違が現れてくるのである。万物の等位性を説くイスラームのタウヒードが目指しているものは、存在者の価値の水平的な配分の徹底性である。そしてこのような現実認識の水平性は、万物が等しく存在の意義、ないしは意味を分有しているため、それぞれが本性的に他者による排除を受け入れないことを意味するものである。それぞれの存在者の存在の優先性は、人間の意識や功利的判断が機能する以前に先ず肯定されるのである。ところでユダヤ教の選民意識と異なり、キリスト教の場合に批判のメスが加えられるのは、精神的なものと物質的なものとの乖離、ならびに前者を後者の上に位置させる世界観である。このような差別的世界観が何に由来するものであるかは、やや複雑な問題である。しかし存在界を縦割りに序列化し、物質的な要素、世俗の世界の事柄は放置して、もっぱら精神的な事柄に関心を集中させるキリスト教の基本的な傾向は、すでに常識となっている。

この種の階層化は、ひと、ものに備わる属性、能力の垂直的な配分に直結する。例えば鉱物と植物を比較する際に、後者はその成長能力の故に前者の上に立ち、動物は運動能力の故に植物の上に、人間は知的能力の故に動物の上に位置づけられる。しかし能力的には最高位に位する人間も、結局はその肉体が持つ物質性ゆえに、それから免れている天使の下に位置づけられるといった具合である。このことはキリスト教西欧の歴史的展開においても、明瞭な特徴を残してきた。中世における物質性の軽視は、人間の本性、社会的現実の無視につながり、人々の生き方を歪めてきた。そしてルネッサンスを経た脱宗教化の時代においても、存在界を二項対立のかたちで捉える思想はそのまま受け継がれ、今度は上下が逆転して過剰な物質尊重に捕われた人間中心主義を横行させている。

道徳論ではなく存在論としての平等

万物の存在に優劣を付けないイスラームのタウヒードが保障しているのは、それぞれが保有する属性にいかなる差別をも設けないことである。例えば精神的なものと物質的なものは、確かに互いに存在の様態を異にしているが、この相違は優劣の判断の対象となるものではない。ことほど左様に、それぞれが持つ固有の属性は、その独自なありようと関わるものであっても、差別の対象となるものではない。

以上の分析から自明のように、イスラームの世界観によれば、鉱物、植物、動物、人間、天使の間にいかなる上下関係もないのである。物質性を完全に欠いた天使と、それを保有する故に下位に置かれていた人間との差別は、当然無視される。鉱物、植物等の間に認められる能力の相違は差異であることに相違はないにしても、それは決して差別の原因とはならない。そしてこのような存在界の水平的な配置において、能力の相違は別のかたちでの評価と関わることになる。確かに人間が授かった知的能力は、その機能において他に例のない優れたものである。しかしこのような優れた能力を付与された人間も、そのこと自体によって高い地位をえるのではなく、むしろその能力ゆえにより重い責任を課されることになるのである。

神は基本的な創造を終えた後、被造物の世界の管理、運営の責任を持つ者を指定するために、誰がその使命を引き受けるかとものみなに尋ねた。その際にこのような重責を前にして天使はおろか、大きな山も二の足を踏んでいる。そして最終的に人間だけが、この神からの委託（アマーナ）を引き受けているが、それゆえに人間は、神の現世における代理人（カリフ）の地位を得ているのである。優れた能力を与えられた者にしても、それゆえに高みに位することはなく、むしろそれに相応しい責任を課されている。ちなみにその後神は天使たちに、このような重責を引き受けた人間を前に跪くように命じている。そしてある天使は、その驕《おご》りからそれを拒んでいるが、神の命令に反したこの天使は悪魔となっている。ことほど左様に、等位性の原則は精神と物質の配分を、キリスト教の場合とは極めて異なるものとしている。両者は切り離され上下に配置されるのではなく、アインシュタインが指摘しているように、同一の起源を持つが、発現形態を異にするものとみなされているのである。イスラームの天使の位置づけは、異質の文化を他の文化の物差しで秤量することの危険性を示すものであろう。

とまれ等位性の原則は、ユダヤ教の場合のような選民主義を打破し、キリスト教の精神と物質の二元的把握の境地を乗り越えることにより、視野を存在世界のすべてに及ぶような普遍的なものとした。ここで獲得された神と被造物との関わりの等距離性に基づく世界観の構造は、それ以上の普遍性が求められないため、ムハンマドは預言者の封印、つまり啓示宗教の最後の預言者とみなされている。イスラームはタウヒードの教えであるという言葉が意味しているのは、このようにこの原理の現実世界への適用範囲の普遍化を指すものであり、決して神そのもののありように限られてはいない。万象の同一地平への配分は、すでに指摘したように、単に存在者の等位性という存在論的な意味を持つだけでなく、同時に認識のありようにも深く関わるものであるが、ここでは等位性の原則に照らしてイスラームが追い求めたものが、なんであったかの一端を指摘するに留める。

このような文脈で最も重要なのは、これによって獲得された〈平等〉の概念が、精神的な鍛錬、あるいは道徳的要請によって求められる結果といった、個人の側の自覚に基づく知的、精神的追求の成果として得られるのではなく、より深く、普遍的な存在論的基礎を持っているという点である。この点については、イラン革命の思想家アリー・シャリーアティーが、次のように明快に述べている。「あらゆる人間が平等であるということは、一種の自然的かつ科学的な現実であり、道徳的な要請であったり、魂の浄化の結果としての親愛の現われではない。それはあくまでも一つのリアリティーの実体であって、道徳律ではない」。ここで彼のいう自然的、科学的現実とは、まさに存在世界の等位性に基づき、個々の存在者に同等に与えられる価値、それにたいして一律に寄せられるべき関心の結果獲得される、認識の対象としての現実に他なるまい。それは存在の普遍性から客観的にもたらされるものであり、限られた個人の主観、特定の文化的優位といった、差別的な要因が介入する余地のない水平的な世界観の枠組みによって、一義的に保証されるものなのである。

この原則については、さらに指摘すべきことが多いが、それは他の諸原則と組み合わされてさまざまな展開を示すため、ここでは以上のような導入的な検討のみに限り、次いで第二の原則、つまり〈差異性〉について説明することにする。

差異性

神は創造に当たって、無駄な努力、重複を避けられた。したがって彼の創り出した被造物は、すべてが差異的なのである。タウヒードの観法の現実世界への適用の第一の原則は、徹底した万物の等位性であったが、それに併置されているのは徹底した万物の差異性である。大小を問わずこの世の存在者はすべて、差異的な〈一〉として自らの存在を主張する。イスラームにおける個体の尊重は、この教えの重要な特徴の一つであるが、それはいうまでもなく差異性の原則と深く関わっている。差異的な個の重要性をめぐる指摘はクルアーンの至るところに散見されるが、この問題について語るためには、聖典の中に鏤《ちりば》められたそれらの指示を、忠実に受け入れながら思索を行なったカラームの神学者たちの業績が、この教えの現実観を最もよく表現していると思われるので、ここでは彼らの思索の成果に大幅に依拠しながら説明を行なうことにする。

カラーム神学の原子論

イスラームの思想史の中には、大きくいって二つの潮流がある。イスラームの特性を十分に考慮に入れたカラームの神学と、新プラトン派の色彩の強いギリシャ系哲学を受け継いだ流れである。それらは後にゆっくりと相互に影響を及ぼしながら独自の神智学の興隆につながり、次いでそれを反転させた力強い思想を生んで現在に至っている。その複雑な流れを簡単に要約することは不可能であるが、宗教としてのイスラームばかりでなく、文化、社会的な伝統としてのイスラームを全体的に俯瞰してみると、初期のカラームの神学者たちが固執してきたいくつかの主題は、この教えにとって基本的な要素を多々含んでいるのである。これまでの欧米の専門家たちによる思想史研究は、もっぱらギリシャ哲学を継承したファルサファ系の思想家たちに焦点を当ててきた。研究者自身の気質、思考のパターンに合わないカラームの思想はほとんど敬遠され、それに対抗するギリシャ的思想の影響の強い哲学の研究がもっぱらで、その結果アリストテレスに通暁したアヴェロエスの没後、イスラーム世界には注目に足りる思想家は現れていないというのが、長い間彼らの定説となってきた。しかし最近になってその後のイブン・アラビー、スフラワルディー、あるいはモッラー・サドラー等の大思想家たちの研究が進むにつれて、これまでの伝統的な見解の誤りは徐々に明らかにされつつある。

イスラームという新しい教えが主張する、種々の基本的な事柄を条件としながらその枠内で思考することは、思想家たちに強い独創性を要請した。したがって初期の神学者たちの間では議論百出、争点もまちまちで、彼らの言説をある種の統一性を以て理解するということは、それ自体容易な業ではない。ただしその主張の要点はかなり明白であるが、その一つがまさにここで言及するところの、万物の差異性という考えなのである。彼らは現実世界を説明するに当たって、独自の原子論の立場をとっている。その主張によれば、万物は分割不可能な部分、つまり最小の単位である原子からなり立っている。ところでこの原子は必ず二つの要素、つまり実体（jawhar）と偶性（'araḍ）から構成されている。実体はそれ独自では現実に存在せず、それが具体的な存在となる際には一つ、ないしは複数の偶性を伴う。ところでその際特に注目すべき点は、一々の実体がそれぞれ必ず異なった偶性を採り、決して同じものを採ることがないというところにある。これは言葉を変えるならば、世界を構成する原子はすべて異なる偶性を伴っている、つまり万物は差異的であるということに他ならない。物体には単一の原子そのもの、あるいはそれらの複合体があるが、いずれの場合にせよ最小単位が差異的であれば、それらの構成体であるものも、すべて同様に差異的であることは自明であろう。このことは現実世界が、いかなる重複もない差異的なものの豊かな氾濫の世界であり、そこではあらゆる存在者が、最終的にはあらゆる類的な判断、思考から逃れ、はみ出すかたちで、つまりそれぞれ掛け替えのないものとして存在していることになる。ここでちなみにわれわれが参照点としているスピノザの、この問題に関する立場を検討してみよう。彼は『エチカ』の第一部定理五において、次のように明言している。

「自然のうちには、同じ本性、あるいは同じ属性を持つ二つの、あるいは多くの実体は存在することはできない」。（工藤喜作・斎藤博訳、中央公論社版、八〇頁）

初期の神学者たちは、世界の最小単位であるこのような差異的な原子が、いかなるかたちで独立し、どのようにして複合体となるかといった問題から、偶性の種類、性質等々さまざまな点について検討を行なっている。すでに指摘したようにその議論は多岐にわたり、時に枝葉末節に拘り過ぎているため、それらを仔細に点検することは本書の枠外の事柄であるが、興味深いのはこの差異性の主題が、姿、かたちを変えながらイスラーム世界の思想家たちの思索の中に、一貫して登場し続けている点であろう。

これはこの世界の思想の基調低音といいうるものなのである。カラームの神学者たちは、この世に存在する一々の個体の固有性に目を瞠りながら、それを構成する最小の部分である原子に、差異性が存在する根源を求めた。

モッラー・サドラーの〈存在の優先性〉論

しかしそれを別の角度から捉え直しているのが、それより遥か後の十七世紀イランの哲学者モッラー・サドラーである。深遠、かつ浩瀚な大著の著者である彼の思想の全体像を鳥瞰することは、容易な業ではない。しかし彼の思想の出発点自体が、すでにイスラーム的な特徴、つまり具体的に存在する個体そのものの、奥深さについての強い関心を示唆している。彼の思索の大前提は、眼前に存在するそれらの個体が宿している秘密に打たれ、それと向き合うことにあったのである。彼にとって個々の存在者は、〈より多くの自然物を認識することによって、より完全な知識を得る〉としているスピノザと同様に、世界認識のための第一資料に他ならなかった。この間の事情を彼は、その方法論を知るための重要な著作『存在認識の道』の中で次のように述べている。

「具体的実在性としての存在はあらゆるものにも増して直観的・直証的に明白である。が、それが「何であるか」ということはあらゆるものに増して暗冥であって、これを表象し概念的に捉えることは極めて難しい」。（井筒俊彦訳、岩波書店版、一一頁）

事物が存在するということは、いかなる定義をまつまでもなく、瞬時にして了得される。しかしそれが何であるかを規定することは、殊のほか難しい。彼は具体的な存在者を概念的に捕らえることの難しさを、さまざまな理由を挙げて論証しているのだが、何よりも端的で明快なのは次のような判断であろう。

「存在は定義しようとしても定義できない。なぜかというと、一体何かを定義するには、いわゆる完全定義か、説明的定義によるほかはないが、存在には類もなく種差もないゆえに完全定義ということは全くあり得ないし、また存在を存在よりもっと明らかで、もっと分りやすい概念を通じて理解しようとすることは不可能であり、また存在と全く同等の概念もない故に、これを説明的に定義することもできないからである」。（同、一二頁）

それゆえ存在を説明しようと試みる者にとって可能なことは、定義を求められる対象よりも明瞭性の低いものによって定義せざるを得ないことになる。つまり対象の核心には直接触れることのない、二次的な定義、説明を行なうことしか可能ではないのである。以上に引いた二つの文章は、それぞれの存在者が何らかの概念を以て共約することができないほど、確実に個別的であり、それがまさにそのようなものとして存在するゆえに、概念的把握では汲み尽くしえない実際の性質や、さまざまな運動が実現されるのである。存在以外のものはすべて、存在によって初めて外的実在性を得ることができるが、存在そのものは実在性を得るために、自分以外の実在性を何ら必要としない。人間の意識の外に実在するそれぞれの個別的存在者は、自明であると同時に汲みつくし得ない深みを湛えて、固有に存在しているのである。モッラー・サドラーのこのような世界認識は、本質か存在かの対比において、後者を先行させた〈存在の優先性〉論として有名であるが、彼がここで同時に意図しているのは、具体的に存在するそれぞれの差異的な個体の一義性である。そして他のものとのアナロジーを以てしては決して秤量しえない個別者は、その湛えている知解を越えた未知なるものゆえに、つねに認識の対象として注視されていなければならない。なぜならば万象の限りなく差異的な属性は、その一々が合い寄って無限なる神の実体を指し示す指標となるのだから。被造物からなる自然は、単なる原子、またはその集合体に留まるものではなく、それぞれがその本然の性質によって、世界のありようと同時に、神のありようを指示しているのである。

存在の優先性の議論は、個別的な存在の差異性のうちに、掛け替えのない主体性を認め、その中にこそ明確な〈徴〉を求める。万物は等位であるだけではなく、その固有な差異的側面を介して神の何たるかを指し示しているのである。森羅万象は、ゆえなくして創られている訳ではない。イスラームにおいては、神と被造物との関わりは、次のような二つの原理の間に位置付けられる。第一はタンジーフであるが、これは神をあらゆる存在者との類比から完全に遠ざける態度を指すものである。要するに神は言詮不及のものであり、創造者と被造物の間に決定的な断絶を認める立場である。そして第二はタシュビーフ、つまり神を被造物と同一視する態度である。ところで神の正しい認識に至る道は上述の二つの態度の中間にあるとみなされるのである。創造者である神は、確かに被造物の世界を超越している。しかし独り高く、完全に超越してしまっている訳ではない。神は自らの本質、ないしは存在を理解させる契機を、すべての存在者の中に忍び込ませているのである。神は単純に、そのままある存在者に比定されるような存在ではない。しかしあらゆる存在者は、神の認識を形成する契機となる〈徴〉をその中に秘め、湛えているのである。

「まことに天と地の創造、昼夜の交代、人に益するものを運んで海原を行く船、またアッラーが天から降らせ死んだ大地を蘇らせる雨、地上に広く撒き散らされた生きとし生けるもの、また風向きの変換。さらに天地の間に奉仕する雲などのうちには、理解ある者への徴がある」。（クルアーン第二章一六四節）

現世の万象が、神についての知を形成する徴を宿しているという認識は、そのままそれらの多様な個別性の肯定と表裏一体をなすものであろう。個別者は、創造者から与えられた固有の性質、独自の能力を自然に開花させることにより、神の徴の一部たりうるのである。被造物のすべてに振り当てられるこの積極的な意味付け、個別性の肯定はもちろん人間の場合にもそのまま適用される。人間はアダムの裔としてみな平等というイスラームの基本的な考えについては、等位性について論じた部分ですでに述べたが、この場合の平等がすべての人間の持つ差異を解消するかたちで得られる、恣意的、抽象的な平等ではなく、あくまでも各人の差異的な存在を前提とした平等である点は、特に留意されねばなるまい。それは各人の存在のリアリティーに基づく平等であって、観念的な人為的加工の産物ではない。それは各人が持つ固有の性質、力能の一義性、優越性を前提とする平等なのである。

同一律の忌避

ここで一瞥しておかねばならないのは、万物の差異性を認識の第一資料とするイスラームにおける、同一律にたいする強い忌避の傾向である。すべてが差異の相の下にある現実世界において、観念的、概念的判断は、モッラー・サドラーが指摘しているように二次的なものに過ぎず、対象の核心に触れるものではない。したがって二つのものが同一であったり、同じ類に属するという意味で両者の同一性を云々することは、ものそのものの立場からすれば二次的な整理に過ぎない。人間が動物という類の中で、理性的であるという種差を持つ種であるといった規定は、二次的な区分、分類のために役立つとしても、各個人の存在そのものの規定としては何ら核心的なことを語ってはいない。それぞれ固有性をもつ各人は、このような粗悪な定義の網目から斜めにはみ出ていくような、ランダムな流動性を湛えている。延長を無限に分割し得る等価な部分として捉えず、差異的な部分によって埋め尽くされたものと解釈する、イスラームの原子論の立場からすれば、同一律が果たし得る役割自体がごく限られたものなのである。したがってそれに大きく依存している類概念、あるいは論理学上の三段論法といったものへの依存度は極めて低い。三段論法の例は、この間の事情を最もよく示してくれるであろう。A＝X、B＝X、ゆえにA＝Bという命題間の連結は、数学的なレヴェルにおいては完全に正しい結果をもたらす。A＝1、B＝1、ゆえにA＝Bというように、ここで両者の同一性は見事に検証されている。しかし周知のようにこの命題に個別的存在、固有名詞が当てはめられると、その結果には著しい問題が生じてくる。これは一般によく知られている事柄であるが、差異性に基礎を置く主張にとっては極めて重要な点なので、ここで改めて確認しておくことにしよう。差異論的な見地からすれば、三段論法は、個的な問題に関しては明証性を含んでいない。命題に固有名詞が当てはめられた結果は、端的にいって誤りしかもたらさない。太郎は人間である。花子も人間である。ゆえに太郎は花子である。この論法の最後の帰結、太郎＝花子は明らかに誤りであるが、敢えて好意的に判断すれば、両者は人間として等しい、程度のことをしか述べていないのである。この結論はチンパンジーや熊を前にして、太郎や花子が何であるかを規定する場合などに役立つであろうが、太郎や花子自身の固有性を何一つ示すものではない。この結果の空疎さから翻って考えてみるならば、そもそも太郎が人間であり、花子も人間であるという命題の並立そのものが、至って空疎なものに他ならないといいうるであろう。十三世紀の思想家イブン・タイミーヤが、ギリシャ系の哲学者たちが多用する論理学の有効性に、強い疑義を投げかけているのもこのような点に依拠しているのである。

個別者は、それぞれ差異的な存在であり、その掛け替えのない主体性はいかなる方法によっても、厳密には評価されえない。この点では一木一草たりといえども例外ではなく、例えば人間一人一人をとってみても、これまで無数に存在した人類の中で、一人として同じ指紋を持つ者が存在しないように、その資質、力能には限りない差異がある。そして差異性の原理は、等位性のそれと相俟《あいま》って、個々の力能の開発、資質の向上に配慮を促し、いかなる意味においてもその障害となること、つまり何らかの外部からの圧力によってそれが阻害されるような、マイナスの要因を遠ざける。差異性の原理は、すべての存在者にその掛け替えのなさと同時に、それが宿している力の自己主張を保証するものなのである。このような力の水平的な配分、分布にとっての障害となるのは、主として先に述べた同一律から派生する諸要素なのである。同一律と差異性とは、単なる原理的な対立に留まるものではなく、力の垂直的配分に道を開く条里化と、水平的な配置を維持する平準化という、異なった社会的傾向へと関連している。ここでは取り敢えず、この問題の政治的側面と、経済的側面について検討を加えることにしよう。

差異性のもつ政治的側面

タウヒードが追求するのは、すべての人間が自らの力能を十全に開花させ、活用しうるような政治的仕組みであり、それが民主主義的なものであることは疑問の余地がない。しかしそれは、われわれのいう政治的なものとは若干構造を異にしているので、ここでは敢えて政治体制、民主主義的体制という表現を用いない。

ところでイスラームの政治性を論ずるに当たって基本的に重要なのは、すでに言及したはずのカリフの概念である。人間の一人一人は、現世のよき運営、維持の大任（アマーナ）を委ねられた、神の代理人、つまりカリフである。表現を変えるならば、各人は神の主宰する政治的舞台の代議士に他ならない。これは全員が洩れなく参加する直接的民主主義であり、その際の憲法に当たるのがシャリーアである。この直接的民主制度においては、参加者はすべて対等の権利を有し、いかなる意味においても差別、排除、除外の対象とはならない。これがこの制度の第一原則であり、その余の規定は副次的なものに過ぎない。例えば初期のイスラーム社会は、信者たちの長であるカリフを頭に頂いていたが、彼らにしても本来は社会的にシャリーアを徹底させ、その正しい運用を委ねられていただけの話であって、民衆の上に立ち、彼らを意のままに統治するといった存在ではなかったのである。後に彼らは世俗化し、権勢をほしいままにするようになったが、それでも民衆の間には抵抗権が保証されていた。シャリーアに照らして君主が不正を働いていた場合、信徒たる者はその支配の下に留まってはならない。「不正を眼にしたらムスリムは、行為を以てそれを正せ。それができなかったら、舌を以て抵抗せよ。それもできないようならば、心に深い怒りを燃やせ。それも為《な》しえないような者は、もはや信者ではない」。預言者の言葉は、世俗化が進行した後にも多くの代議士たちの胸に刻まれ続けており、それが為政者たちに強いチェック機能として働いているのである。そのさい、正、不正の判断はシャリーアの価値基準によって下されるのであり、多数派、少数派の判断といった相対的な基準によるものではない。

イスラームの仕組みにおいては、信者たちは洩れなく神の代議士であって、彼らはそれと同じレヴェルではいかなる代理も行なわない。彼の権利は基本的に、何者によっても代替されないのである。しかし他の政治体制においては、さまざまなかたちでの政治権力の集中が認められる。歴史的には君主制、貴族制、民主制と政治形態は移り変わり、近年では社会主義、共産主義といった体制も現れており、それらを一括して論ずることは不可能である。しかしさまざまな体制は、本来個々人に与えられるべき参政権を簒奪したり、独占的に活用することによって権力を維持してきた。最も多くの人々に政治的参加を認める民主主義体制においても、最終的な政治的意思決定は、人々に分有されるべき決議権を代理、代表する者の手によって執行される。ところでこの執行権は、三権分立のような機制が存在する場合でも、とかく寡占、独占の形態に陥りがちである。権力者は、それが行使される公的な場の枠内で、そこに参画する権利をさまざまなかたちで少数の者に配分し、自らの勢力の安定を計る。その場合しばしば口実となるのが、同一律の論理である。例えば国会議員の選出に当たって各人は均等な投票権、つまり清き一票を与えられているが、この種の多数決に基づく代理が、個人の、または民衆の意思をどれほど反映しているかとなると、はなはだ覚束ないのが現状ではなかろうか。洩れなく与えられた一票の有効度は、権力中枢への距離、政治寄金の多寡、マスコミの活用度等の関わりもあって決して同等ではなく、これにたいする不満は投票率の著しい低下にも反映されている。

ところでそれ以前に問題なのは、社会契約という制度そのものの問題性であろう。国民のすべてが等しく国家に権力を委ねることにより、同一の権利を享受するという事態が、すでに幻想に過ぎないことは、上述のような例を含め、さまざまな点から明らかではなかろうか。等しく委譲したものにたいして、等しい報酬が与えられているという実感は、現在の国家から得られないのが実状なのである。このようにたかだか一票の選挙権ゆえに同等の権利を享受しているという錯覚は、権力者層の力を増大させるばかりか、民衆の意識を国家対国民といった図式に絡めとらせて、国家が果たしえないさまざまな問題解決にたいする、人々の関心を削ぐ結果となっているのである。国というまとまりの中にはさまざまな規模、水準で、国家や役人たちだけでは処理しえず、人々の自発的な参加なしには果たしえない多くの課題がある。直接参加と代理との間に存在する溝は、A＝Bと、太郎＝花子といった三段論法の結果の差のように、容易には埋め尽くし難いものなのである。政治的、社会的な領域における直接参加と差異性との関連について、以上にその一端を指摘したが、この点はさらにシャリーア、ウンマを説く章において詳しく取り上げるので、ここではさしあたりイスラーム的枠組みにおける、代理を認めない、全員参加の原則の意義のみに焦点を当てておくことにする。

差異性のもつ経済的側面

次いで差異性のもつ経済的側面について、一瞥してみることにしよう。キリスト教や仏教は、独自の経済システムを持ってはいない。これは二つの宗教が、もっぱら教えの内容を精神的側面に限定し、世俗の問題に配慮していない点にある。しかし在家的な教えであり、現世の問題にも深く立ち入っているイスラームは、経済的な側面についてもさまざまな規定を持っている。経済システムといっても、現代の経済理論家たちが云々しているような、経済のための経済システムではなく、ポランニー的にいうならば〈地に埋め込まれた〉経済的システムである。この問題はそれだけで一書が必要なほど論ずべき点は多いが、差異性の原則と深く関わる点だけを、先ずいくつか紹介しておくことにしよう。特筆すべきなのは、商取引の形態である。取引という以上は、売り手と買い手が存在し、その中間に商品が存在する。ところで万物が差異的で、この世に一つとして同じものがないとすれば、似たような商品であっても等価ということは成立し難い。商品自体に定価がつけ難い上に、買い手、売り手の取引に寄せる期待もまちまちで、一様ではない。取引を成立させる三つの要因の差異性は、定価の存在を困難にすることは想像に難くないであろう。したがってイスラーム世界の商取引は、伝統的に定価に基づく取引ではなく、交渉による取引が基本である。商品も異なれば、売り手、買い手の欲望、期待も異なるとすれば、交渉に当たる当事者同士の合意を待つ以外にはない。そして商品の差異性と、差異的な買い手の欲望を仲介するのが商人の役目であり、ここではその両者に通じた商人の存在が不可欠である。一定価格の商品を、正確にその代金で買うことのできる自動販売機のような、商人不在の取引とは性質が異なるのである。

同じ商品であっても、資力のある者は高く買い、貧しい者は安く手に入れられる取引は、それ自体定価に基づく無機的な取引よりも若干慈愛の気を帯びた、贈与的な匂いを漂わせている。しかしこのような取引の形態の相違は、より大きな社会的様態にも影響を与えるものなのである。周知のように貨幣が、ものの価格の指標に留まっている限りは、通商、交易の機会を拡大し、経済活動の活性化に大きく貢献した。しかし貨幣が蓄積の手段となるや、ものの等価性という同一律は次第に乱用されて、飽くなき資本蓄積のための絶好の手段となる。価格計測のための道具に過ぎなかった貨幣は、応用範囲の広い等価性のゆえに、あらゆるものを商品化しようとする。ものの差異的側面を無視して、等価の原則に服させるという等価の原則は、限度を越えることによって由々しき事態を生み出さずにはいないのである。この点には論ずべき多くの問題があるが、イスラーム経済の観点からすれば、規則侵犯の第一は個人の労働の商品化である。差異性の原理に基づけば、個人という単位は最も中核的な要素であり、これはいかなる意味においても、他に譲渡しえない性質のものであるはずである。個人の労働は、その権利を自衛するための最初で、最後の重要な砦に他ならないのだから。これを時間で他人に切り売りするということは、この原理にたいする最も重大な侵犯に他ならない。資本家に労働者を従属させる雇用よりも、協業の形式を重んじる企業の形態は、現在でも伝統的セクターに色濃く認められる傾向であるが、この種の経済的力の平準化の試みは、経済活動のさまざまな分野、領域に張り巡らされた諸規定によって、資本家による財の自己増殖を防いでいるのである。個人の労働の自主性を、最も重要な砦として守ろうとする試みは、資本主義的傾向が強まっている現在においても、民衆の草の根レヴェルにおいて執拗に固執されているが、それが国家の支配、監視の目を潜って張り巡らされている、人々のサステナビリティーの根となっている、インフォーマル・セクターの網の目である。そこで作り出される市場は、等価の原則によって肥大した巨大資本によって、決して垂直的に統合されない、慎み深い商人たちの共和国なのである。

これにたいして同一律を活用した飽くなき商品化は、今や多国籍企業という巨大な歯車に突き動かされて、世界中の津々浦々にまで及んでいる。揺り籠から墓場まで、あらゆる機会を逃さずに利潤を挙げることに専念する、現在の経済活動の寡占化については贅言を用いるまでもあるまい。そしてこの傾向が行き着くところは、すでに明白であろう。わずか二〇ほどのメガ・バンクが、世界の富の八〇パーセントを手中にして稼ぎまくり、そのうち実体経済と関わる部分がわずかに一桁という状況で、先進国の大関クラスの国が不良債権処理もままならぬ体たらくである。このような状況でまさに危機に立たされているのは、他ならぬ個人、または身近な小共同体の命運である。会計計算が不可能なもの、商品化されてはならないものまでもが、外部の強い商品化の圧力によって次々に侵食され、個人はいまや自らのサステナビリティーそのものを危うくされている。公害はオゾン層の破壊といった物理的なものだけでなく、個人の生活そのものの侵害にまで及んでいるが、すべてを等価の原理で買収し、集中化を進行させる現在の経済システムには、確実に何らかの抑制が必要なのである。イスラームはこの点では、登場当初からこの傾向を強く警戒してきた。利子や退蔵の禁止、投資は認めても投機は認めないなど、財の自己増殖の道を閉ざす配慮は経済活動のあちこちに及んでおり、それは長らく伝統的に機能して、独自の経済システムを築き上げてきた。現在進行中の政治的、経済的覇権主義は、それぞれ単独で一人歩きしている訳ではない。周知のように両者は、互いにしっかりと手を携えて事に当たっているのである。このような集中化が唸りを上げて進行する只中で、世界を構成するすべてのものの掛け替えのなさを再認し、それを擁護することは極めて難しい。しかし事態の進行が正道から外れているとしても、問題解決の道標が指差しているのはただ一つの方向であることに変わりはない。

関係性

等位性、差異性の原則についての概略的な説明を終えた後に、いよいよタウヒードの三つの諸原則のうちの最後のもの、〈関係性〉の原則について述べることとしよう。森羅万象の存在の価値が同等であると同時に、すべてが差異的であるということに追加されるのは関係性の原則、つまり万物が互いに関連し合っており、一つとして他と関わりをもたぬものはないという原則である。すでにわれわれは、イスラームがタウヒード観を徹底させ、神が唯一であることと、そのすべての被造物との間の関係が等距離であることとの深い関連性を認め、それによって等位性の原則が打ち立てられる点について指摘した。その基本となっているのは、万物が等しく同じ創造者である神から存在を授けられているという事実にある。そして関係性の原則の根拠も、まさにこの事実に立脚しているのである。つまり万物は、同じ創造者に由来する存在を共有しているという点で互いに同族であり、同族という点で強い相互関連性をもつことになる。いわばこの世の万物は、存在者という表現で共約されるのと同様に、存在を共有する共存在として、一つのまとまりとして在るのである。神から発した存在が、いかにして現実の被造物の段階に至るかという問題については、多くの思想家たちがさまざまな考えを提供しており、イスラームの思想家たちも例外ではない。この点に関しては神からの溢出《いっしゅつ》の議論から、存在の一性論等、ヴァリエーションは数多い。しかしここでわれわれが本題としているのは、唯一なる創造者の行為が、現実世界のありようとどのように関わり、その結果存在の主題がいかに展開されているかという問題である。その点でやはり画期的な指標となるのは、神を自然と等置させたスピノザの試みである。言詮不及の神、創造者である神が、被造物の総和と正確に等しいか、否かについてはにわかに判定し難い。しかしスピノザの試みによって、創造物と被造物との関わりが均質化され、それに基づいて被造物一般についての視座が確定されたことの意義は大きい。これによって少なくとも一つの視角から、玄のまた玄の域にある超越的な存在である絶対者が纏《まと》いがちな、神秘のヴェールが取り除かれ、存在世界の明確な定義が得られる結果となったのだから。

イスラームの場合、スピノザと全く同様にアッラーを被造物の総和に等しいととったか否かは、疑問の余地がある。しかし神の現実世界にたいする視線が、遍《あまね》く隅々にまで及んでおり、均質のもので、それゆえにすべての存在者の強い相互関連性を示唆していることには疑いがない。一々の個別的存在者が内に宿している隠された〈徴〉の総和が、神の真の姿を明らかにするという考えは、すでにそれ自体でそれらの深い相互関連性を示唆するものである。クルアーンはしばしば、信者たちはみな兄弟、姉妹であるといった表現を繰り返している。また理想的なイスラーム共同体のありよう、その一体性について、預言者はさらに以下のように述べている。

「あなたは信者たちが、さながら一つの身体であるかのように互いに親切、愛情、同情を交わし合うさまを見るであろう。そして身体の一部が痛めば、全身が不眠と熱で反応する」。

ここで指摘されていることは、社会的共同体のレヴェルにおいて一々の成員が、一人の人間を形作る一つの細胞であるかのように、全体の存立にとって掛け替えのない一部となり、その損傷が全体の不眠、熱を惹き起こすほどの有機的で、緊密な連帯感で結ばれていなければならないという、全体と部分の強い一体性である。これは信者たちの生き様について述べられた言葉であるが、この原則は信者以外の者と同時に、自然界のすべてに及ぶものである。

イスラームの差異性は、個体、個人の掛け替えのなさを強調し、それがいかなる意味においても蔑《ないがし》ろにされてはならない点を力説している。それは個人の資質、力能、自主性を充分に尊重している。しかし同時にそのような個が、それ自体で完全に独立し、他と関わりをもつことなく、基本的な単位であるとは認められていない。個は初発のイニシアティヴを持つ存在ではあっても、現実世界においてはあくまでも他者に向かって開かれて在るのである。そのさいの他者への開放性の根拠となるのは、やはり存在の共有であろう。一般的な用法によればものの存在は、石が在る、花が存在する、太郎が居るといったように表現される。しかしイスラームの思想家たちがしばしば指摘しているのは、彼らの基本的な世界観からすれば、これは実態からかけ離れた表現法だというのである。在る、居るといった、存在することを意味する動詞は、存在がそれ自体定義をもたないものであるゆえに、本来述語の役割を果たしえない性質のものなのである。しかも主語と述語の関係において、正常な形態においては主語が述語よりも普遍的でなければならないが、この場合明らかに事態が逆転している。したがって正確には、存在が石する、存在が花する、存在が太郎する、と言い換えなければならないというのである。これは、イスラーム哲学に通じた井筒俊彦の解説であるが、この言い換えは、この教えの存在論的な位相を明示している点でも極めて有意義であろう。万象はさまざまに、あるいは石し、花し、太郎する。しかしそのように分節化されたものの主語は、一である存在である。イスラーム的な存在論に正確に立脚したこのような表現は、存在を共有するものどもの関係性を明かしてくれる上で、簡潔、かつ説得力あるものであろう。

ここで検討すべきは、信者たちの兄弟姉妹性の根拠である。この場合一方で信者たちを人間という類概念で括り、共通の父祖アダムの裔という論理で彼らの同族性を説明する流儀がある。しかし他方ではすでに述べたように、それに先んじてこの世に生を享けたものの存在を共有する同類性という、より普遍的な括りがある。ところでこのさいに検討を要するのは、個と他者との関係の質である。個別者としての一の優先性と、全体としての一の有機的関係性は、果たしてどのようなかたちで融合、合致することが可能なのであろうか。この場合部分と全体は、どのような関わり方で接合しているのであろうか。

そこで問題になるのが、個ないしは自我の捉え方である。イスラームの場合、個は、本来的に決して他から切り離され、独立した一つの単位たりえない。それはあくまでも存在を共有するものどもの中の一であり、初めから他の諸々の個と共存、共在するところの個としてのあり方から切り離されることがない。したがって〈われ思う、ゆえに我あり〉というような、意識の優先性が突出、先行し、自己の意識、ないしは存在が他と無縁に措定される契機はいたって薄弱なのである。そもそも意識は必ずその対象を伴って初めて作用するものであり、対象なしの意識など無意味である。意識の主体である我は、絶えず差異的な他を認識し続け、それが触発し、開示するものに応じて自己啓発を行なっていく。そのような意味で我とは、いわばゼロ・ポイントであり差異的な他者との関係によって、もしくは自らを自然に向かって開放することによって、初めて存立可能となるものなのである。個と他者との関わりは、比喩的な表現を用いるならば、ちょうどアラベスク模様の一つのユニットと、模様全体のそれにたとえられるであろう。個としての一つの単位は、それを中心として隣接する他の諸ユニットと接合され、その接合は四方、八方に限りなく拡大されていく。そのような中心は、模様を形成するユニットの数だけ存在し、一つの個とその余の他の個はこのような具合に、直接、間接に関係し合っているのである。イスラーム世界の多くのマスジド（礼拝所）、その他各種の公共建築の壁面を飾るアラベスク模様は、その様式自体において、この世界に基本的な、部分と全体との関わりようを端的に示しているといえるであろう。その整然とした幾何学模様は、現実世界における個別者の差異性を汲み入れてはいない。しかしこれは、未だ存在界に現れ出ていない諸実体の間の相互関係を示した、アーラム・ル・ミサール、理念的な世界を表現したものであるといわれるのは、このような理由によるものである。

アラベスク模様の思想性

このような文脈で、モザイク模様とアラベスクのそれの比較を行なっておくのは、今後の論旨の展開にとって有益であろう。周知のようにモザイク模様を作り上げているのは、同じ形状、サイズをした単純な部分である。部分間の相違はほとんど色彩のみで、同色の背景の中にさまざまな色の部分が布置されて、異なった一つの画像が描き出される。同型の各部分はまさに等位的であるが、それが配置されるときには、一つの図柄を描き出そうとする作者の意図に完全に服すばかりである。作者の創意に完全に従う各部分といったモザイクの場合とは異なり、アラベスクにおいては、それぞれの単位が複数の構成要素から成っており、その単位の形状いかんで他の諸部分との関わり方が異なってくる。しかし全体の図柄の中では一々の部分が互いに自己を主張し、設計者の意図に無条件に従うことはない。一方では一つの図像を生み出すことが最終の目的となっているが、他方では何らかの存在者のイメージを描くことではなく、その背後にある関係性そのものの配置の妙を表現することに関心が注がれているのである。具体的なもののイメージに結晶されない無為の幾何学模様の美学は、未だに世に知られる機会が少ない。それゆえアラベスクは、とりわけ欧米の美術史学者などによって、空間を飾る単なる装飾の一手段としかみなされないことが多いが、グラナダのアルハンブラ宮殿、イスファハーンのマスジド等の荘厳さに打たれた経験を持つ者にとっては、解釈は当然異なるのである。龍安寺の石庭の美学を理解するためには、それに固有の感覚を研ぎ澄ます必要があるが、イスラーム世界の美術も決してその例に洩れない。

アラベスク模様の美学は、世界に向かって開かれた個、自我のありようを示唆している点で、イスラームの世界観、ひいてはそれが作り出す伝統、文明の祖型を了得する上で有効である。その理解のためには部分と全体を構成する他の諸部分が、密接に関わり合っている点の認識が不可欠なのである。先にも述べたように、この関わりを最もよく示しているのは意識とその対象との深い関係性である。イスラームの思想家たちは、知るという行為にたいして、知と、知る者と、知られるものの同一性ということをよく問題にする。これはアラビア語では、同じ語根からなる知を意味する名詞イルム、知る者を意味する現在分詞アーリム、知の対象にあたる過去分詞マアルーム、という三つの語の組み合わせであるが、これは知そのものと、知に携わる者の知の対象との密接な関係、不可分性を説くものであり、それが成就されていない限り知とはみなされないという、一つの思考の伝統の存在を示唆するものであろう。この事態は、当然意識の問題と関連してくる。意識と、意識する主体と、意識の対象となる客体との同

アラベスク模様のパターンの一例
(David Wade, *Pattern in Islamic Art* より)

アルハンブラ宮殿に見られるアラベスク模様

一性という場合の同一の理解については、なおさまざまな問題があるが、ここで重要なのは意識がその対象とワンセットのものとして捉えられており、そのようなかたちで個我がつねに自然、社会と遍《あまね》く関わり合っていることが、個の理解の大前提となっている点である。意識をそれ自体として分離し、それに優先的な位置を与えてその対象との関わりを軽視する態度は、結局極端な人間中心主義を生み、その種の思考の覇権の下で、世界の調和ある均衡はいまや強い危機に曝されている。意識のレヴェルで担保されている存在世界すべてとの深い関係性は、少なくとも均整の取れた世界の維持に貢献せずにはいないであろう。個別者の差異性を肯定し、一義的とみなす思想は、同時にそれらが合い寄って一であるという世界観と同居している。それは右に述べたように存在論的な一性を示すと同時に、認識論的な特性をもたらしているのである。差異的な一としての個が、宇宙の万象に対して開かれ、それらと相互浸透するためには、万物の等位性、つまりすべての存在者が、全体の認識のための秘密を宿しているということと不可分ではない。万象の等位性、差異性、関係性の三幅対は、世界内存在としての個別者が、いかに歪みのない、正確な世界認識を得るかというための、一つの基本的な枠組みなのである。現実世界認識のためにタウヒードが提示している三つの原則は、以上に示したようにその一々の個別的な相においてではなく、それらが互いに合い寄って果たす機能、効果によって理解されなければならない。

ところでこのような世界に向けて開放された個の集合体についての考察は、これまで西欧世界においては極めて稀であった。しかし例外がない訳ではない。最近になってタウヒードの世界観と共通する考えを明瞭に示した著作が公刊されているので、以上の論述を概説するために引用することにする。J－L・ナンシーの『無為の共同体』からの一節である。

「存在よりも、存在そのものよりも共同のものとは何だろうか。われわれは存在している。われわれが分有しているものとは存在、つまり実存である。それゆえわれわれが現に存在しているのは、実存ならざるものを分有するためではない。また実存ならざるものは分有されようがない。だが存在とは、われわれが共同で所有するような一個のものではない。存在は、そのつど特異な実存とはまったく違わない。したがって、存在は共同所有物という意味での共同のものではない。それは共同に存在しているのだ、と述べることができるだろう。存在は共同に存在している。これほど単純に確認されることがあるだろうか。しかし、これまで存在論によってこれほど無視されてきたことがあるだろうか」。（西谷修・安原伸一朗訳、以文社版、一五七頁）

ナンシーは西欧の思想的伝統の中で、個と他者とのめぐり合いの地点を徹底的に模索したバタイユの足跡を追いながら、それを振り返るかたちで〈共同での存在〉について種々示唆的な論考を行なっているが、肝要なのは内面的な〈わたし〉と、外化されたわたしとしての〈われわれ〉の関連性、関係性にある。そこで彼は概念的に要約、説明可能な共同体の存在ではなく、差異的な存在の集合であるランダムな共同体について、さまざまな確認を行なっている。一人称の単数は、絶えずその複数と通底し合っているが、それを結び付けているのは実存という共通の事態なのである。個の実存は、このように他との共同性と、つまり共同体と、それなしには存立が不可能なほど密接に関わっているのである。

「共同体とは、他性の共存在として出来《しゅったい》する「われわれ」なのである。特異存在としての私が一個の特異な歴史をもつ（すなわち、私が実存する）のは、たとえ私が共同体のなかで特殊な、あるいは重要な役割を演じていないにせよ、私が共同体に対してその只中で露呈されている限りでのみなのだ。「われわれ」のなかの「わたし」と「われわれ」としての「われわれ」は歴史的である。なぜならわれわれは、自分たちの本質にたいするのと同じく、存在それ自体の有限性であるこの出来《しゅったい》に属しているからだ。存在それ自体が有限であるという事実は、存在が実体でも、主体でもなく、実存の中で実存へと捧げられているということである」。（同・二〇九頁）

このような実存の共有性を基盤にした共同体論、そのような社会関係が織り成す歴史像等についてのナンシーの議論には、イスラーム世界の歴史観と共通するところが多々ある。しかし西欧の文化的伝統において軽視され、ようやく彼が到達した境地が、イスラーム世界の出発点であったという事態の認識は、二つの文明、ないし文化の比較研究にとっては貴重な視点であるといえよう。異質の文化とその伝統は、その本性的な差異性によって、まさに相補的でありうる性質をもっているのである。

人間関係と男女の関係

個別者の関係論的なあり方は、人間関係が問題とされる場合にとりわけ顕著なかたちをとって現れる。イスラームの場合においても人間の基本単位が個人であることは、決して蔑《ないがし》ろにされてはいない。それは特に人間と神との関わりにおいて強調される。信者たちに等しく課されている、ファルド・アインと呼ばれる基本的な義務的行為、例えば礼拝や断食等は、個人に課された義務であり、他者が代理、代替することはできない。その他善行にいそしみ、悪行を避けよといった神の命令に服従するか、否かといった結果は、芥子粒ほどの重さの誤差もなく秤にかけられ、死後の世界の命運を定める基準とされる等、最も重要な問題は最終的に個人に帰せられるのである。充分に理性が発達していない段階で行なわれる幼児洗礼といった事例が一切なく、法的な問題とされる言行は、成人した個人の意志に基づく恣意的なものに限られる等、個人とその意志の重要性は充分に強調されている。しかし同時に力説されているのは個人の社会的関係性である。そして第一の関係的単位である〈われわれ〉を構成する夫婦関係は、社会生活の最も基本的な単位として特に重要視される。そのさいに肝要なのは、男女の関係の相補性であろう。それについてクルアーンは、いかにもアラビア語的な軽快な表現でこう述べている。

「妻たちは汝らの着物、汝らは彼女らの着物」。（第二章一八七節）

ここで明確にされているのは、先ず夫と妻の差異性であり、互いの差異性の相補的関係である。この世界では欧米世界におけるウーマン・リブの試みのように、男女の間の差異を完全に解消して、それぞれ互いに中性的な位置を保つことによって対等性を確保し、公平感を獲得しようという、同一律を基本にする態度はまったく見かけられない。公平性はあくまでも、差異的な部分の対称的な相補性によって担保されるのである。男性優位の家父長的環境で、女性は女として生まれるのではなく、社会的に女となるのだと主張する意図は十分に納得しうるものである。しかし男性と女性の差異は極めてわずかであるにしても、やはり差異的である事実には変わりはない。自らの本性に立脚して、相応しい相手を求め、互いに優れたティームワークを発揮することが、それぞれの家庭生活に求められる基本ではないであろうか。ところで相補性が問題とされるさいに検討されるべきは、当事者たちの等位性の問題であろう。相補的といっても、主従関係のような上下の間柄によっても、これが達成されることがありうる。そこで参照されるべきは、クルアーンに指摘のある人間の創造の件《くだり》である。この一節は、アラビア語の文法に照らして正確に訳される必要がある。

「神はまず一人の人間を創り、それに配偶者を与えた」。

この一節で興味深いのは、神がまず一人の人間（ナフス）を創り、それに配偶者、つまりパートナー（ザウジュ）を与えたと述べるのみで、そのさい少しも性別が明示されていない点である。アラビア語においてはナフスも、ザウジュも、共に男女の性にこだわらない中立的な語であり、したがってまず男を創ったのか、女が創られたのかは明らかではない。このようにイスラームの啓典の中では、男性のアダムが先に創られ、次いでその肋骨からイブが創られたというような、男性の女性にたいする優先性に関する指摘はまったく存在してはいないのである。イスラームに関しては一般的に、四人妻や女性隔離等に見られるような、男女の性差に基づく女性蔑視がはなはだしいとされている。しかしこの点については後に詳しく論じることになるが、少なくともクルアーンを参照する限りでは、男女の差別を強調する事項は少しも存在していない。ただ一箇所、男性が女性よりも一段高く創られたという指摘があるが、この一段が意味しているのは、イスラームでは結婚後、男性が一家の生計を立てる責任を負うことを指すものである。これは男女雇用機会均等法が施行されている現在、ある種の人々の間では論議のあるところであろうが、少なくとも失楽園の逸話が示しているように、女性は蛇の甘言に唆《そそのか》されて、禁断の木の実を口にするようアダムを誘惑した危険な性である、といった負の烙印を捺されてはおらず、その結果女性が邪悪視されるようなことはないのである。

一人の人間を創り、それに配偶者を与えたというクルアーン中の中性的な記述は、夫婦関係のパートナーシップのありようをよく伝えているであろう。社会的なまとまりの最小単位においても、タウヒードの三つの原則、等位性、差異性、関係性が、きちんとワンセットで出揃っているのである。ところで夫婦生活、ひいては家庭生活という社会の最小単位における、この等位に基づく差異的な男女間の協調というパートナーシップの原則は、西欧起源の近代社会が採用してきた、個の単位性を特権的に重視する生き方とは、対照的な相違を示すものである。イスラームの場合夫婦の相補的関係性は、親子関係を介して家族のレヴェル、それが転じて近親者や小共同体のレヴェルへと拡大されていく。そのさいに最も基本的な点は、複数の構成員の一人一人が自らの本性に則り、それを開花させるようなかたちで他のパートナーと基礎単位をつくりなしている点であろう。その場合でも各自が、それぞれの主体性を維持し続けていることに変わりはない。しかしそれも例えば家族の中であれば、家族が当然保つべき関係性の枠組みの中でのことである。この場合にもモザイクとアラベスクの比喩は、極めて有効であろう。いわゆる近代社会は、自己の確立を第一前提にして各人に同等の権利を確保すべく、抽象的な同一の単位性を割り当てた。モザイクの基礎単位は、例えば同型、同じサイズのタイル片である。それは公と私という二項関係の対比においては、理解が簡単である。全体の枠組みとなるキャンバスと部分との関わりは、それがどこに位置していようとも同じといえる簡便さが、ある種の人々にとっては魅力的であった。しかしこれは、固有名詞が関与しない三段論法の論理の、一つの典型的な実例といいうるであろう。その最大の欠陥は、個々の構成員の差異性に基づく関係性が無視された結果、夫婦、家庭といった基礎的な単位の粘着度、結束性が失われ、果ては地域の小共同体のまとまりまでもが剥落、瓦解してしまうのである。社会契約論の三段論法は、結局のところ公私の一つの関係しか対象としておらず、そのために家族、小共同体といったさまざまなレヴェルでの集団的な差異性の受け皿をなくし、その結果著しい社会生活の劣化がもたらされているのである。離婚率の増大、家庭内暴力の激化等、国家が担いえない部分での、もしくは国家が関与すべきではない部分での結束の衰退は、さまざまな形態をとる同一律の肥大の結果、差異的なものの自発的な協力、連帯の可能性が閉ざされたことの代償といいうるであろう。

差異を容認し、前提とする相補的な関係は、互いに他に向かって開放された者同士の協調、協力によって初めて実現される。結婚とは類的な男性が、ある特定の女性と、類的な括りを掻い潜って独自の関わりを取り結ぶ、明確な差異的なものの選択である。そしてこの差異的な対象の選択によって、男一般、女一般であった者同士は、互いに夫となり妻となることによって、一段と差異的な様相を強めることになる。夫であることは、妻のありようと密接に関わっているので、厳密に規定することは本来不可能である。しかしそこでの関係の基盤は、あらゆる評価、計算を超えた親密さであろう。人は掛け替えのないものにたいしては、すべてを捧げることも辞さない。掛け替えのなさとは、他に同一のものが見当たらないことであり、まさに差異的な対象が内に秘めているものに他ならない。ましてそれが自ら選び取ったものであれば、その掛け替えのなさは尚のことである。夫婦の契りを結ぶとは、そもそも同じ者同士の均等な関係ではなく、差異性に向かっての賭けであり、そのさい二人は互いに限度を測りえない献身を交わす。そのさいに生ずる親密さとは、他者への越境の結果であり、そこに見出されるのはいかなる量的な単位を以ても計測が不可能な、関係性の密度だけである。夫婦という関係において配偶者、パートナーであることは、このように互いの差異性に自らを捧げることを基礎にした協調に他ならないが、これによって強化されるのは、自らを閉ざす個の平等のみを強調するモザイク的世界には認められない、アラベスク模様の他者への寛《おお》らかで、豊かな越境である。

夫であること、妻であることの特質を譲らない協調関係は、親、兄弟姉妹、子供たちへの関わりにも受け継がれていく。

「汝らはアッラーの他に何者にも仕えてはならぬ。父母には孝養をつくし、近親、孤児、貧者を親切に遇せよ」。（クルアーン第二章八三節）

家族と親子の関係

親子関係は、夫婦のそれと同じく掛け替えのないものである。それは互いが相手を選択しえないという点で、夫婦関係とはひときわ変わっている。しかし親子は変更不可能な唯一の関係の糸で結ばれているという点で、その掛け替えのなさは格別である。それゆえ当事者たちは、夫婦の間の関係と同様の親密な関係で結ばれることになる。この段階はわたしが、われわれへと移行し、転化する最初の段階である。イスラームは一方で、血の繋がり、親族、部族の関係を至上のものとするなと教えている。これは私的領分を越える、公的な公正さが問題とされる場合のことで、われわれのなかのわたしと、われわれとしてのわれわれという二つの領分は、それぞれ重層的に存在の場を保証されているのである。そして前者、つまりわれわれのなかのわたしのありようこそ、公的な世界、われわれとしてのわれわれの質を決定する重要な要因なのである。先ずは自ら直接に関与する身近な場所を連帯性を培う始点とし、そこから次第に遠くに関係を及ぼす。差異性の世界観に、この順序の逆転はありえないのである。いかなる状況にあろうとも父母に孝養を尽くし、近親者を篤く遇し、その精神を今度は血縁関係のない孤児、生活に困窮する貧者たちに及ぼすこと。これは神が、信者の一人一人に与えた至上命令なのである。上述のクルアーンからの引用で、孝養をつくし、親切に遇せよ、と訳されている部分のアラビア語は、実は善くすること、善行を意味するイフサーンという一つの言葉であるが、ここで注目すべきは推奨されているのがすべて、利己主義から脱皮した他者への善の贈与である点であろう。

そのさいに忘れてはならないのは、われわれのなかのわたしは、家族のレヴェルにおいて明確な単位性を備えている点である。Xという男性は、Yという女性にたいしては夫であり、Fという父、Mという母にたいしては息子であり、SやDといった息子、娘にたいしては父である。つまりXという個人に他ならない彼は、家族の中でそれぞれのパートナーにたいして、夫、息子、父親という三つの異なった役割を果たしているのである。それぞれの部分が同じサイズのモザイクの世界では、一人三役を果たすことは難しく、夫であること、息子、父親であることの影が薄くなるという結果を招いていることは、現代の社会状況に照らしてみても明らかであろう。しかしアラベスクの基礎単位は、わたしを中心にして、さまざまなわれわれのなかのわたしがその周囲を取り囲んでいるような複合体である。家族関係というものは、決して単純な同じ個の集合では集約できない性質のものであるが、アラベスクの基礎単位に認められるこのわたしと、われわれのなかのわたしの融合こそは、真のわれわれとしてのわれわれを出来させる契機であるといえるであろう。共同体とはその出発点において、差異的なものとの諸関係の複合によって成立しているのである。そしてこの複合の単位は、それぞれの差異性を満遍なく含みこんでいるゆえに、隣接する諸単位の自立性を尊重しながら、遍《あまね》く八方に連接、拡散していくことが可能なのである。

関係性は、夫婦、家族の分析において検討したように、具体的にはいくつかの異なったレヴェルを持っている。それが含みこむメンバーのいかんによって、それが示す強度と振幅には若干の相違がある。しかしタウヒードの世界観が要請している、それぞれの個別的存在の自律性、自主性を最大限に尊重するという基本的な原則には、いささかも揺るぎはない。夫婦関係は、そのようなわたしと他者との相互関連的な生き方を実践するための、最初のステップである。二つのわたしが、ここで初めて最小単位のわれわれを成立させる訳であるが、そのさいにそれぞれのわたしはすでに一ではなく、それ以上のものである。この二人は1＋1＝2といった計算可能な二ではなく、計測不可能な単位であるが、それが二以上のものであることは確実である。両者が互いに交わす行為は、交換の原理に基づくものではなく、本性的に数値に還元しえない性質の贈与の原理に属するものである。このような交渉のありようの基盤となっているのは、配偶者というパートナーの、何にも代え難い差異性、掛け替えのなさである。人間の自己充足は、このような相手と生を共にすることによって、より大きな結果を手にしうるのであり、それが拡大された家族の関係にしても同様である。そして一という単位を互いに越境した、献身、贈与の関わりを通じて、われわれのなかのわたしの連帯、協調は日々強まっていく。このような共同体のなかの私的領分は、そこでの交渉の贈与性と共に、人間にとって欠くべからざる基本的な要素なのである。確かに個の独立性の強調は、さまざまな社会的不平等を克服するための経過的措置として、とられるべき一つの戦術としての意義は存在したかもしれない。しかしそれが、豊かな社会を築くための基本戦略であるとするならば、そこには大きな問題があるといいうるであろう。利己的な個の集合は、どこかで荒野の戦いを生じさせる結果をもたらすものであり、とりわけそれが共同体の中の私的領分に持ち込まれた場合、惨状はいや増すのである。しかもその個が、のっぺらぼうで、等質のものである場合、夫婦関係において夫も妻もなく、家庭に父も、母も、親も、子もなくなってしまうのである。その結果は現在われわれが日々目の当たりにしているような、私生活の劣化である。

イスラームにおいては、社会生活の基礎単位を個人ではなく、夫婦の関係に置いている。それは個人にとって最も身近で、直接的なわれわれの体験の場に他ならないからである。人はそれによって、自らを他者に開放する機会を与えられ、無償の捧げものをする充実感を味わい、真の、波長の長い連帯感を培うことになる。この充実感は、先ず近親者たちと分かち合うことになるが、そこで陶冶《とうや》された共同での存在の感覚は、血縁関係のない他者、とりわけ生活に不如意を覚えている孤児や貧者に向けられることになる。このさい発揮されるのは、一般的には赤の他人ではあるが、すでに存在を共有していると認識された人々にたいするパートナーシップである。近親者との間柄の次にくるのは、隣人たちとの関係である。預言者のハディースには、この段階で行なうべきことについての、直接で、端的な指示がある。

「隣人の間に生活の不如意を覚える者がいたならば、君たちは勝手に食事に急いではならない」。

このハディースの意味するところは、自ずと明らかであろう。口にするのはやさしく、行なうのが難しい指示である。ところでこの場合の隣人というアラビア語は、正確には四十軒四方に住む人々を指す言葉であるということである。これは最も小規模な共同体といいうるであろうが、われわれのなかのわたしは、家庭生活において涵養《かんよう》されたパートナーシップの精神に基づいて、他への献身、イフサーン、他に善き取り計らいを及ぼすことに努めるのである。この点に関していうならば、イスラームはこの水準の事柄についても多くの規定を備えている。すでに指摘したはずであるが、イスラームは信者たちにさまざまな宗教的義務を課している。個人に課された義務をファルド・アインというが、同時にファルド・キファーヤと呼ばれる集団的な義務が存在している。これは特に明文化されてはいないが、例えば四十人の信徒がある場所に集まって生活する場合、必ず礼拝所を設けること、またそれぞれの小共同体は独自の裁判官を任命すること、といった地域の社会生活を律するための義務である。右に引用したハディースも、このレヴェルの生活と関連したものである。このように一人のわたしから、われわれとしてのわれわれの境地に達するためには、避けては通れないさまざまな段階、道筋があるが、クルアーンは正確にそのそれぞれの段階について、指示を与えているのである。

スピノザ哲学とイスラーム

以上のような個人から共同体へと至る道のりは、慧眼な読者にはすでに明らかであろうが、一つの大きな共通分母の上になり立っている。それはナンシーが述べているように、伝統的な存在論がこれまで無視し続けてきた、〈存在の共同性〉という視点である。確かに西欧世界においては、社会契約論的な議論の陰に隠れて、このような観点は極めて希少である。ただし西欧にも、例外的な思想家が存在しない訳ではなかった。その代表格は、われわれが参照軸としているスピノザである。ここでこれまでのわれわれの議論を振り返って鳥瞰するかたちで、スピノザの存在の共同性観について一瞥してみることにしよう。

個別的存在の差異性を何よりも尊重したスピノザにとっても、始点は独自なわたしである。ただし彼はその独自性を、個別的存在者の力能と置き換えて表現しているが、このような彼の力能の規定は、社会契約論的な論理の枠組みを通過させない、独自の政治的論議を成立させているのである。スピノザは通常、ホッブス、ロックといった思想的系列の中で論じられ、のちにルソーによって完成されることになる、近代国家とその法の成立の基礎をなす、社会契約論の面で貢献した思想家という評価を受けている。ただしこのような評価には最近ではいくつかの反論が提示されているが、なかでもとりわけ『野生の異例《アノマリー》』のA・ネグリの評価は、一考に価するであろう。彼によれば社会契約論は、当時顕在化しつつあった市民社会と国家権力の間の軋轢の中で、「市民社会から国家への権力の委譲を正当化するための理論」として生み出されたものであり、国家権力の法的な正当性を概念のレヴェルで提示するための「露骨な社会学的機構」に過ぎなかったというのである。そして彼は、この種の契約論的な権力委譲の思想に抵抗を試みた思想家たちの流れとして、マキャヴェリ、アルトゥジウス、ハリントンらの系列を立て、スピノザをもその一人に加えている。このような読み込みによって、スピノザとホッブスは、まったく別の思想的系列に分類されることになる。ネグリの反契約論的立場は、国家を絶対的なものとしないイスラームの政治性の理解に有益であるため、いま少し彼の主張に耳を傾けることにしよう。彼はこのような反契約論的立場を、国家の絶対主義にたいして立ち上がる共和制的マテリアリズムと規定している。それは社会的なものをその絶対性において提示するようなマテリアリズムであり、その場合の絶対性とは真理の地平、つまり超越論的ではなく、事実、行動のレヴェルで現れ、検証される真理の地平に属する絶対なのである。彼はこのような視座からその論文「以下ヲ欠ク——スピノザ最晩年の民主制政体概念の定義を推察する」において、スピノザの『政治論』を次のようなものとして要約している。

「権利と政治は存在に属する絶対的な力能に直接（如何なる媒介もなしに）内包されるものであり、従って権利と政治は契約論の視点が孕む否定的かつ弁証法的な本性を一切もたず、両者は行動の真理性そのものにおいて自身の絶対性を提示する」。（小林満・丹生谷貴志訳、『現代思想』Vol.15-10、一二九頁）

ネグリとイスラームでは、その思想的背景が大違いであることはいうまでもない。しかしスピノザの思想を借りて社会契約論をバイパスしようと試みる、この現代イタリアの思想家の模索する道筋が、結果的にイスラームの実態とまったくパラレルであることはさまざまな意味で示唆的である。ところでネグリのいうように、契約論の足枷を断ち切って、権利と政治に別種の正当性を与える根拠となるものは、スピノザの指摘している、一々の個別的存在者の力能と、その肯定である。しからばこのような力能は、スピノザによってそもそもどのように定義されているのであろうか。次の『政治論』からの一節は、これまでに説明したタウヒードの論旨と極めて類似しているので、やや長い引用を行なうことにする。

「力能――それによってこそ自然を構成するあらゆる存在が存在し行動することができる、そうしたものとしての力能が厳密に神の力能そのものであることが認められた今、われわれは自然（本性）権というものが如何なるものかを容易に理解することができるであろう。すなわち、神から発して分配される権利は如何なる留保もなくあらゆるものに広がっている。ところでその権利は絶対的自由として考えられる限りにおいて、神的力能そのものを表現している。ここからおのおのの自然（本性）に従ってあらゆる存在は（神的―絶対的）権利を有しているのであり、その権利の範囲はそれぞれの存在の力能の限界、活動だけでなく存在することに関わるおのおのの力能によってのみ制限されるものである、という結論が得られる。何故なら、それによって諸存在が実在し、活動しうる諸力能はそのまま絶対的自由としてある神的力能そのものに他ならないからである」。（第二章三節、同前・小林・丹生谷訳、一二九頁）

すべての被造物が存在し、行動することを可能にする力能は、神与のものであり、それゆえ個別的存在はそれを行使する完全な自由と権利を与えられている。このような個別者の力能の絶対的な肯定に関しては、スピノザとイスラームの間に何の隔たりもない。イスラームの場合においても、自由と権利は、存在に属する絶対的な力能に直接内包されているのである。ところで肝要な点は、すべての基礎となるおのおのの絶対的な力能が、他から独立して単独で存在するものでなく、神から与えられた絶対性そのものによって他の絶対性と交差している点である。いずれにせよあらゆる社会関係から切り離された個を措定し、それを基本にして自然権を考察するという発想からは遠いのである。社会契約論的還元の否定という意味においては、以下のようなスピノザの考えは決定的に重要であろう。

「例えば〔それぞれが力能において絶対的な自然権（自由）を有する〕二人の人間が一致してその力能を交錯させる時、その二人は単独者であった場合よりも一層複雑で開かれた〔絶対的《ママ》〕現実‐存在を構成し得るのであり、一層多くの権利を自然の直中で有することになる。さらに共動する人間が多くなればなるほど、益々複雑に開かれた自然権を人々は有することになるのである」。（『政治論』第二章一三節、同前・小林・丹生谷訳、一三一頁）

この有名な一節で先ず重要なのは、議論の発端となっているのが荒野の中で野放しにされ、互いに対立し合うことから始まる利己的な自然権ではなく、パートナーとして手を携える者同士の自然権の活用である。この場合社会関係の基礎単位である夫婦関係を想定しながら考えてみれば、後者が一段と自然であり、理に叶ったものであることは疑う余地がない。しかしこのようなスピノザの発言が、単なる実践的な合理主義の発想に基づくものではないことは、『エチカ』における哲学的な思索との関連から充分に明らかであろう。絶対的な自然権といういい方そのものがすでに、存在の共同体における実存の共有という事態を基盤にしているのである。そしてここで論じられた二人の人間によるパートナーシップの効用は、全人類を含み込むほどの広がりへと展開されていく。

「このゆえに、人間にとっては人間ほど有益なものはないのである。（中略）人間が自己の存在を保持するためにはすべての人間がすべての点で一致する以上に、すべての人間の精神と身体が一緒になってあたかも quasi 一つの精神、一つの身体を構成し、すべての人間がそれぞれにできるだけ自己の存在の維持に努め、すべての人間がともどもにすべての人間に共通な利益を求めること、こうしたこと以上に価値ある何ごとも望みえないのである」。（『エチカ』第四部定理一八備考、同前・小林・丹生谷訳、一四四頁）

このようなスピノザの議論の展開をイスラームの場合と比較検討してみると、その類似性は極めて濃厚であることが理解されるであろう。十七世紀オランダの思想家の著作『エチカ』のこの一節と、すでに引いた七世紀のイスラームの預言者ムハンマドのハディースとの著しい類似は、まさに驚嘆に価するものなのである。「あなたは信者たちが、さながら一つの身体であるかのように互いに親切、愛情、同情を交わし合うさまを見るであろう。そして身体の一部が痛めば、全身が不眠と熱で反応する」。しかもたがいに理念を同じくする人間同士の協調、共働こそが、社会生活の最も有益な基礎であり、前提であるとする、両者の考えの基調となっているのは、存在の共有によって固く結ばれたわれわれとしてのわれわれ、つまり理念を共有する群衆（multitudo）の優位なのである。彼ら群衆は、その限りない多様性ゆえに、いかなる概念をもってしても把握することが不可能であるが、疑いもなく存在論的に最も優先されるべき主体であり、とりわけ彼らの力能こそは統治の基礎として相応しいものなのである。ここで思い起こされねばならないのは、イスラームの場合神から最も信頼を寄せられており、その現世のカリフ、代理人とされているのが、まさに一人一人の人間に他ならないことである。そして限定不可能な群衆の力能のもたらす錯綜性のシンフォニー、社会的波動の力強い無際限性は、共同体のエネルギーが発せられる根源であり、それは同時に人工的な契約論的試みの限界性、無力を明らかにするものなのである。ただしこの群衆‐多数性は、物理的、動物的自然状態に留まっていてはならない。矛盾、錯綜、分裂から恐怖、暴力、戦争といった状態を容易に受け入れるような事態から身を守るために、それは自らを強く律するような一貫性を備えていなければならない。それは次の引用が示しているように、スピノザの場合には理性の働きであった。

「自然状態においては理性に導かれる人間こそが最も強力で最も自律した個人である。同じ意味で、最も強力で自律した国家とは理性に基づき、理性に導かれてある様な国家である。なぜなら、その時、国家の権利はあたかも唯一の精神である限りでの群衆によって決定されることになるからである」。(『政治論』第三章七節、同前・小林・丹生谷訳、一三五頁)

自然状態がえてして陥りがちな混乱の状態を回避するための、最も有効な要因としてスピノザは、人間の理性と、理性的な国家を挙げている。多様性そのものである民衆の優位を説く場合、彼らの間の秩序はいかにして保たれるべきなのか。これは契約論的枠組みを拒否する政治理論が直面する大きな難題であるが、スピノザはその第一の前提として各個人の自律的な理性と、それを包括する理性的な国家の存在について指摘する。彼の提示している思想の大枠、ならびにとりわけこの前提そのものは明快である。このような思想的態度が民主的政体の擁護の議論となるのは当然であるが、問題はそのような思想の具体的な実践のための方策である。ここで意味深長なのは、スピノザがその最晩年の著作『政治論』を、未完成のまま世を去っていることである。彼の残した民主的政体に関する基礎的考察は、極めて重要である。しかしそれが道半ばで終わっているのも、疑いのない事実であろう。彼が成し遂げなかった部分が、いかなるものたりえたであろうかという問題は、挑戦的な知識人にとっての強い関心事であり、例えば上述のネグリの、「以下ヲ欠ク――スピノザ最晩年の民主制政体概念の定義を推察する」という論文は、この点について多くの示唆を与えている。多くの研究者から、いささか強引な読み込みが目立つと指摘されているネグリのスピノザ論は、スピノザの思想の内的な発展を追って彼の思想を再構成するという正当な、しかし強引な読み込みゆえに、さまざまな西欧中心的なスピノザ理解を脱しており、異質の文明であるイスラーム的な伝統との、比較文化論的視野を切り開く結果となっている点で、極めて興味深い。

理性的な人間、理性に導かれる国家といった論理は、いかにもスピノザ的ないい回しであり、このような明快な論理の確立のために彼が費やした努力は決して過小評価されてはならない。ただしある種の政体が構想される場合、その建設、維持に不可欠なのは、具体的な問題、局面を取り扱う際の〈法的なもの〉の存在であろう。「国家の権利はあたかも唯一の精神である限りでの群衆によって決定される」といわれても、それがどのような基準に基づいて処理されるかといった指標がない限り、その実践は困難である。ある種の状況において、理性的な人間が行なうべき行為はいかなるものたるべきか。人々を統治するに際して、どのような原則が適用されるべきか。集団生活において法的なものの存在は不可欠であるが、スピノザがいい残したものを、組織的に明示しているのがイスラームの法とされるシャリーアなのである。タウヒードの世界観が原理的に示したあるべき共同体のすがたを、具体的に実践するための法的な道標に当たるものがシャリーアであり、タウヒードとシャリーアは互いに合い寄って、具体的な理想的共同体のすがたを実践的な側面からより明確にするのである。シャリーアの本性、その構造の理解は、イスラームの本質的な理解と直結しているが、この問題はこれまでほとんど正しい視角から議論されてこなかった経緯があり、次の章において詳しく論ずるので、ここでは説明を割愛しておくことにする。

個人の優先性

以上で絶対者である神の唯一性を導き出したタウヒードの原理が、被造物の世界に向けられた場合、どのような結果をもたらすかについて、等位性、差異性、関係性の三つの原則に基づく説明を行なった。それはすべての存在者を、絶対者を頂点とする円錐形の底辺のような整然とした円形のなかに配置させる。その中に位置するあらゆる個別的な存在者にとって、自らの存在はこの円内の底辺にあるすべての存在と無縁ではない。そして原理的には、創造者である神と被造物の関係はすべて等距離であるはずであるが、実際には若干の優劣の差が存在する。円錐の頂点から底辺に垂直に下る直線、つまり底辺の円の中心に近い部分に位置するものは、外周に近い場に位置するものよりも、創造者に一段と近いところに位置することになるのである。「諸君はアダムの子孫として平等であり、もし諸君の間に優劣の差があるとすれば、それは神を敬う心（タクワー）においてのみである」。預言者は、この世の存在者の等位性を強調しながら、最終的には一点だけ例外を認めている。それは引用からも明らかなように、敬神の念の強度である。イスラームもスピノザも、個人、ないしは個人の力能を、何にも増して優先されるべきものとしている。そして共同体としては、個人の集積である群衆、ないしは多数性の力能を一義的なものとしている。しかし個人、ないしはその力能の優先性を認められた個別者は、いかにして個的善を集団的善へと集積させることが可能なのであろうか。自らの徳を追求し、それを他人にも望むとき、それだけ多くの楽しみを見出しうるような境地を、それぞれの主体はいかにして獲得しうるであろうか。そのさいの動力となるのが、タクワー、つまり敬神の念なのである。

敬神の念、敬虔さといった概念は、他の宗教の場合、ひたすら絶対者に向けられる敬意、精神的な集中を意味し、同時にそれに由来する徳性も含まれる。しかしその結果が敬虔なる人間の周囲に及ぶ影響は、それほど明確にはされていない。しかしイスラームの場合は、神の唯一性の議論が、現実の存在のあり方と密接に関係していることからも推測が可能なように、神への敬虔さは直接に、すべての存在者への敬意、親密さとつながっているのである。この点に関しては、スピノザのピエタス、敬虔さの概念もまったく同様である。彼によれば敬虔さとは、「理性の導きに従って生活することから生ずる善をなそうとする欲望」、と定義されるようなものである。神への敬意と善行への欲望といった、彼岸へ向かう方向性と、此岸での他者への方向性が同居していることの根拠としては、先に述べた両者を結ぶ創造者と被造物の間の緊密な関連性が挙げられるであろう。イスラームでいうならば、これがタウヒードの論理の一貫性に当たることはいうまでもない。

ちなみにピエタスという語に関しては、日本語訳の訳者は敬虔、ないし道義心と訳し、フランス語の訳者はモラリテを宛てているとのことである。アラビア語の場合には、慣用的にタクワーがほぼ同じ意味を示すといってよいであろう。ところでタクワーとは本来神にたいする敬虔さを意味するものである。それは神への絶対的帰依の実践、あるいは実践の欲望と定義されうるであろう。ただし神への絶対的な帰依とは、具体的にいかなるかたちで信者たちによって実践されうるであろうか。時間、空間を超え、あらゆる形姿から自由であるような存在を、ひとはいかに尊び、敬うことができるのか。このような問いの答えとなるのが、これまで説明を加えてきたタウヒードの考えである。このタウヒード観が、神の唯一性と同時に存在者の一性をも重んじている点については、すでに力説してきたところであるが、両者は一組になって初めて完結するものなのである。そして人間の側からすれば、タウヒードの理解、それに基づく実践は、あらゆる存在者と共に生き、それらの秘密、意味を解明すると同時に、それらにたいしてあたう限り善を及ぼすことを通じてしか、実現が不可能なのである。絶対者への憧憬は、このような道筋を取ることによってしか達成されないのである。神を敬う、ただそれだけではイスラームの場合敬神の念も完結しないのである。この点については、生活のたつきを得ることを蔑《ないがし》ろにし、終日礼拝に明け暮れている信者の不心得を戒める多くのハディースの存在が、何よりの証拠といいうるであろう。世界内存在としての人間は、わたしから、われわれの中のわたしへと自らの枠組みを広げ、最終的にはわれわれとしてのわれわれとして群衆と共に生きなければならない。その精神的圏域の拡大のエネルギー、動力に当たるのがタクワー、敬虔さなのである。そしてそのような敬虔さの道標となるのが、すでに述べたようにイスラームの場合シャリーアなのである。個別者がいかにして社会の内部で、スピノザのいうところの理性的自然状態を獲得しうるか。後に見るようにシャリーアは、生活のさまざまな段階、次元で実践的な指示を行なっているが、それは明らかに個別者、ないしはその力能を絶対的とするタウヒード観に裏付けされているのであり、シャリーアに忠実であることは、そのまま敬虔さの指標ともいえるという点で、イスラームの方がより実践的であるといえるであろう。

このような観点からすれば、人間の生において最も肝要なことは、さまざまな生活の象限において自他を分かたず敬虔さの密度、テンションを維持することにあり、それが維持されればすべてはこと足りるのである。初期のイスラーム共同体は、この敬虔さの密度の濃さによって、つまり人々によって実践されたタウヒード性の濃厚さによって、高い、理想的な地位を保つことができた。そこでカリフと呼ばれる指導者たちは、いわば民衆の下に自らを置いて、シャリーアが忠実に守られているか否か、つまり彼らの間で、他者に善を及ぼす敬虔さが横溢しているか否か、という点だけを配慮して為政に当たった。シャリーアの遵守を基礎にする民衆への奉仕が、長たる者の主要な任務だったのである。しかしタウヒードの精神の無視は、次第に権力の上層部から顕著になっていく。その結果一枚岩であったイスラーム世界は、いくつもの王朝に分裂していく。そのさいに留意しなければならないのは、政治的なまとまりである王朝という単位のもつ意味である。

近代国民国家において〈国家〉という単位は、社会的統合のアルファであり、オメガであった。しかしイスラーム世界において国の単位を示す王朝とは、ダウラというアラビア語の名詞の意味が示すように、英語ではrevolution、つまり有為転変するもの、儚《はかな》いものに過ぎないのである。時代をいつに取るかによって若干事情は異なるとしても、現代以前のほとんどの王朝においては、国法はシャリーアであったという事情から判断すると、民衆にとってそれに忠実であるということは、先ず神にたいして忠実であることを意味するものであり、支配者にたいする忠誠は二の次にしか過ぎなかった。このような観点からすれば、政治的権力者の支配はあくまでも二次的で、限定つきなものであり、勢力関係の変化によって直ぐにでも推移する運命にあった。

王朝の交代にもかかわらず、シャリーアと民衆との関わりは不変である。表現を変えるならば、信者たちの一人一人が直接の代理人、つまり代議士に他ならない宗教的議会の場において、その憲法といえるシャリーアの地位は不動のものであるが、国政レヴェルの為政者たちの支配は、いかに強力であってもつねに有為転変の運命に曝されている。このように通常の国家の枠組みを二次的なものとしているのも、シャリーアのタウヒード性に他ならないのだが、このあたりの論議は後に譲ることにしよう。

第二章　シャリーア

イスラームの倫理と法

シャリーアとは何か

前章においては、イスラームの基本的な世界観であるタウヒードについて検討した。そのさいに神学者、神秘主義者たちが好んで論ずる、絶対者としての神の唯一性に関する論議よりも、唯一なる神の被造物に他ならない現実世界についての認識、つまり唯一の神とあらゆる存在者との関わりの均一性に基礎を置く、この教え独自の世界観について焦点を当てた。玄のまた玄という規定しか行なえず、言詮不及の存在である絶対者のありようについて論ずることは、未知なるものに惹かれ、秘められたるものに憧れる人間の本性にとって、意義のあるものであることは疑いない。絶対者の本性とその創造の経緯については、さまざまな思想家たち、とりわけ溢《いっしゅつ》出論者や、後の神智主義者たちが豊かな思想を展開している。ただしこの種の思想家たちは、いわば現実を超越した彼岸について思いを馳せるあまり、イスラームの他の重要な側面を軽視してしまう傾向が強かった。先にも指摘したようにこのような傾向は、タウヒードを神の唯一性の論議に限ってしまい、イスラーム独自の現実理解の方法、世界観に目を閉ざす結果をもたらしているのである。このことは直接に、イスラーム世界の弱体化と並行関係にあった。すでに明らかにしたようにタウヒードとは、アラビア語の原義に従って〈一化の原理〉と解されるべきものであり、唯一なる神の本性についてばかりでなく、その被造物である現実世界のありように関しても、独自の解釈を要請するものであった。被造物の解釈に向けられるタウヒードは、すでに明らかなように、万物の等位性、差異性、関係性という基本的な三つの原則の交差によって現実世界を、等位に置かれるもろもろの差異的な個別的存在が、互いに協調し合う場と規定し、そこでは存在を分有し合う自律的な個は、互いに他を強制することなく、勧善懲悪を旨として協力し、調和ある世界を運営、維持することを要請されている。上述の三つの原則を、この世の被造物すべてに均等に適用した後に獲得される、このように徹底した水平的、民主的な世界観こそ、タウヒードの教えといわれるイスラームに相応しいものであろう。玄のまた玄の絶対者について論じている限りでは、他の姉妹啓示宗教に比されるイスラームの独自性、普遍性は明らかにされえない。それがこの名に相応しいのは、現世に向けられたタウヒードの射程の広さ、普遍性にこそあるのである。

イスラーム世界の内外における現実世界のタウヒードの無視、軽視は、イスラームそのものの理解により大きな障害となっている。このような世界観についての軽視は、結局シャリーア、ウンマの理解を曖昧なものとし、それゆえにこの教えを構成する三つの主要な要素の間の関係を不明確にしているのである。端的にいうならばシャリーアとは、上述のようなタウヒードの精神を、人間が具体的に実践するための道標であり、その結果社会的に具体化されるのがウンマなのである。実際のところイスラームという教えは、タウヒード、シャリーア、ウンマの一々を極とする磁場において機能するエネルギーとして、三者の綜合的役割に配慮して捉えられるべき性質のものなのである。このような三極構造の理解は、イスラーム世界に生じているさまざまな現象を基本的に理解する上で、極めて有効であろう。例えば世にイスラームの原理主義といわれるものは、筆者の解釈によれば原点回帰主義と名指されるべきものであるが、その理由は三極構造の面から分析するならばほぼ一目瞭然である。ムスリムの共同体の衰退は、ひとえにタウヒードの精神の劣化に由来するものであり、その回復のためには、シャリーアの遵守を介して日頃の実践の質を改善していくのが最良の道である。求められているのはイスラームの教えの原点である、タウヒードの精神、この教え本来の徹底した民主的精神の回復であり、そのためにはその確立、維持のための実践的な枠組みであり、砦であるシャリーアをより正確に遵守しなければならない。ムスリムたちの思考の回路は、すでにタウヒードの何たるかについて了解された読者にとって、三極構造を媒介として理解するならば至って単純明快なのである。そのためにここではシャリーアが、タウヒード実践のためのガイドライン、いうならばイスラームの憲法としてどのような構造をもち、いかに機能しているかについて分析する必要があるであろう。

シャリーアの二重構造——意識にとってのシャリーア、公的次元のシャリーア

先ず指摘しなければならないのは、シャリーアの二重構造、ないしは二層性である。そのためには先ず、シャリーアという語の原義について検討する必要がある。通常いきなりイスラーム法と訳されるこの言葉は、イラン革命の思想家シャリーアティーが指摘するように、本来〈水場への道〉を意味するものであった。シャリーアに関するこの原義の無視は、大きなつまずきの石となるのである。周知のように、イスラームの教えが下されたアラビア半島の大部分は、砂漠の乾燥地帯である。モンスーン地域とは異なり、天国をせんせんと水の流れる場とイメージするような世界で、水のありかを知ることは直接生き死にに関わる一大事であった。水場への道とは、人間が生きる上での最も大切な道標に他ならないのである。そしてシャリーアとは、一々のムスリムにとって、先ずはこのように重要な生の案内書なのである。ひとはとかくシャリーアを、公的な制度としての法として捉えがちであり、それが一人一人の個人と深く関わりあう様相を軽視する。ちょうどクルアーンがよそよそしい公の聖典であり、先ずは信者たち個人の読解の手に委ねられたものであるというアスペクトを軽視して憚《はばか》らないように。しかしシャリーアの典拠となるものが何であるかを検討してみれば、真相はたちどころに明らかになるであろ

う。水場へ至る道の典拠とされるのは、基本的にクルアーンと預言者のスンナである。これはまさにイスラーム法の典拠と同じであるが、この同根のもののうち優先性の点では、それぞれの信者にとっての水場への道が先にくることは、決して等閑視されてはならない問題である。すでに述べたようにムスリムは、日々信仰告白を行なっているが、その内容は神が唯一であり、ムハンマドがその使徒であると証言することであるが、それは同時にクルアーンとスンナに付き従うことを意味している。信者たちは日々、そこに指示されたガイドラインを参照しながら、自らの生を営んでいる。それは彼らの日常生活と切り離し難く結びついており、端的にいってこれらのガイドブックは、ムスリムの数だけ熱心な読者を持ち続けていることを意味するものであるが、一般に研究者たちはこの側面をまったく蔑《ないがし》ろにしているのである。ちなみに欧米の学会においてはすでに述べたように、十二世紀以降シャリーアは、イスラーム世界の歴史にほとんど何らの貢献も果たしてこなかった、という見解が長らく通説とされてきた。このような木で鼻を括ったような説明で、何が蔑ろにされているかについては、すでに読者には明瞭であろう。現在でも十数億存在するといわれるムスリムの、典拠の読解という日常の営みのエネルギーは、専門家たちのこのような知的発言によって、かくも簡単に隠蔽されてしまうのである。しかし実際に歴史を動かすほどのエネルギーを持ち合わせてきたのは、個々の信者と直接に向かい合うシャリーアの私的次元であり、この次元のシャリーアを介してひとはすべて神の代理人となり、いわば神の召集する宗教的議場における直接参加の代議士となるのである。このレヴェルにおけるシャリーアは、あらゆる形式の代理を認めず、社会契約といった外部からの人工的な管理、調整を経由しない、人々の直接的意思表示の場における憲法のような役割を果たしているのである。

イスラームは、聖職者を持たない宗教である。そこでは神と人との間に、いかなる意味においても宗教的な仲介者は存在しない。個人は、信仰において、中間的な媒介者なしに、直接に神と向かい合っている。イスラームについてこの程度の事実は、今ではそろそろ常識となり始めているが、この教えの宗教的実態を理解するにはさらに一歩を進めて、この私的レヴェルにおけるシャリーアを介した個々の信者の、現実生活への直接参加といった事態について思いを馳せる必要がある。この日常生活における実践のためのガイドラインとしてのシャリーアは、〈私的次元のシャリーア〉と名づけてもよいが、それではあまりにも無機的に過ぎるので、信者たちの〈意識にとってのシャリーア〉とでも呼んでおくことにしよう。それは信者たちが、具体的な生活という宗教的実践の場で、それを介して存在の分有の精神を、共同で具体化するための道標なのである。この信者たちの意識にとってのシャリーアは、その基礎となっているのが普遍的なタウヒードの世界観であるために、他のいかなる外的強制によっても人々の心の中で排除、変更されることはない。今なお十数億もの人々の心を捉えて離さないのは、タウヒード的な精神に裏打ちされた、シャリーアのこの側面に他ならない。イスラームを具体的に作動させ、その生命を維持させているこの重要な要素に関しては、不思議なことにこれまでの研究はほとんど積極的な配慮を払っていない。誤りの源は、タウヒードの場合と同様に、シャリーアを予め《あらかじ》原義を外れたイスラーム法と訳してしまうところにある。シャリーアは、シャリーアであり、先ずは人々にとっての水場への道に他ならないのである。

信者たちが、それを介して神の代理人、現世の維持、管理の代議士となる上述のようなシャリーアの私的次元と対を成しているのが、一般にイスラーム法といわれている〈公的次元のシャリーア〉である。一切の仲介者を置かない自律的な民衆の直接参加による共同体というものは、その管理、運営の仕方が最大の問題である。ほとんどすべての共同体は、さまざまな政治的権力者が登場し、上からの力の行使によって集団を統治するという形式を取るのが常である。力の行使の形態にもさまざまあり、『政治論』のスピノザの分析のように君主制、貴族制、民主制と政体の相違によって政治的権力の配分の実態にも多様性がある。しかし民主主義的体制を最高のものと評価するスピノザの場合にしても、この著作がついに未完に終わっていることは示唆的であろう。この類い稀な思想家が、何ゆえに彼の政治論を未完のまま放置せざるをえなかったかという問題は、極めて挑戦的、かつ魅惑的な主題であるが、いくつか考えられる理由のうちの一つとしては、彼が自分の思想を具体的に実現させるために必要な実践的な法についての、何らかの構想を持ちえなかったところにあるとはいえまいか。ともあれイスラームは登場当初から、個人的な権力者の存在を前提としないような、共同体のありようを構想していた。現世の支配者は、あえてそれを求めるならば神与の法であるシャリーアであり、その後に必要となるのはその具体的な運営の監督者である、といった構造によって支えられているのが、イスラーム法に基礎を置くウンマの特徴である。イスラーム社会においても、信者たちの長とみなされるカリフの職が存在した。しかしこの地位にある者の主たる職責は、自ら権力を行使することにあるのではなく、むしろシャリーアを誤ることなく行使する点にあったのである。初期の正統四代カリフたちの逸話から明らかなように、彼らは民衆の上に君臨するのではなく、むしろシャリーアを下から支える役割を身を以て担っていたのである。彼らの清貧、高い公徳心、献身的な民衆への献身のほどは多くの記録に残されているが、これらの事実は彼らがまさに人々に奉仕する公僕であり、後の時代の為政者たちのような権力者ではなかったことを、端的に物語っている。

多数の人間の集団が共同体を形成する場合、当然必要になるのは一定の社会的ルールである。〈意識にとってのシャリーア〉はその場合、あまりにも個人的で、多様であり、ある種の合意が必要な場合にそれを獲得することが難しい。そこで誕生するのが、〈公的次元のシャリーア〉、つまりイスラーム法である。イスラーム法としてのシャリーアについては、さすがに千数百年の伝統をもつ分野であるだけに、その構成、機能等の点について多くの優れた研究があり、同時に基本的な資料も多く残されている。ただしこれまでの研究は、シャリーアをイスラーム法として単独に論ずる傾向が強く、それが具体的な歴史、ならびに社会的伝統の形成といかに関わってきたか、という視座からの分析が希薄なところが問題である。文化、文明について論ずるさいに、ひとが先ず留意するのはそれを構成する基本的な柱である。とりわけ主導的な世界観の基礎となる宗教、思想、支配的な法のシステム、政治形態、経済体制等は、その基本的骨格を推測するための一次的資料であり、それらの一々は、他の諸要素と関連させながら理解することによって、初めて当該の文化、文明の輪郭、構造の解明に役立てられることになる。それは動物にとっての呼吸器系、循環器系、消化器系といったようなもので、その一々の特質は、全体の構造を推察する上で極めて重要な役割を果たすことになるのである。しかしシャリーアの場合には、それが埋め込まれている文化、文明の構造との関わりについては、ほとんど意義ある考察は行なわれていないのである。タウヒード論の無視、シャリーアの軽視は、さながら動物学者が検討中の生物の神経系、循環器系の実態を無視して対象を分析しているようなもので、正確な認識に到達することは最初から不可能なのである。イスラーム文明が、これまで不可解で、貌《かお》のない文明として表象されてきた原因は、このような基礎的要素に関する無視によっている。

イスラーム法の史的厚み

シャリーアの各論に入る前に、その本性がいかにこの文明の特質と深く関わっているかを認識するための、若干の予備的考察を行なっておくことにしよう。いかなる共同体、もしくは文明も、法を欠いては存立しえない。それは共同体、ないしは文明という全体を一つに纏《まと》め上げる接着剤のようなものである。ところで千数百年の歴史をもつイスラーム世界のほとんどの期間を通じて存在したのは、イスラーム法以外の何ものでもなかったのである。西欧による植民地主義の時代が到来するまで、この事情に変わりはない。序章において説明したように、初期に一枚岩を誇っていたイスラーム共同体も、時代が下がるにつれて千々に分裂し、さまざまな王朝の支配下に入ることになった。しかしそのいずれの王朝においても、国法とされていたのはイスラーム法だったのである。これは果たして、何を意味するものであろうか。一方においては欧米の専門家たちによって長らく共有されてきた、イスラーム法機能不全説、欠陥説がある。それによれば十二世紀以降新しい法解釈の門を閉ざされたこの法は、時代への適応性を失い、重要な歴史的役割を果たすことがなかったとされるのである。このような通説の支配下においては、シャリーアの歴史、社会的役割などという問題を積極的に考察する研究が現れる訳がない。その結果一般的にはウェーバーのオスマン朝評価にみられるように、家父長的スルターン制の下で、民衆は君主の気紛れに抵抗する術を何一つ持ち合わせず、法的には、棗椰子《なつめ》の木の下で水煙草をくゆらせながら勝手な裁定を下す裁判官のいうなりに身を任せるだけだった、という見解が主流となっている。つまり正義を擁護し、不正を正すような、理非曲直のための支えとなるような普遍的な法は存在せず、それがこの世界の退嬰につながっているというのである。この種の伝統的見解は強力であり、その影響を受けておそらくは本書の読者の多くにしても、イスラーム世界の法的事情については、これと同工異曲の考えしか持ち合わされていないことであろう。しかしこの種のシャリーア機能不全説にたいしてはすでに紹介したように、最近になって地方の裁判所資料の地道な分析の結果、決定的な反論が公刊されている。これによればオスマン朝の末期においてすら、シャリーアは十分に機能し、それに基づく裁判官の裁定にはスルターン、政府高官といえども、ほとんど何一つ口をさし挟みえなかったことが明らかにされている。

高度な文明が有効な法的システムを備えていなかったなどということは、およそ想定し難い事態であるが、他の熱い文明を勝手に冷たいものと決め付けて分析する、文化的差別主義から自由になるためには、事実を事実として冷静に判断する以外に術はないであろう。千数百年の間広大なイスラーム世界において、ただ一つの法的システムしか存在しなかったという事実は何よりも、それが明確な価値観によって裏打ちされていたことを、よく物語るものであろう。それは政治的、社会的情勢のいかんにかかわらず、共同体が守るべき基本的な事柄を正確に取り扱っていない限り、変化の波に容易に押し流されてしまったはずである。あらゆる政治体制の枠組みを超えて、千年の余もその位置を譲らなかった唯一の法の存在については、さまざまな角度から検討する余地があるが、さしあたっての関心事はそれが、存在の分有という一つの普遍的な価値観に立脚したものであり、社会契約のような、人工的なプロセスを経て出来あがったものではないという点である。地球上のすべての地域を蔽《おお》い尽くすものではなかったが、広大なイスラーム世界の全域において、政権のいかんにかかわらず通用したイスラーム法については、社会契約に基づき、国民の総意によって意思決定を行なう装置を備えてはいるものの、しばしば時代の潮流に身を委ね、国家エゴの虜となって周囲の世界と戦争、紛争を引き起こしてきた現在のシステムとは、明らかに異なる法の存在形態という枠組みから分析する必要があるであろう。社会契約というものの、そもそもひとは国家にたいして、果たしてすべてを委譲しうるであろうか。国家は人間の自然の要求のすべてに応えうる、全能の力を備えているといえるであろうか。イスラーム世界の人々は、現実世界のタウヒード的解釈から得られる普遍妥当性に則って、原則的な枠組みが与えられ、それに基づいて法制化が行なわれているイスラーム法に関しては、それ以外のいかなるものにたいしても、それ以上の正統性を認めることをしないのである。ムスリムたちはよく、われわれの国籍はイスラームだということを口にするが、彼らにとって国境の壁はそれほど低いのであり、それを下支えしているのはイスラーム法の普遍性である。

さまざまな文化圏において法学者たちはこれまで、法的判断にいっそうの普遍性、公正さをもたらすための、基本となるようなものを求め続けてきた。人間の慣習を正当化するために練り上げられた自然法の概念を初めとして、その他さまざまな思想的配慮が、それぞれの法の普遍性を証す目的のために奉仕している。ところでイスラーム世界における上述のようなイスラーム法の優位、安定性は、少なくともこの文化圏において、その根拠となっているもの、つまりクルアーンやスンナの内容が、血縁、地縁、階層といった区分、類別にとらわれない、より普遍的な価値体系に属しており、したがってそれは民族、国家等の単位で計られる価値の尺度を一段と超えるものに依拠していることは明らかであろう。その基礎となるものは先に指摘したタウヒードの世界観に他ならないが、シャリーアはもっぱら神与の法であるという説明がなされるばかりで、この法の視線がすべての存在者に分け隔てなく行き届いているという特質、それがもたらす普遍性についてはこれまで、ほとんど重要な指摘はなされていない。その本性については、神から与えられた法であると一言で片付けられるばかりで、クルアーンやスンナの内容の分析、それが提示している価値観、それと具体的な実践との関わりといった側面は、蔑《ないがし》ろにされてきた嫌いがある。しかしすでにタウヒードについて基礎的知識をもたれている読者には、シャリーアというものが、すべての存在者による存在の分有の世界観に基づく、人間社会形成のための道標であるということが、何を指すものであるか凡その輪郭を思い描くことが可能であろう。それは国民国家という枠組み、社会契約といった擬制的な仕組みを超えたところに基礎を持っており、その普遍的な性格は上述のような枠組み、仕組みの分母とはなりえても、決してそれらに絡め取られてしまうようなものではなかった。近代社会において、国家は共同体のアルファであると同時にオメガでもあったが、シャリーアはその普遍的なタウヒード的性格のゆえに、国家を二次的なものに留め置く高い特質を擁している。シャリーアは現在の時点において具体的に種々の欠損を蒙っているが、そのような事態に至った経過の分析は後に譲るとして、ここでは先ずこの法の普遍的性格についての正確な認識が重要であろう。千数百年の長きにわたり、現在もなお広範な地域に生活する十数億の人々の、行動の指針たり続けているこの法の永続性は、その普遍性を示す一つの強力な状況証拠に他ならないが、このような法の存在はそれが機能する社会に、一つの著しい特徴を与えているのである。上述したように例えばキリスト教や仏教は特に、信者たちの現実生活を律するための自前の法体系を持っていない。しかしイスラームの場合、宗教と法は互いに密接に縒《よ》り合わされており、それがこの地域の共同体に独特な性格と、固有な歴史的展開をもたらしている。

シャリーアの成立と展開過程

公的次元のシャリーアについて論ずる場合、絶対に欠かすことのできないのはその成立の過程の分析である。天啓の書クルアーンは実にさまざまな問題について言及しているが、そのうち法的な規定に関するものはわずか二百数十項目に過ぎないといわれている。それを元にして、人間万事に及ぶくさぐさの規定が編み出されている訳であるが、その過程において実に多くの人々の知的努力が関与していることとは看過されてはなるまい。神の啓示はそのままのかたちではなく、先にも述べたように原則の原則といわれる第一ルール群として、人々に具体的に応用、活用されることによって初めて実践的なものたりえているのである。この第一ルール群の基本中の基本としては、第一の典拠であるクルアーンがあるが、その精神を踏襲、敷衍《ふえん》して最初にイスラーム共同体を作り上げた預言者ムハンマドの言行は、その功績によってクルアーンに次ぐ第二の法的典拠とされた。このようにイスラームの法は、そもそも実践的に活用されることによって、初めて成立しているのである。そしてムハンマドの没後は、クルアーンとスンナがイスラーム法の拠るべき基本的な典拠、つまり第一ルール群とされたことはすでに述べたが、その後もこれらの典拠の解釈、応用が積極的に進められ、その結果として法の充実、発展がみられている。すでに確立された枠組みに依拠しながら、つねに新たな状況に相応しい規定が付加されていったのである。最新の研究によればイスラーム法の形成期において、その発展の主要な役割を担ったのは法の理論ではなく、宗教的意識の高い地域における、人々の典拠の解釈と実践の綜合的結果であるイスラーム的慣習であったとされている。イスラーム法の発展を説明するにさいして在来の研究は、もっぱら法理論的な側面にだけ焦点を当てて議論を展開してきたが、そのような技術的問題のみを注視するのではなく、公私にわたる生活についての総体的な配慮に基づき、イスラーム的なものを求めた人々の関心に注目するのが、実態に即した判断であるといいうるであろう。タウヒードの精神を、いかに生活において実践するかという上代の人々の関心は、それぞれの共同体における具体的な生活の場にその表現を見出していたのであり、その実践の結果が法の充実、発展に寄与したことには否定の余地はない。

さらに注目しなければならないのは、イスラームの急速な拡大に付随する問題点である。短期間におびただしく膨張したイスラーム世界には、当初この教えが目指す共同体のありように関して、充分な知識を持ち合わせた識者の数が決定的に不足していた。豊富な宗教的知識を持ち合わせた少なからぬ人々が、前線において戦死しているのである。そして新たに版図に入った地域には、独自の伝統、風俗、慣習があり、新参の勢力にはそれを完全に無視することはできなかった。新しい環境の中で指導的な役割を演じなければならない人々は、イスラーム化と、それに対立する地方化という二つのヴェクトルのはざ間で、いきおい独自の判断を行なわねばならない状況に置かれていた。典拠の新たな解釈、応用は日常茶飯に要求されていたことだったのである。ただし故郷を離れて遠くの諸地域に生活の場を変えた人々にとって、判断のために必要なさまざまな文献、資料など簡単に手に入る可能性は少ない。そこで彼らの最終的な判断の源となったのは、もっぱらタウヒードの世界観であったに相違ない。彼らにとって細かな技術的な知識よりも何よりも重要だったのが、この世界観の指示するものであったことは想像に難くない。ただしその後イスラーム世界が安定するに伴い、諸地方における法的解釈のばらつきに、何らかの統一性を求めるといった学問的努力が必要となった。これも当然の経過であるが、この種の知的要請は、さまざまな地域において一定の法的充実が獲得された後に生じた事柄であり、それまでも、その後も、シャリーアは状況の推移に応じた変化に対応する必要があり、同時にその可能性を宿しているところに特徴があることは看過されてはならない。

次いで検討する必要があるのは、公的次元のシャリーアが成立するための法的プロセスの問題である。第一ルール群は、そのままで現実のすべての法的問題に対処するためには、余りにも数が少ない。したがってこの原則の原則である第一ルール群から、現実に実践可能な具体的な法的規則としての第二ルール群が導き出される必要がある。そして第一ルール群から第二ルール群を導き出す知的行為、ないしはその結果は、アラビア語でフィクフと呼ばれている。技術的にフィクフの概念を取り入れた分類によれば、法制定の大元の原理である第一ルール群に当たるものは、シャリーアであり、そこから導き出された具体的な法的細則、つまり第二ルール群は、フィクフと呼ばれる。ただしこれはやや専門的な区分であり、一般の非専門家にたいしては、両者を含めてシャリーアという表現が当てられることもある。これは一般の人々にとっては、シャリーアもフィクフも、結局は水場への道に他ならないからである。ところでシャリーアからフィクフを取り出すにさいしては、つまり具体的にはクルアーンとスンナから、さまざまな法的規定を導き出すに当たっては、これらの二つの典拠以外に法的な道具が必要であった。両者を一次的法源とするならば、それ以外に補助的なさまざまの二次的法源を必要とした。中でもとりわけ重要なのはクルアーンとスンナに次ぐ第三の法源とされる、合意にあたるイジュマーウと、第四の法源で、類推と訳されるキヤースである。

上代の人々は、判断が定かでない問題に出会うと、先ずはクルアーンにそれに該当する指示を求めた。そこに問題解決のための明文が見出しえない場合にはスンナを参照したが、さらにそこにも明文が存在しない時には、法学的な事柄に通じた識者たちの合意に解決策を求めた。後に法学が発展してその精度が上がってくると、法解釈（イジュティハード）を行なう者としては、高度な学問を積んで専門的知識を得た、法解釈の有資格者（ムジュタヒド）に限られてくることになり、新たな問題の解決のためには、これらの専門家たちの合意（イジュマーウ）が求められたが、それ以前には宗教心が篤く、人々に信望のある人物の合意で足りた。これらの人物は、自分自身の経験、ないしは先代の人々からの言い伝え、慣行等を介して、実践すべき事柄をよく会得しており、集団としてイスラーム的な実践を具体化していったのである。イジュマーウとはアラビア語で決定を意味する語であるが、理想的な先例に関する豊かな体験、知識を持つ人々の間の合意によって、新たな法的判断、決定が下されたのである。合意に次ぐ第四の法源は、類推（キャース）である。類推とは、クルアーン、ないしはスンナの中の典拠を利用して、それと類似の問題を解決する論理的な法判断である。例えば典拠は、理性の力を乱すという理由によって飲酒を禁じているが、麻薬もそれと同様な理由によって禁じられるといった論理の展開によって、法判断が求められるような方法である。人間のあらゆる行為に関して法的判断を求める場合、限られた典拠を以てしてはカヴァーしきれないことは明らかであるが、イスラームの法学はこのように、限られた基本的典拠に忠実なかたちで、法的解釈を行なうための方策を編み出すことに腐心しているのである。

合意と類推の二つの法源の優先性については、各法学派の間で若干の意見の相違が見られる。問題は特に預言者の言行、スンナをめぐる解釈にあるが、これに関しては人々の歴史意識を参照しておく必要があるであろう。信者たちにとっては、とりわけ歴史家の間では、イスラーム登場当初のムスリムのうち預言者ムハンマドと生活を共にした教友、あるいは彼と直接面識がある人々の世代は、第一世代としてとりわけ評価が高い。それに次ぐ世代は第二世代とされ、次いで第三世代といった具合に順次位が下がっていく訳であるが、このことはそれぞれの世代において、イスラーム本来の性質がいかに保持されていたかという点についての、人々の評価を直接に反映するものである。そのさいに評価の対象となっているのは、イスラーム共同体全体の質、つまりはタウヒード性の優劣であり、それは個々の部分的な要素のみを以てしては計りえない性質のものである。登場当初のイスラーム共同体は、強いタウヒード意識によって、純度の高い結晶体を構成していた。しかし短期間のうちの急速な発展によって、次第にその純度の低下が見られてくる。上述のような世代別評価は、そのような歴史的現実にたいする一般的な評価の現れであるが、しかしすべての地域が等しくイスラーム性の純度を失っていた訳ではない。例えば歴史的に最初のムスリム共同体が成立したマディーナでは、人々はかつての良風を旨として、敬虔な生活を送り続けていた。彼らは預言者のスンナ、とりわけその実践的な行為の側面を、細部の諸規則に関する知識というかたちでなく、生きられた一つの模範的な慣習として、継承、踏襲していたのである。宗教的意識の高い地方の共同体の慣習は、実践されたイスラーム的なものの継続、展開であり、そのようなものとして他のムスリムの範たりえたのである。イスラーム発祥の地の近くで生活し、活動の根拠を置いた人々にとっては、このような共同体に属する人々の慣行、合意は、何にも増して信頼するに足りるものであった。しかし発祥の地から遠い場所に生き、活動の基盤を置く人々にとっては、新しい環境における風俗、習慣の違いゆえに、アラビア半島、ないしはその近くで実践されていた生活をそのまま踏襲することが、さほど適切でない場合が多かった。そのような場合には、典拠にある明文から新しい解決法を論理的に探る方が、実際の要求によりよく応えることができたのである。

預言者ムハンマドによって創始された初期のイスラーム共同体の良き伝統を、行為を介して継承するか、典拠中の明文に頼って維持、発展させるかという点で、両者の間には若干の相違があるが、いずれの場合も確かな根拠を基にしていることには変わりはない。第一ルール群に籠められた精神は、媒介の形態に相違はあるにせよ、直接に具体的な法判断にそのまま保持、継承されているのである。

イスラーム法の内容の大半は、以上の四つの法源に依拠するものであるが、後の法学者たちはこれら以外にも、大別して六つほどの法源を認めている。それらは、上述の法源の意図するところと若干異なったり、それらが具体的に言及してはいないがそれらの精神に合致するような要素を、別のルートから受け入れるといった性質のものである。例えば典拠に基づくいくつかの類推の結果のうち、強い合理的な根拠に基づき、一般的な判断よりもむしろ例外的な判断を採用するためのイスティフサーン、また法的に明文が見当たらないが、人々の福利にとって必要なことを要請するマスラハ・ムルサラ、人々が互いに容認し合う慣習のうち合法的なものであるウルフ、状況の変化を示す根拠が現れるまで、ある状況が継続していると解釈するイスティスハーブ、さらにイスラームの教えに抵触しない限りでのそれ以前の法、優れた教友たちの見解といった、六つの法源を付け加えている。その結果クルアーンを初めとして、合計十の法源が存在することになるが、ここで注目すべきは、八つの二次的法源のうちの最も重要な最初の二つが、一次的法源であるクルアーン、スンナと密接に関わり合っており、それらの内容を不可欠な前提としている点である。最初の四つ以降の序列に入る法源は、価値が低く、その採否についてはしばしば法学者たちの間に見解の相違が見られる。要するにイスラーム法のほとんどが、第一ルール群である一次的法源からの産物であり、それがタウヒード性の直接的な反映に他ならないことを意味するものである。

開かれたシステム

以上でシャリーアが持つ二つの側面、ないしはそれが果たす二つの機能、つまり個々の信者にとっての道標である私的側面と、共同体の法としての公的側面について略述したが、それにより明らかとなったのはそのいずれもが、すべてが予《あらかじ》め決定されている厳格で、硬直した枠組みの中に納まりきるものではないという点である。クルアーンに示されていることは、あくまでも人間の思想、行動に関する大きな枠組みであり、預言者のスンナはそれに基づいて細部に多くの補足、具体化が認められるにしても、それだけではつねに不十分であり、私的側面にせよ、公的側面にせよ、当事者たる者は絶えずこの満たされぬ部分を個人として、あるいは共同で補っていく必要に迫られている。その意味でシャリーアは、本性的にも、構造的にも開かれたシステムであり、つねに新しい解釈、イジュティハードを求め続けているのである。道標とは、ある旅程についての一般的な案内であり、それは具体的な旅人にとって有益な情報源ではあっても、その行なう固有な旅のすべてについて語りきっている訳ではない。個々の旅人は、もちろん案内書を大幅に活用するにしても、自ら固有の旅を行なうのであり、その過程において最終的には自らの決断、決定に依拠する以外にはない。案内書の利用に当たっては、当然のことながら各人には、各人なりの〈読み〉が課されているのである。

オリエンタリストの伝統は、このようなシャリーアの開放性を否認し、その口実として〈イジュティハードの門は閉ざされた〉という言葉を前面に掲げて議論を推し進めた。イスラームの法学が急速に発展した十二世紀という時点で、ほぼこの分野においてとり残された仕事、領域はない程である、といったいわば賛嘆の念をこめた表現が、字義通りの新解釈の門は閉ざされたという解釈に繋がったのであるが、これは十二世紀の知的状況に関する一つの指摘であり、決してシャリーアそのものの本性について該当するものではない。ただしシャリーアに関するこの誤解は、一つの分水嶺となって他の多くの誤解につながっていった。新たな解釈に道を開いていないような法は、それ自体時代の変化に対応しえない欠陥の法である。そのような法は、その硬直性のゆえにすぐに機能不全に陥らざるをえない。新解釈の門が閉ざされたという事態は、シャリーアの欠陥、機能不全説に直結し、そこから破裂した水道管から溢れ出すおびただしい水のような、イスラーム批判が続々と現れてくる。先にも述べたウェーバーの、オスマン朝に関する家父長的スルターン制といった評価なども、その典型的なものといえるであろう。スルターンという絶対権力者の権威の前で、その気紛れを抑制させる普遍的な法は存在しなかった。普遍的な法が存在しない場合、人々は未来の利益のために積極的な投資を行なうことを手控える。これが彼らの勤勉さの芽を摘むことになり、それがこの世界の経済的退嬰に繋がっているというのが彼の論旨の大筋であり、このような事情がこの地域に資本主義が発達しなかった理由とされている。ただしこれは、事実に反すること甚だしいといえるであろう。ことの良し悪しはとにかくとしてシャリーアは、厳格に実体的なもの以外の経済行為を禁じており、利子、退蔵、投機の禁止、遺産相続の開放性等、財の集中を回避するための方策をさまざまな分野に張り巡らせている。現行のような資本主義がこの世界で発達しなかったのは、シャリーアの諸規定が余りにも忠実に遵守されてきたためであって、シャリーアの欠陥、機能不全によるものではないのである。このようにシャリーアの欠陥説、機能不全説は、この世界の実態に即した理解、判断から人を遠ざけることに大きく貢献しているが、その種の過ちから身を守るために最も肝要なのは、シャリーアと個々の信者との密接な関係、ならびにその新たな解釈に向かって開かれた性格に関する認識であろう。この世に一人でもムスリムが存在する限り、機能することを止めないシャリーアが、ある時期以来何らの貢献も果たしていないなどと断ずることは、イスラームそのものに関する無知を示す以外の何ものでもない。

いずれにせよイスラームの教えにとっての基本的な典拠であるクルアーンは、信徒たちによって私的にも、公的にも深い読み込みが行なわれ、その結果そこからおびただしい知的成果が生み出された。タウヒードの世界観の純化にしてからがその一つであり、それについては最初から大枠は与えられていたものの、それが理論的に精緻なものとなり、洗練されていくためには、長い時間を要しているのである。またシャリーアにしても、それが体系的に整備されるまでには、多くの年月と、さまざまな契機を必要としている。それは一夜にして成ったものではなく、明確な輪郭を取り、体をなすまでにかなりの時間を経ていること自体が、後代の人々の読み込みの介入する余地が大きかったことを、何よりもよく立証しているのである。

善悪の五つの範疇（義務、推奨、無記、忌避、禁止）

シャリーアの公的な側面、つまりイスラーム法としてのシャリーアに関しては、なお多くの問題が論じられねばならない。なぜならばそれは法といっても、通常の法とは本性、構造を異にしているのと同時に、それが対象としているのはいわゆる法的な問題に限られず、その余のさまざまな領域に及んでいるからである。シャリーアの内容の綜合的性質については、さまざまな切り口から説明が可能であるが、そのために便利な道具の一つとしては、いわゆる行為の五範疇と呼ばれるものが挙げられるであろう。人間の行為の良し悪しについて厳しく点検するムスリムの間では、区別の簡単なハラーム（禁止された行為）とハラール（許可された行為）という二項対立の区別があり、一般の信徒たちの間では誰にとっても簡単なこの弁別法が先ず重要視される。善を奨め、悪を禁ずることを社会生活の基本とする彼らにとって、公共的な善に反する行為は固く戒められ、それを促進させる行為は奨励されるのである。ただし理論的にはさらに一段と分類が整備されており、人間の行為はすべて以下の五つに分類される。つまり義務的な行為、推奨される行為、無記の行為、忌避される行為、禁じられた行為の五つである。ところでいわゆる現代のわれわれの法がもっぱら対象としているのは、最初と最後の行為である。義務的な行為を怠れば罰せられ、禁じられた行為を行なえば処罰の対象となるといった具合に、法的分析が問題とするのは処罰の有無の境界線を明確にすることであり、したがってその対象となるのは最初と最後の二つの行為に限られる。しかしシャリーアは、推奨される行為、忌避される行為をもその対象のうちに含み込んでいるのである。つまり道徳、倫理の分野に属する行為までもが、問題とされているのである。

このようないわゆる法と道徳の並存は、イスラーム法を論ずるさいにきわめて重要な点であろう。行為の五範疇は、無記の行為を中心としてただ無意味に左右に配分されている訳ではない。例えば推奨される行為は、それに親しむことによって人間の公徳心を培い、それを基礎にして義務的な行為に邁進する精神を涵養《かんよう》せずにはいない。同様に忌避される行為を遠ざけることは、禁じられた行為に手を染めることを自ら戒める配慮につながり、悪行防止のための最善の予防的措置といいうるものなのである。法のシステムと道徳のシステムの並存、ないしは同心円的性質は、文化的調和、安定にとって見過ごすことのできない重要な点であるが、これは文化という統合的なものの中で、それを成立させているそれぞれのシステムが孤立化し、互いの関連性、それによってもたらされる調和が失われつつある現代の潮流にとって、容易に看過しえない側面であるといえよう。人間至上主義が作り出す文化的環境は、状況、環境の変転に応じた志向、感性の変化により、速やかに価値観を初めとする文化の構成要素自体を変質させずにはいない。例えば現代社会においては、法的なシステムを支える思想的背景と、道徳的なシステムの基盤、または日常生活に関する価値観の間の亀裂は、拡大される一方であるが、これが文化そのものの不安定を惹き起こす最大の原因となっている。このような観点からすれば、イスラーム法の効用は否定の余地がないという、比較法学者眞田芳憲の文化論的指摘はまさに当をえたものといえよう。シャリーアにおいて法的ルールは、公共的観点から見た勧善懲悪のためのものであり、処罰の限界点を探ることを第一の目的とはしていないのである。したがってシャリーアは、法と道徳をそれほど厳密に区別することをしない。法、道徳、日常生活の価値観は、同心円的な広がりの中に配置され、互いに裾野を接しあって、とりわけ他から切り離されることがないのである。

イスラーム法としてのシャリーアは、このように他の場合との簡単なアナロジーで説明しうるものではない。それは無記の行為以外のあらゆる行為にたいして直接、間接に関連しているといえるが、次いでいよいよ、イスラーム世界において具体的に体系化されたものに基づいて、概略的な説明を行なうことにする。一般にイスラーム法と呼ばれるものは、宗教的義務に関する諸規定であるイバーダートと、それ以外の現実的な事柄を律する実定法的な、ムアーマラートの二つに大別される。刑法上の問題を別に独立した柱として立てる三分法の考え方もあるが、ここではこの種の技術的問題については詳論しない。

五行（宗教的義務《イバーダート》）

イスラームの基本的な信仰箇条としては有名な六信五行があるが、イスラーム法のイバーダートの部分、つまり宗教的義務に関する諸規定は、五行を初めとする諸義務に関わるものである。信者の信仰にとって基本的なものであるこの部分は、個人、ないしは共同体の義務的行為に関わる事柄であり、時代、環境の変化に左右されるところは極めて少ない。登場当初より現在に至るまで、信者たちによりほぼ一貫して果たされてきたこれらの義務的行為については、すでに常識となっている事柄が多々あるが、それらはこの教えの具体的実践のための最も重要な基礎なので、特にその社会的なアスペクトに焦点を当てながら分析を行なう必要があるであろう。

信仰告白と礼拝

イスラームの宗教的義務としてとりわけ重要なのは、五行にあたるものである。それは通常信仰告白、礼拝、断食、喜捨、巡礼の五つとされるが、これには宗教的努力と訳されるべきジハードが付け加えられる場合もある。このうち第一の信仰告白については、クルアーンとスンナの受け入れとの関連ですでに述べたので、第二の義務的行為から逐次説明を行なっていくことにする。信仰告白に次ぐ行は、礼拝(サラート)である。敬虔なムスリムが日に五回礼拝を行なうことは、すでに周知の事実であるが、意外に知られていないのは彼らが行なう礼拝が、どのような性質のものかということである。礼拝とは読んで字の通りであり、他の宗教の場合と変わりはないと思われている読者が多いはずであるが、これが実はさに非ずなのである。すべて礼拝とは信者が個として絶対者、ないしは崇拝の対象と相対する点には相違はないが、そのさい互いがいかに向き合うかということが問題である。敬うべき相手にたいする畏敬の念から、その偉大さ、美点に想いを馳せ、同時にこの相手にさまざまな希望、願い事について訴えを行なう等、礼拝、祈りにはヴァラエティーが存在する。しかしイスラームの礼拝は、一般的な祈りといわれるものとは若干性質を異にしている。五回の礼拝には長短の差があるが、基本的な単位はクルアーンの冒頭にある「開扉」の章と、それに続けてクルアーンの任意のいくつかの節を付け加えて唱えることであり、これが二度繰り返されて終わるか、ないしはそれに若干の短縮形が付加されるといった、いうならばとりわけ余情の入る余地のない、定式化された、単純なものである。もちろんイスラームの場合にも、サラートと呼ばれる正式な礼拝以外にも、神の名を唱えて崇め、讃える唱念(ズィクル)、神にさまざまな願い事を行なう祈念(ドゥアー)といった、他の教えと変わりない祈りは存在する。しかしそれらはイスラームの場合あくまでも付加的なものであり、礼拝そのものとは異なるのである。礼拝とは端的にいって、信者の側からの神との信仰の契約確認の試みに他ならないが、このことは礼拝に当たって信者が最低日に十回は唱える、次のような「開扉」の章の内容から明らかであろう。

「讃えあれアッラー、よろず世の主
慈悲深く、慈愛遍ねき御方
裁きの日の主宰者
われらは貴方にこそ仕え、助けを請い願う
われらを真直ぐな正道に導き給え
貴方が恵みを垂れ給う者の道に
貴方が怒り給う者、踏み迷った者の道でなく」

アッラー以外に神はなく、ムハンマドは彼の使徒であると信仰の告白を行なった信者は、結果としてクルアーンとスンナを自らの道標とすることを受け入れるが、この教えの特異な点は、一々の信者に対して監視、監督する人間、機関が何一つ存在しないことである。信仰の問題に関する自律性、自己管理の原則はこのように徹底しているが、他者による監視に代替されるのが、この執拗なまでの信者の側の契約の再確認の行為なのである。礼拝とはこのように、唯一なる神の創造のプロジェクトにたいする、信者の自発的参加の意思表明に他ならないのである。

「信仰に強制があってはならない」とはクルアーンの一節であるが、その例に洩れずこの教えは、信者たちの行動の自由を制約するような要素を一切含んでいない。義務的な行為とはいえ、礼拝を日に五回行なおうが、一回しか行なわなかろうがとりわけ誰が問題とする訳ではなく、それを促すような立場に立つ人間、機関はわずかに存在するとしても、強制するものは何一つない。したがって現世においてはそれらの行為を外的に登録したり、数量化するような制度、機関は存在せず、すべては個々の信者の自発的意思に委ねられているのである。教区、檀家といった信者を釘付けにする制度は存在せず、自分の名を登録し、実績を記録しなければならないような宗教機関もない。あるのは神と人との直接の関係だけであり、その余のものとは境界のない、漂泊と交流の、自由で、水平的な関わりの中に置かれるばかりなのである。

ここに明らかなのは、神と人間との圧倒的な関係である。イスラームとは、〈神への絶対的な服従〉の教えであるといわれるが、タウヒードの章で説明したようにこの服従が、その代償として自分自身を含めたすべての被造物の、ひいてはあらゆる人間の絶対的な等位性、平等と対置されているところに、この教えの真髄がある。そしてそれを保証しているのが神と人との関わりの直接性であり、礼拝は自らの信仰を確認すると同時に、この保証を確実にするための行為でもあるのである。この絶対的な服従は、神に対して単に自らを卑しめることに終始するものではなく、神の創造のプロジェクトの一部として、現実世界に自分自身を投企させるための出発点ともなるのである。観点を変えるならば、神との契約の再確認のための礼拝は、信者にとって存在を分有し合う自然、社会に身を乗り出し、船出するための契機であり、絶対的な他者に服従するという自己の相対化によって、ひとは初めて世界における自らの位置を確認し、それに基づいて確実な生を営むことが可能になるのである。信者にとって、神への絶対的な帰依こそが生の出発点であるということは、内面に世界のタウヒード的な理解があってこそ初めて了解しうるものであり、それなしには日に五回もの契約の再確認など期待すべくもないであろう。

周知のようにイスラームにおいては、礼拝の対象は具体的な姿をとっていない。神は、時空を超越した永遠の存在である。したがって信者は、絶対的な服従という信仰心を示す身体的表現を行なうに当たって、一つの仮の焦点ともいえる地点を選び、そこに向かって一斉に礼拝する。現在ではメッカのカアバ神殿に当たるキブラと呼ばれる礼拝の方角は、いわば神の虚点であり、そこに彼は具体的におわす訳ではないが、信徒たちがそこに向かって一斉に礼拝を捧げることによって、彼らのすべての信仰のエネルギーが収斂されるのである。唯一なるアッラーは、確かに存在する。しかしその存在の様態は、被造物のそれとはまったく異なっている。見方によってはアッラーの存在は、あたかも非在そのもののように思われかねない場合すらあるのである。絶対的存在と存在者たちの間に介在するこの大きなギャップを埋め、その空隙を担保するのがキブラの制度であり、それを礼拝の方角とするムスリムの信仰心である。存在の分有を生の出発点とする同宗の者たちによって、共有された神の虚点としてのキブラは、その信仰心の統合性によって、さもなければトリックスターに過ぎなかったであろう神を、万有の主であるアッラーに再定位するのである。礼拝そのものはあくまでも個人的な行為であるが、キブラが選び取られたさいにこの個人的な行為は、存在を分有する者たちの壮大な交響曲となるのである。個人的な行為が、そのまま共同体的な行為へと繋がるのはイスラームの諸行の特徴であるが、礼拝の場合もその例外ではない。日に五回の通常の礼拝においても、可能な限り居合わせた者と共同で礼拝することが望ましい等、人々の関係性を重視した慣行は枚挙に暇がないのである。

宗教的義務行為の社会的性格を最もよく示しているのが、金曜日の集団礼拝であろう。休日に当たる金曜日の正午の礼拝は、集団で行なわれるよう定められているが、信者は各自好みのマスジドに赴く。ムアッジンという礼拝の呼びかけ人が音頭朗々と祈りの時間を告げると、人々が参集する間クルアーン読誦者がクルアーンを朗読する。そして時間になると並み居る信者たちの前で、説教師が説教を行なう。それが終わると通常説教師がこの役を勤めるが、礼拝の導師となって祈りを先導する。全員参加制のイスラームに特徴的なことは、このさいの人的な動員力であろう。大都市のマスジドには専門的な宗教的教育を受け、公的に選任された説教師、礼拝の導師がいる。しかし非常に多くの場合、とりわけ辺境の地域のマスジドにおいては自主的な運営が行なわれ、説教師の任命に当たって人選にさまざまな配慮が講じられる。活用される知識人がすべて動員される、毎週一度、雨が降っても槍が降っても開講されるカルチャーセンターの講義なのである。必修、選択科目の別はなく、文盲の人間にも出席が可能なこの公開講座の出席者は、続けて説教に耳を傾けることによって、場合によっては、高等教育を受けた者以上に人生に関する英知を獲得することになる。説教は二部に分かれており、第一部ではクルアーンの一節を、第二部ではスンナのある部分を注釈しながら、話を展開するように定められている。多くの場合説教は宗教的徳目、歴史的逸話等の話題が中心で、とかく教訓的な話に終始し、決まり型のマンネリズムに陥りがちな嫌いもあるが、状況によって説教師は婉曲な表現を用いて巧みな政府批判を行なったり、時には激しい口調で為政者の不正を弾劾することもある。ともあれ集団礼拝の場は、複数のわたしが共に神に対面する場であると同時に、そこでは一般的な宗教教育、公私にわたる情報の交換が行なわれ、それによって小共同体の有機的連帯感が、日常的に強化される仕組みになっているのである。これは平時のことであり、いったん戦争や災害が生じた場合には、マスジドは直ちに小さな砦となったり、救助センターの役割を果たすことになるのである。

このように礼拝は、個人の心を起点として神へと直接に向かい、そこから共同体へと送り返される精神的エネルギーの循環の、動力ともいえる行である。神を媒介とする個に発し、多へと共振する精神的回路は、イスラームという教えの基本的な枠組みであるが、礼拝はそれを最も根本的な点で支えている行なのである。それが信徒たちにより、信仰の礎として最も重要視されているのも当然のことなのである。あらゆる義務的行為は、とかく形式に流れ、内容を欠いた無意味なものとなりがちである。それと同時にそれが遂行されている限り、それを要請するものの少なくともある種の基本的な部分が、維持され続けていくということも疑いのない事実である。現在存在するといわれる十数億の信者のうち、果たして何パーセントの者が、この行を正確に行なっているかは測り知ることはできない。そしてこの行に寄せられたエネルギーが、どのようなかたちで実際に社会的な効果を上げているかも知り難いことである。しかしそれを簡単に無視しえないことだけは、疑問の余地がないのである。すべて礼拝とは個人の精神的な意思に端を発するものであり、そのようなものとして、それがある種の社会的結果に結びつくことは想定し難い。集団的礼拝にしても、それはほとんどすべての宗教が取り入れ、活用している形式である。他の宗教の場合でもキリスト教のように、日曜礼拝の制度、それと相互関係にある教区制のように、集団礼拝を組織的なまとまりのために利用している例にはこと欠かない。しかしイスラームの場合ほど、個人の礼拝のエネルギーが集団礼拝へと統合され、それが共同体的なエネルギーへと転換されるケースは他に類例が認められないが、そのような機制を作り上げているのが、この教えが信徒たちに要請している義務的行為の体系なのである。この義務的行為を要求する者は、具体的にはどこにも存在しない。しかし具体的にはどこにも存在しない、不可視のものが動かしているものの規模の大きさには驚嘆すべきものがあるが、それは単に神の偉大さによるだけではなく、神が提示しているもの、つまりその世界観、公私を含めた生活のありようの普遍的な妥当性にあるといえるであろう。宗教的義務の履行は、それを受け入れるとともに、それへの促しを確認するための手段であり、とりわけ礼拝はわたしをわれわれの中のわれわれへと転換させるための、初動に当たる基礎的行なのである。

断食

礼拝の次に求められる義務的行為は、シャームないしはサウムと呼ばれる断食である。健康状態が正常な信者は、イスラーム暦の九月にあたるラマダーン月の一ヶ月間、日の出一時間前から日没まで一切の飲食を断ち、行動を慎むことが求められる。この行の目的は、個人的には人間の欲望を抑制し、精神の浄化をはかることにある。しかしこの個人的目的もまた、イスラームの義務行為の例に洩れず、社会的なアスペクトと密接に関わっている。欲望を断つという自己抑制は、個人の精神力の強化、純化の手段であると同時に、日常の生活にもこと欠く困窮者、貧困者たちが経験する心労を身を以て体験し、共有することによって、互助、慈善の精神の涵養《かんよう》につながるのである。ところでイスラームの断食の特徴的な点は、この行が一部の例外を除き、すべての信徒たちによって集団的に実践されるところにある。多くの宗教は、個人的な精神の練磨、純化を目指して修道院に入ったり、山門に赴いて参禅するといった禁欲生活のしきたりを持っている。しかしきわめて在家的であり、日常の生活に最大の関心を払うこの教えにとっては、特定の人間が日常性から離脱して、具体的な生活の場の外で行なう修行を良しとしていない。修行者はこの間、社会的な責任から離脱していることになり、これはタウヒードの重要な柱である、関係性の原則の無視につながるからである。代わりに成人のムスリムは、健康に異常があったり、旅の途中であったりする場合を除いて、全員が洩れなく在家の状態のままで、年に一ヶ月間だけ共同でこの行を勤めることになるのである。断食はまさにわたしを抑制し、無化することによって、われわれのわれわれへと移行、転換させるために最も相応しい行なのである。

すべての義務的行為は、それに携わる者の意識が低下した場合に形骸化する。実際に現地で観察してみると、食を断つ振りをするだけの者、行動を慎むどころか喧嘩、口論に走る者等がいない訳ではない。しかし人々にとってこの集団的行が、千数百年もの長きにわたって連綿と、同宗の者たちによって行なわれ続けてきている事実を身近に確認することは、イスラーム世界におけるイスラーム性の維持に大きく貢献しているのである。断食という自己抑制のための身体行動は、自らの欲望を無化することによって、頑《かたくな》な自己中心主義からの離脱のよい契機となり、自己と他者との境界線を拭い去る。そしてこのように脱境界化し、外部に開かれたわたしは、われわれの中のわたしとして、周囲に同じ行を勤める多数のわれわれの中のわたしを見出すのである。この境界を超えたわたしの同類の者たちとの出会い、邂逅こそは、われわれのわれわれへの転換にとっての欠かすことのできない、予備的動作なのである。準備体操は、あくまでも実際のゲームのための予備的運動にしか過ぎない。それがどのようなかたちで、具体的な成果につながるかという点はまた別の問題であるが、この行が向かっている方向は明らかであり、それが個人の精神的傾向ばかりでなく、特別な社会的な心性の創出に与《あずか》って大きいことも疑いのない事実なのである。この行の志向する方向については、クルアーンに次のような指摘がある。「ただし汝らのうち病気の者、また旅行中の者は、いつか他の時に同じ数だけの日（断食すればよい）。また断食することが出来るのに（しなかった）場合には、貧者に食物を施して償いをすること」。（第二章一八五節）

断食を行なわなかった者は、償いの義務を課される。償いとはこの場合、この行によって果たされるべきはずのものについての、最低の補償と解釈されるであろう。そしてそれは共同体の中にあって、自分の才能、資質を向上させる機会に恵まれない人々にたいする援助、救済の試みなのである。この試みは、自己の枠組みを越えて利他に向かう、心の動きの最初の行動の現れである。

断食は、信徒たちの全員に課された集団的行である。全員参加を原則とするこの教えにおいて、各人がこの義務を果たすべきことは、ある意味で当然といえよう。しかし一月間の断食は、見ようによってはかなりの難行である。したがって観察者はこれを以て、イスラームが過度に禁欲的な教えであるという印象を抱きかねない。またいかなる宗教にも狂信的な信者がいて、敬虔さの余り規定以上に断食を重ねる場合もある。しかし日常生活の健全さを最も重視するこの教えは、生業に支障をきたすような過度の敬虔さを、強く戒めているのである。したがって生活のリズムを狂わせ、肉体を衰弱させるような難行は禁じられている。さらにこの教えが他方では、休日の安息を義務づけている点にも留意すべきであろう。例えばイスラームは断食と巡礼の後に、二つの祝祭を設けているが、これらの大祭においては、断食を行なうことは禁じられている。ハレとケといったたとえは余り適切ではないであろうが、禁欲的な行を終えた後とか、休日の折には、ゆくりなく憩い、寛《おお》らかに楽しむことが必要なのである。例えば断食明けのイード・ル・フィトルの祭日には、信者たちは家庭で祝いごとをした後に、友人縁者を訪ねて友愛の心を新たにし、同時にサダカト・ル・フィトルという断食明けの喜捨を行なう。物心共に他者に向かって解放することによって、断食という行の成果を共同で享受する。克己心の涵養《かんよう》は、奢侈、放縦を戒めるが、それによって培われた節倹の心構えもまた、過度にわたってはならないのである。節度ある消費は、中庸の教えイスラームにおいては、賞賛に値する美徳の一つであり、とりわけそれは他者の福利に向けられた場合高い評価が与えられる。

喜　捨

第四の宗教的義務は、ザカートと呼ばれる喜捨である。この語はアラビア語で、清浄にすること、純化することを意味するが、これは具体的に信者にとっては自らの財産の一部を、共同体のために捧げ出す行為である。経済力の豊かな者が、その財の一部を社会のために提供する喜捨の行為は、宗教のいかんを問わず、一般的な慈善行為の形態としてどこにでも見受けられるものである。他者との連帯、とりわけ窮状にある者への慈善、援助への衝動は、人間の心の奥底に宿る本性の一つである。ただしイスラームは、他者にたいする無償の贈与こそ、精神を純化させる最良の手段の一つであるとする観点から、この種の喜捨を徹底して制度化しているのである。これによれば経済的に裕福な信者は、一年間手許に置いた資産の特定パーセント、具体的には二・五パーセントを、公共のために喜捨する義務がある。その使い道は困窮者、貧困者、旅人、新たに信仰を受け入れた者等と定められているが、これは結局イスラーム共同体における、社会福祉制度の一つとしての機能を果たしていることになる。他の喜捨の場合との基本的な相違は、その額についての一定の基準が設けられており、信者はそれに応じて支払いの義務が課されているところにある。このような支払い義務の観点から、ザカートはしばしば宗教税と定義されてきたが、ある若い研究者はこの喜捨の用途の側面から〈ソーシアル・プーリング〉、つまり〈社会的基金〉という解釈を施している。筆者にとっては、後者の方がよりよい定義と思われるが、それはこの義務に関する限り、その実態について監視、監督する人間も機関も具体的には存在しないことによる。宗教税と解釈する場合、先ずそこには徴税者と被課税者との間に厳格な義務的関係が求められることになるが、このケースには督促も、延滞課税も存在しないのである。むしろこの喜捨は、一々の拠出者の自主性、自己責任に基づいて行なわれており、滞納の科は最後の審判のさいに問われるはずであるが、現世においては一切問題とはならないからである。イスラーム共同体における社会的基金の拠出は、もっぱら信者たちの自主的意思に依存しているが、これは定額の課税、徴収という関係を基礎とする義務と責任といった、二項的な税の概念では測りきれない性質のものである。

喜捨とはそもそも見返りを伴わない贈与の行為であるが、その拠出にさいしての非会計的な特徴については、特に注目すべきであろう。歴史的に喜捨というものが、信徒たちによってどのように支払われてきたかという事実は、興味深い問題である。イスラーム登場当初のように、共同体の質が人々の疑いをさしはさむ余地のない程高かった時代には、それは直接為政者に支払われていた。しかし政治的な堕落が顕著になった後代になると、信者は信頼度の低い為政者、ないしは国にたいする支払いを止め、代わりに自らの判断で宗教的に最も信用しうる人物、ないしは機関に、それも見当たらない場合には個人で任意に、目的に相応しい用途のために支払うようになった。このような喜捨の支払い先の変化は、後代における政治的な単位である王朝、ないしは国と、宗教的な意識に支えられた共同体の分離、ないしは二重性の所在を明らかに示してくれるものであろう。国という世俗的な政治世界と、宗教的な共同体とは、同じ領域を分かち合いながら、異なった分節の流儀、システムによって重層的に並存しているのである。ここで指摘しておかねばならないのは、額の多寡はともあれ喜捨の行為そのものは決して絶えることがなく、それは国という政治的単位のためではなく、主として地域の共同体の社会福祉のために貢献してきたという事実である。この点は近代以降の国民国家的な分析方法を、そのままイスラーム世界に適用する態度が陥り易い危険から免れるために、特に重要であろう。長い歴史的伝統の中で、喜捨の成果は小共同体の自主性、自律性を鍛え上げることに貢献してきた。しばしば専横的であったり、財政的貧困に喘ぐ為政者の支配の下にあって、地方の福祉のほとんどが小共同体自身の手に委ねられていた点は、決して看過されてはならないのである。そのさいに主役を演じると共に、固有の共同体的心性を作りあげる上で力があったのは、この社会的な贈与である喜捨の行なのである。

この行をめぐっては、簡単に言及しきれないほど多くの規定があるが、その中でもとりわけ興味深いのは、この拠出に当たって与える側が、与えられる側に、可能な限り個人の名を知らせてはならないという条件である。施しを受けた者が施し手の名前を知った場合、前者は後者に有形無形の負い目を感ずるのは当然のなり行きであり、これはそもそもの喜捨の本旨に反するというのである。このことは喜捨を拠出する行為そのものは、あくまでも精神の浄化、発展のための一つの手段であるが、一度提供されたものは拠出者個人の枠を超えた、社会福祉のための公的な基金であることを端的に示している。拠出の行為は、個人的な売名に繋がってはならないのである。ここにはわれわれのわたしという位相にまで達した個人が、われわれの中のわれわれへと飛躍するための、重要な契機が見出される。真の共同体の創出のためには、外部に開かれた個に付き纏《まと》うわたしが、われわれの中に融合する事態が要請されているのであり、そのさい見返りを求めない贈与には、最後のわたしを消し去る匿名性が必要なのである。

ここでも私的な行が、公的な次元に淀みなく繋がっていく例が窺われるが、困窮、貧困にあえぐ者たちが、この制度によって保護されている実態には計り知れないものがある。そもそもこの制度は、共同体内の弱者を援助し、その立場を改善するためのものであった。そしてすでに述べたように、初期にはこの制度は国家的な単位で実施されていたが、国がこの役割を果たしえなくなった時点で、この行の主体である草の根の信徒たちは、自ら培った心性の発露として、それが支払われる回路を自主的に変更した。国という大型の単位は、本性的に上からの支配を完遂させ、しばしば底辺の実情、活性化を軽視する。しかし全員参加型のこの教えは、先ず構成要素の最小のもの、つまり個人という最低単位の命運を最も重要視する。そのために何よりも不可欠なのは、個人そのものの活性であり、それによって強化される個人の共同体性である。小共同体が国に代わって絶えることなく執り行なってきた社会福祉の営みは、各個人にそれが義務として課されており、また個人の自発性によって維持されているゆえにこそ、いかなる事態にあっても、地域のサステナビリティーの維持に積極的に貢献しているのである。

喜捨とはすでに述べたように、個人からの他者への贈与である。この行為は、イスラームに限らずほとんどすべての宗教、ないしは善意の人によって行なわれる。しかしイスラームの場合、これが形式的には一定レヴェル以上の生活水準にある者の、すべてに課されているところが特徴であろう。全員参加の原則は、ここでも貫かれているのである。ただしこれが形式上の規定であると述べたのは、この行為を監視、監督する人間、機関が存在せず、それを規定通りに行なうか、否かは、まったく個人の裁量に委ねられているからである。個人の善行、悪行に関しては、その一々について記録する担当の天使がおり、最後の審判の日に最終決算がなされることになっており、とりわけ義務的行為の実施の有無はそのさいに厳密に清算されることになっている。このように来世との関連で、善行と悪行との帳尻が合わされることになっているが、これをどこまで実行するかは個人の自由である。贈与経済の泣き所は、近代的な経済学の専門家たちの目には、その経済行為がほとんど数値化されないところにある。そして統計の上に現れない経済行為は、彼らによって無視されるか、非合法的な闇行為とみなされるかのいずれかである。しかしここで強調しておかねばならないのは、イスラームの提示する経済的規定のほとんどが、数値化されない贈与的な行為に関するものであるという点である。もちろんこの教えも、通常の経済的労働、商工業等の重要さを充分に認めている。ただしそれは財の〈過度の〉集中を妨げるためのさまざまな手段を、経済活動のあちこちに配置しているのである。その具体的な細目については後に記すが、喜捨との関連で最も重要な点は、贈与的なものの社会化であろう。

経済的な行為には大別して、交換的なものと、贈与的なものの二つの体系がある。正当な見返りを要求する交換を前提とする経済的行為は、社会生活を営む上での最も重要な動力である。ただしこれと同様に重要なのが、贈与的な行為である。両者は共に不可欠な二つの部分であり、いずれを欠いても健全な生活、社会は存在しえない。問題は互いの間のバランスであり、これが損なわれるとそれが行なわれている社会全体の健全さが失われてしまうのである。そしてバランスの不均衡は、ほとんど常に贈与的なものの退化によってもたらされる。イスラームの経済的規定は、共同体におけるこの均衡の維持のためのものであり、したがってそれは贈与的なものの保持に狙いを定めている。例えば家庭生活においては、会計計算は一家の単位で行なわれ、その単位内のメンバー間では、ほとんどの行為が無償で、贈与的な性質を以て行なわれる。行為の無償性、贈与性は、成員同士が互いに相手を、掛け替えのない存在と認識することに由来しているが、この認識はまた日々繰り返される無償の行為の交換によって補強され、各人のわたしをわれわれのわたしとして一つに束ねるのである。社会的生活を営む人間にとって貴重な水源、オアシスともいえるわれわれのわたしの場と、贈与的なものとは、互いに切っても切り離せない関係にあり、後者はそこで単位内のメンバーを結び合わせる接着剤のような役割を果たす。掛け替えのない相手にたいする、計算の余地を超えたこの贈与の価値を測定しうるのは、もっぱら単位内のメンバーである。しかしこのような第三者の評価しえない有機的な単位性こそ、生活に真の潤いを与え、それぞれの個人に活性を与えるものであることは、ひとが実生活において日々体験しているところであろう。共同体の基礎単位である家族には、例えば乳幼児の養育などを初めとして、贈与的なものが不可欠である。無償の行為の提供はこの単位維持のための基本的前提であり、それは人間にとって本然的なものといいうるものである。

家族、ないしは近親者、もしくはきわめて親しい間柄の友人との間の、つまりわれわれのわたしを分かち合う関係においては、見返りを期待しない贈与的行為は本然的なものである。したがってそれは、改めて喜捨と呼ばれることはない。しかし共同体が、調和のある、有機的な活性を備えたかたちで組織されるためには、基礎的な単位の強い結束力が核となって、隣接する外部に拡散していかなければならない。わたしをわれわれのわたしに転換させたものが、わたしとは無縁な場にまでその力を波及させる必要があるのである。われわれのなかのわれわれの意識は、健全な共同体にとっての最初にして最後の礎石であり、この種の有機的な関係を隣人の規模から小共同体へ、小共同体から国、大共同体へと、水中に投じられた石の波紋のように拡大していくことが、信仰する者の向かうべき方向性なのである。個人から共同体へ向かうヴェクトルは、外部に向かって全開されており終点がない。同宗の者がすべて、同一の方角に向かって礼拝するというキブラの規定は、この開放性の象徴なのである。この一点から周囲に拡散するヴェクトルには、見返りがない訳ではない。それにたいしては神からのニアマ、恩恵というかたちで信者たちには精神的な褒賞が与えられ、それは彼らを鼓舞させずにはいないが、それは現世においてはまさしく無償のものに他ならない。人間はいつの時代にも、とかく価値を有償のものによってしか計ろうとしない。この場合交換価値の多寡が価値判断の基本であり、これは現代社会にその典型が認められるように、すべてを商品化する強い傾向を生み出さずにはいない。イスラームの預言者の時代にも、遠隔貿易の興隆と共にアラビア半島にもこの傾向が強まっている。問題はこの潮流に歯止めが掛けられるか否かにあるのであり、ムハンマドは結果として、これに抗するシステムの構築に貢献することになったのである。

見返りを伴わない贈与の行為が、共同体の基礎単位である家庭生活において不可欠であり、それは人間にとって本然のものであることについてはすでに指摘した。乳幼児の養育は保母、ないしは代理母の手に委ねることも可能であるが、それにも限度があるであろう。人間にはいつでも、最終的には代理が不可能な部分が残されているのである。個人の身分にとって最も基本的な親子関係は、中でも一番代替が不可能なものであろう。したがってそれを重視するイスラームにおいては、養子縁組の制度がなく、結婚した女性が姓を変えることもない。個人は幼児であっても、成人した後も、親子のはっきりした出生の明らかな存在であり、親族関係には微塵も揺るぎがない。親子の掛け替えのない関係は、必然的に家族の親密さへと昇華され、父、母、息子、娘たちの間に贈与的行為を行き渡らせる。

イスラームは血縁、地縁等の物理的な近しい関係に自らを閉ざすことを戒めている。われわれのわたしの位相で留まってしまう程度の連帯感情は、部族、派閥意識の基礎であり、その閉鎖性はすぐに集団的対立という結果をもたらす。イスラームはそもそも、それに先立つ無明時代の部族対立を乗り越えるかたちで登場し、発展してきた。しかしそれは家族の成員、親戚縁者の間に認められる特別な親密さを否定するかたちで、より広い共同体性に身を投じよと命じている訳ではない。事態はむしろ逆で、家族や近親者たちに寄せる無償の行為を、囲い込みの論理でその狭小な範囲の中に閉じ込めるのではなく、一段と外に浸透させよと奨めているのである。血縁関係を持つ者同士の愛情、連帯意識の一番の支えとなっているのは互いが交しあう贈与的な行為である。それは頑《かたく》なわたしの境界を消去して、われわれのわたしとする程強力な分解作用を持っている。そして次に要請されているのは、その分解作用をもって近親者たちとそれ以外の者たちを隔てる境界線を融解させることなのである。無償の、贈与的行為の社会化こそ、イスラームの敬虔さが信徒たちに求めるものに他ならないが、そのさいに家族といった基礎単位における特別な親密さは、廃棄の対象ではなくむしろ外部への拡散の原動力として活用されるのである。信徒たちは皆、兄弟姉妹である。このスローガンは、クルアーンの中でしばしば繰り返されているが、この位相を具体的に実現するために最も有効なのは、すでに述べたような喜捨を強力な手段とする贈与的なものの社会化なのである。

信徒たちは皆、兄弟姉妹であるとは、口にするのは易しいが、実践することは困難な事柄である。同じ兄弟姉妹とはいえ、共同体の規模の大小の相違によって、親密さの度合いには自ずと強弱が生ずる。しかし差異性を重んじるイスラームが強調しているのは、底辺からの充実である。したがって家族のありようの次に重視されるのは、隣人との関係である。隣近所に食を口にしえぬ者がいたら、自分だけで食卓に急いではならないという趣旨の、預言者の伝承についてはすでに引用した。隣人同士の相互扶助の奨めについての言及は、基本的な典拠に実にしばしば見出されるが、とりわけ重要なのは特に成文化されてはいないが、信徒たちに課されている社会的な義務である。宗教的義務としては、ファルド・アインといわれる個人的な義務と、ファルド・キファーヤと呼ばれる社会的な義務がある点については、すでに指摘した。五行はすべて原則的に、他人が代替しえない個人的な行であるが、それ以外にも複数の信者が守らなければならない義務として、男性信徒が四〇人集まった場合、新たに皆で礼拝所を創設する義務がある点についてはすでに述べた。この他小共同体のレヴェルで、紛争解決のための裁判官を任命しなければならない等、さまざまな義務があるが、これらは個々の地域の人々の連帯、相互扶助の組織化に大きく貢献しているのである。そしてそれらの義務と手を携えて草の根の共同体性を強化しているのが、喜捨の行である。すでに述べたように時代が下るとそれは、もっぱら信者たちによって身近な小共同体の弱者の援助、救済に当てられるようになった。これは王朝や国の上からの支配が貫徹し難い自主的、自律的な地域性を作り上げる基本的な要因となっているのである。

現代社会の社会関係を説明するさいに、近代から現代にかけてそれはゲマインシャフトから、ゲゼルシャフトに移行したという説明がなされる。これは西欧社会の経済システムの変化とも密接な関係があるであろう。家内工業に基づく生産段階から技術、機械の進歩による大工場化によって、生産形態、経済システム、社会環境は共に大幅に変化した。前資本主義の段階から資本主義のそれへの移行によって、生活形態そのものは大幅に変化し、それまで血縁、地縁に始まり風俗、習慣に至るまですべてを含み込んだ旧来の社会関係は、分業により一段と特化された職業別集団の要求と機能的に対処しうる、合理的な社会関係へと進化したとされる。この間生産と消費の拠点であった家族の役割は分解され、核家族化が進んでそれは単に消費の場となってしまった。これによって家庭は、社会関係の分析において主たる関心の対象であることを止め、焦点は家庭から外に出て生計を立てる生活費の購い手の社会的状況に当てられる。家庭外の有給の労働者の立場が優先的になり、家庭にあって家事労働に努める主婦の労働は、シャドー・ワークとして評価の対象とはならない。旧来の地域性を越えたゲゼルシャフトの社会関係は、確かに具体的に生じた生活形態の変化に相応しいものとして、説明原理としては有効性をもっている。しかしそれは旧来の共同体が持っていた多様で、複雑な人間関係の綜合という側面を切り捨てて、生活の、重要ではあるが局所的な側面だけに焦点を当てて説明し切っているところに、問題が残されているといえるであろう。資本主義の展開が順調で、それが稼ぎ出す財があらゆる矛盾と対処しうる間は、この問題は表面化されることがなかった。しかし勝ち組と負け組の格差が広がるといった、ゲゼルシャフトの約束した合理的な社会関係に綻びが生じると、すぐに前面に姿を現すのはこの分析法の欠陥である。それがおたまじゃくしの尻尾のように無視し、いずれは切り離そうと試みてきたもの、つまり無償の行為の領分が、いまや反乱を起こさんばかりの勢いであることは、周囲の状況に明らかであろう。離婚率の上昇、家庭崩壊、地域の連帯感の欠如。共同体はいま底辺から崩れかかっている感が強いが、その基本的な原因は無償のものの価値に盲《めし》い、贈与の行為を無視するといった功利的な利己主義の蔓延に他ならない。他者との繋ぎ手を欠いた個人は、困難に直面したさいにいきなり国家や、公的機関に駆け込むが、具体的に手を差し伸べるのはやはり生身の人間なのである。贈与的なものの無視、軽視は、ゲゼルシャフト的社会に著しいが、イスラームの喜捨は正確にこのような問題と根本的に対処するための、最も有効な処方箋といいうるものであろう。そして実際にそれは先ず、力強く、有機的な地域社会の形成、維持に必要なゲマインなものの保持に、大きく貢献しているのである。

イスラームが意図するわれわれの中のわれわれは、登場当初は一大帝国にまで及ぶ射程を持っていた。これについては後にウンマの章において述べるので、ここでは現在にまで維持されている範囲に限って言及するに留めておく。イスラームは、具体的にいかなる政体が理想的なものであるかについては、一切言及していない。それは規模のいかんを問わず、共同体の有機的な活性が維持されることのみを重視しているのであって、それがいかなる体制の下に置かれるべきかについては、沈黙を守ったままである。究極的にそれは、スピノザが主張しているような民主制を最も理想的なものとしているはずであるが、いまはこの点は保留しておくことにする。要はイスラームの諸行が信者たちに、現世において可能な限り優れた共同体を実現するための努力を要請し、その結果は最小限地域社会の自律性の維持に貢献してきているという点にある。徐々に国民国家的な行政手法が浸透し、資本主義的な経済活動が占める比重が大きくなっている現状においても、それらが伝統的に守り続けてきた独自の共同体性は、インフォーマルなものとして、時としてはフォーマルなものよりも確かなかたちで存続しているのである。

五行のうち最後にくるものは、ハッジと呼ばれる巡礼の行である。これは神に捧げられる信者たちの宗教的エネルギーの仮の焦点である、メッカのカアバ神殿を訪れる巡礼の行である。信者には可能な限り、一生のうち一度はこの地に巡礼を行なうことが義務づけられている。その目的は、生の途中にあって日々更新しつつある神との契約を、さらに一段と神に近い場で再確認することにある。在家性が強調される他の諸行とは異なり、巡礼は日常的な生活をかなぐり捨てて遠い目的地に旅する行であり、すべてのものを犠牲にして神に帰依する精神の身体的な表現である。しかしメッカへの巡礼は、とりわけ遠隔の地に住む信者にとっては、大きな肉体的、経済的負担が伴うものであり、したがってこの行を行なうためにはいくつかの条件がある。先ずは心身共に壮健で、負債がなく、往復の旅費と留守の間の家族の生活費を支払うに十分な資力を備えていなければならない。これ以外にも道中に大きな危険がある場合、また女性が信頼するに足る同伴者を見出しえない場合等には、この義務は免除される。このような必要条件を考慮に入れると、富裕な父親とか親族に付き従って行なう場合を除いて、参加者の大半は成人した後に相応な資力を蓄えた年配の者であり、かなりの人生経験も積んで、来し方行く末を再検討するに相応しい人々である。巡礼を志す者は身辺の整理を行ない、長い道中の苦難を想定してまかり間違えば再び故郷の土を踏まない覚悟で、神の許に旅立つ。鉄道、汽船、飛行機といった簡便な交通機関がなかった時代に、例えば西はアンダルシア、東はインドネシアからメッカを訪れることが、いかに困難を極めたかは想像に難くないが、神の呼びかけに応え、神の近くに赴くことを辞さず、道中で生命を失った者も数知れない。

長い旅路の末メッカ周辺の巡礼の行の起点に辿り着くと、所定の行事を行なうために参加者たちは、二枚の白布だけを身に纏《まと》うことが許される。この裸の肉体を覆い隠すだけの簡素な服装は、死装束と同じものであるが、これは生に付きまとう諸々の夾雑物《きょうざつぶつ》から自由になり、それだけ直接に神と対面する準備を整えるためのものである。同時に参加者は、全員が同じ衣装を身に纏《まと》うことによって、それぞれのわたしを他者の中に消し去り、それぞれの血筋、貴賤、貧富といった相違を無化するのである。クルアーンは繰り返しこの世の生の移ろい易さを強調し、来世における地位を確実にするためにはこの世において信者たちが、〈真直ぐな道〉と呼ばれる規律正しい生活を送ることを慫慂している。イスラームも他の多くの宗教同様に、この世を移ろい易いものと規定している。しかしこのような考えは、ひとに現世にたいする諦念、現実からの逃避、隠棲を勧めるようなものではない。敬虔な信者にとって、現世とは来世における地位を贖うための試練の場に他ならず、神に近づくためにはそれに相応しい行動を実践しなければならないのである。他の宗教の場合、世界の儚《はかな》さを克服するためには精神的な悟り、悟達の境地に辿り着くことが求められる。そのためには人里離れた場所に蟄居《ちっきょ》し、瞑想を重ねて高みに昇りつめるといった道筋を辿る例が多い。一点での集中という不動、静の凝縮の結果が、最高の境地に至るよすがである。しかしイスラームの場合、儚《はかな》い現世を克服するためには、絶えざる運動が要請される。アブラハムによって建てられたとされる神の家、メッカのカアバ神殿への巡礼は、現世における神に向かう旅のハイライトである。この長い、困難な旅路は、信者たちにとって、身に付きまとう世俗の塵あくたから脱し、現実の生活を一段と高い視点から見はるかし、神の近くに身を置いて高みから自分自身の過去、現在、未来について深く想いを馳せ、自らの生を相対化することを可能にする重要な行である。世俗的な価値観に捕われず、真直ぐな道を歩むためには、一度び現実の生活から身を引き離し、世界における自分の位置を改めて確認し、それを以て規律ある生活を遂行するための精神的な支えとする必要がある。この行は各人が、それまでの生を客観的に捉え直し、残された生をさらに正しく過ごすための一つの重要な画期となるのである。

これまで先行する四つの行について説明しながら、それぞれが個人の精神的向上、浄化のためであると同時に、共同体性の涵養《かんよう》と密接に関わっている点について指摘してきた。そしてこれまで作り上げられてきた共同体性の輪が、最大限に拡げられるのが巡礼の行なのである。この行にはサファーとマルワという地点の間を小走りで歩くサアイ、ミナーにおける悪魔の石標にたいする石投げ等、故事にちなんださまざまな行事があるが、最も重要なものはカアバ神殿の周囲を七回まわるタワーフである。この行の解説のためにテレビなどでもよく紹介される光景であるが、これに参加しているのは人種、民族、国籍の違いを越えて世界の津々浦々から集ってきた信者たちである。神と対面するために長い旅程を終え、ようやくの思いで神の家居に辿りついた彼らは、当然高い精神的な緊張状態にある。しかし初めてここを訪れた彼らは、先ず戸惑いを隠すことができない。神の家の中央に位置する大きな正方形であるカアバ神殿は、これといって際立った飾りもなく、空虚そのもので、そこには神の姿を思わせるものは何一つ認められない。神を求めての旅路の果てに彼らが見出すのは、ただ虚ろな建造物に過ぎないのである。その一角には小さな黒石が埋め込まれているが、それも物理的には単なる一つの黒い石の塊である。しかしそのような失望感をもたらす醒めきった視線を遮るのは、その周囲を回る巨大な群衆のとめどない流れである。白装束を纏《まと》った彼らはその激しい動きの中で完全に匿名であり、彼らの渦巻状の動きは大雨の後の激流のように、小さな一滴の雫のような個人のアイデンティティーを、回転運動の中に一挙に飲み込んでしまう。そしてこの抗い難い流れの中にあって、ひとは自分に求められているのが神と共にあることではなく、神へと向かう絶えざる動きであることを悟るのである。神は、人間が認識しうるかたちでは存在しない。それはあらゆる方角、ひいては時間、空間を超越した存在なのである。しかしそれはすべての存在者に創造者としての徴を残している。あらゆる存在者、すべての人間は、存在を分有し合う者たちとしてその徴を共有している。とりわけタウヒードの世界観を共有し合う人々の間では、これを共有し合うことの重要性が強く認識され、その結果として互いの友愛、協調、協力が具体的に実現されるよう努力しなければならない。シャリーアティーがその優れた「巡礼論」で述べているように、「神を求める旅は、具体的には民衆を求める旅」なのであり、巡礼の場において、信者たちそれぞれのわたしは、それを包み尽くす大きなわれわれの中に融合されるのである。イスラームの巡礼によって、神に向かう旅は、わたしとわれわれの融合という、一即多、多即一の境地を具体的に体現し、体感させる結果をもたらすのである。

巡礼という行は、上述したような徹底的な動性によって、他の宗教の修行と決定的に異なっているといえるであろう。内的、精神的傾向の強い宗教の場合、信者たちにとっての最も重要な修行としては、尊崇の対象である絶対者に近づき、それと共にあることによって、その高い精神性に薫習され、自己の質的向上が図られるといったかたちを採ることが多い。しかしイスラームの場合には、神に向かうための修行には、終わり、最終の目的地はない。神の家居とされるカアバ神殿への訪問は、これを認知させるための旅でもあるのである。カアバ神殿における神の不在は、信者たちに巡礼の旅が終点に至る旅ではなく、新たな旅、民衆を求める旅の門出であることを強く論《さと》すことになる。メッカに赴く道中では、人々はわたしの家族、わたしの親戚縁者、わたしの部族、わたしの村、わたしの国という意識に固執し、囚われてきた。しかし巡礼の経験は、このわたしの枠組みを取り払い、それをわれわれへと代替させるのである。しかしこの位相の転換は、私的な次元における静止、精神的な集中、瞑想といった態度を以てしては決して実現されない。それは絶えざる神への旅、そのよすがとなる民衆への旅という動的な実践を必要としているのである。静止は本性的に静寂主義を助長し、われわれからわたしへの意識の逆行を内包している。この逆行に抗うためにイスラームは、さまざまな行を介してこのような転換を促進、奨励しているが、ある学者たちはジハード、聖なる努力の重要性を特に強調し、それを五行に次ぐ六番目の行に指定しているほどなのである。

厳しい巡礼の行を終えた信者たちは、故郷に帰ってからは巡礼経験者を意味するハッジ・何某という敬称で呼ばれ、地域の人々からひときわ敬意を以て迎えられる。利己心をかなぐり捨て、一段と広い公共性の意識を培ってきたはずのハッジには、それに相応しい言動が期待され、事実当人たちも余生を共同体の福祉、安寧のために尽力することに専念するのである。現在では世界中の津々浦々から巡礼のためにメッカを訪れる信者の数は、毎年二百万に昇るといわれている。彼らの多くは、故郷に戻った後再び神の道に勤しむ平和部隊の中核のような存在となるが、この種の人材の再生産が千数百年続けられることによって、イスラームの発展が現在に至るまで力強く維持されているのである。この教えの巨大で、持続的なエネルギーの出所はこのようなところにあるが、われわれはこの点について正しい認識を持つ必要があるであろう。この教えの社会的な力が問題とされるさいに、とかく口の端に乗るのは宗教学者たちの動向である。本来聖職者というものが存在しないイスラームにおいては、彼らはたんなる宗教学の専門家に過ぎないが、外部の観察者の多くは、この教えを支配し、牛耳っているのがあたかも専門的な学者である彼らであるかのように、これらの人々を聖職者扱いしている。確かに歴史の過程では、彼らの権威が増大し、聖職者もどきの存在と化した時代もあった。例えばシャリーアティーは、イスラームの退嬰《たいえい》をもたらしたのは、宗教学者たちの聖職者化にあるといみじくも指摘している。ある種の公的な判断が必要な際に、専門家であるこれらの学者が前面に立たされることは、イスラーム世界によくあることである。しかし彼らはオピニオン・リーダーたちなのであり、その力は伝統的な宗教学、国学の専門家として、一介の個人よりは組織化され、大きな力を備えてはいるものの、教義的にも実際にも、とりわけ強制的な権威を持っている訳ではない。どのような社会においても知識人たちは、一般の人々より余計に敬意を払われる傾向があるが、彼らの権威、力もまさにその程度のものにしか過ぎない。イスラームは、聖職者と誤って呼ばれている宗教学者たちのものではなく、定めの五つの宗教的義務を実践しながら信仰を深めていく、草の根の信者たちのものである。宗教学者たちは、彼らの社会的言動のある一部分を管理しているだけであり、その力の基礎はなんといってもタウヒードの世界観を共有し、さまざまな行を介して共同体性に目覚めていく民衆に他ならない。例えば彼らを巡礼に誘うのは、決して聖職者と呼ばれる人々ではなく、彼らを遥かに超越した存在であることからも、この辺りの事情は明らかであろう。信者たちの直接参加の実態、それが作り出すものが、いかなる仲介者をも必要とせず、またそのような存在によって干渉されないことは、五行の分析から明白である。

巡礼の行は、世界中のわたしをその居所から誘い出し、神の家居に集わせることによってわれわれの意識の中に融合させるが、それは物理的にも、精神的にも、社会の動的性格を強化する。例えば千年以上も昔の、スペインのコルドバ、あるいは中央アジアのタシュケントからの、信者たちのメッカへの巡礼の旅を思い描いてみよう。旅程は長く、困難で、しばしば往復に数年を要することもあった。そのような長旅のために、巡礼者たちは何を準備しなければならなかったであろうか。路銀を一まとめにして身に纏《まと》う場合、道中故郷から遠く離れた地点で強盗にあったり、紛失したりしたさいには、どのような措置が可能なのか。そもそも旅程には、どのような困難が存在し、いかなる利便が期待されるのか。交通手段が発達した現在では、タッワーフと呼ばれる巡礼専門の旅行業者がいて、北アフリカ、中央アフリカ等地域別に積極的に案内業を行なっている。またサウディアラビアに近いエジプト、シリア等の国々では、早くから巡礼の旅の組織化が行なわれていた。しかし広大なイスラーム世界全体からすれば、遠隔、辺境の地においてこのようなことは期待しえなかったであろう。しかしイスラームの最後にして、最大の行である巡礼は、人々を組織的に旅路に誘い出さずにはいなかった。そもそもイスラームが啓示されたアラビア半島において、当時のアラブは遊牧を生業として草場を求める移動に明け暮れ、遠隔貿易が隆盛になった後には隊商による商品の輸送に専念した。移動、漂泊はアラブにとって本性的な生活のスタイルであるが、この動性はイスラームが定住民の間に広まった後にも、継承、維持されることになった。ひとの動きを基盤とする巡礼のシステムは、同時にもの、情報の動きをも促進し、都市部にも商業をはじめとするさまざまな分野において、流動性をもたらしているのである。

この際重要なのは物理的な流動性ばかりでなく、精神的な流動性である。すでに述べたように巡礼の行は、わたしの枠組みを取り外し、われわれの意識を強化するものであった。これは遊牧民の特性である無境界性を、都市部の人々にまでもたらす大きな要因となっているのである。わたしの故郷、わたしの国というものの人称代名詞が外されて複数形に交換された場合、ひとは広いイスラーム世界をわれわれの故郷、われわれの世界と認識することになる。この意識は、現実の国々を隔てる境界線を拭い去り、異なった地域にまたがるひとの往来をより簡便にする結果となるのである。脱境界性は、社会の動性を維持するための基本的な要因であるが、この世界は現代の国民国家のシステムが導入されるまで、行政単位として区別されることはあっても、底辺ではひと、もの、情報の交流が確立された地域であった。ひと、もの、情報の盛んな交流は、労せずにして文化的興隆をもたらす。その何よりの証拠が、初期イスラーム世界のケースであろう。イスラームが登場したのは、世界の片田舎であるアラビア半島のメッカである。この地域は、当時の両大国ビザンツ、ペルシャが一顧だにしない辺境の地であった。美しいアラビア語の詩ぐらいしか、誇るべきものを持たなかった新興のアラブを主体とするイスラーム勢力は、その後わずか数世紀の間に世界に冠たる帝国、文明を築き上げているが、この成功の基本的要因は当時の社会の流動性にあるであろう。ウマイヤ朝の時代には、首都シリアのダマスカスで盛んになった流行歌が、一年も経たないうちにスペインのコルドバで大流行したという記録もある。進んだ通信機器もない時代にしては驚嘆すべき速さであるが、この事実はイスラーム世界に漲《みなぎ》る脱境界性、流動性の力強い証拠といえるであろう。その後イスラーム世界は行政的には分断され、さまざまな王朝によって分割支配されることになるが、それらの王朝にとっての基本的な法が同じイスラーム法である場合、この分割が描き出す境界線は、国民国家の場合よりも遥かに細く、薄く、時としては点線状のものとなるのである。なぜならば異なった王朝に属する信者たちも、巡礼の際には為政者の顔色を窺うことなく、堂々とメッカに向かって越境する権利を持っているのだから。敬虔なムスリムはしばしば口にする。「われわれの国籍はイスラームだ」。移ろい易い国という行政単位に絡め取られるのではなく、その外へと越境させ、イスラーム世界をオープン・ソサエティーとしてきたのは、巡礼の行のこのような物的、精神的側面なのである。統制的な権力は、周囲に色濃い境界線を張り巡らし、〈囲い込み空間〉の論理をもって、内にある構成要素を支配する。しかしこのような論理と対抗するのは、ドゥルーズのいう〈滑らかな空間〉の論理である。そこには遊牧民にとっての草場のように、そもそも境界線というものがなく、あったとしてもそれは点線状のもので、人々はつながっていない空間を易々と通り抜けていくことになる。

ムスリムにとって基本的な行は、以上の五つに纏《まと》められるとするのが一般的な通説であるが、すでに述べたように、これにジハードという六番目の行を付け加える学者たちもいる。これはよく聖戦と訳されて人口に膾炙《かいしゃ》しているものであるが、ジハードとは元来アラビア語で〈精神的、肉体的を問わず全力を尽くして努力すること〉を意味する語であった。そしてこの語はイスラーム的な文脈では、〈神の道のために努力すること〉という宗教的価値を含んでいる。この場合もクルアーンの中で最も早くこの語が現れる用例を見てみると、精神的、肉体的な努力の両方を指すものであり、したがって〈聖なる努力〉とでも訳されるべきものである。それゆえ異教徒との戦いを意味する聖戦は、この聖なる努力の一部にしか過ぎない点が留意されるべきであろう。ところであらゆる営み、試みにとって、目的を成就、達成するためには真摯な努力が必要であり、このような努力はすべての事柄と関連するものであり、結局それは各人にとってシャリーアの命ずるところに従い、定めの義務の遂行のために鋭意努力することと要約されるであろう。聖なる努力とは、敬虔さの具体的な表現に他ならず、それは敬虔さのあるべきかたちと密接に関わるものであり、最終的にはシャリーアの意図するものの実現のための、基本的な動力とみなしうるであろう。もろもろの義務的行為の遂行、善行にいそしみ、悪行を戒める克己心の涵養《かんよう》等、日常の細かな配慮から、イスラーム世界防衛のための戦争への参加に至るまで、神の道のための努力が対象とする範囲は広いが、これはとりわけ行の一つに加えるべき性質のものではないかもしれない。ただし異教徒との戦い、聖戦の問題となると、外部世界との関連という歴史的な状況の変化と関わっており、したがってその質自体に歴史的な変遷があり、これについては若干の具体的説明が必要である。ただしこの点については、後に論ずることにする。

社会関係法と私的関係法

以上でシャリーアの規定しているイバーダートの部分、つまり五行を中心とする宗教的義務の大枠について概略を説明した。信徒たちにたいして定められた個人的義務、社会的義務の検討は、イスラームの教えがいかなる敬虔さを要請するものであるかを明確にすると同時に、そのような信仰のかたちがどのような共同体の出現を期待しているか、その結果伝統的にどのような文化、社会的産物を生み出してきたか等の諸点を検討するための、基本的な手掛かりを提供するものであろう。そしてそれにより明らかにされるのは、神に向けられる信者の信仰心が、たんに絶対者との個人的な交流、交感の試みに終始するのではなく、同じ神の被造物として存在を分有し合う他者と共に、世界の創造という神の営みの結果を互いに肯定し、祝福し合う行為に繋がらなければならないという事実である。そのためには個に始まる信仰のヴェクトルが、万物の創造者である神を契機として世界に遍《あまね》く及ぶこと、その証として社会的にはあらゆる規模において差別、排除のない調和ある共同体を実現させるよう互いに努力することが、要請されているのである。信仰告白は、そのようなイスラームの基本構造の容認、受け入れの表明であり、礼拝はそれによって交わされた神との契約の絶えざる確認であると同時に、同宗の徒との交流の機会でもある。また断食は肉体的な欲望を絶ちながら、世俗的な次元の外での他者との連帯の意識を涵養《かんよう》する行であり、喜捨は贈与という無償の行為の実践によって、共同体の有機的なつながりの強化、拡大を意図するものである。そして最後の巡礼によって信徒は、信仰のエネルギーの焦点であるカアバ神殿を訪れて、自らの精神的浄化を図る一方、世界中の信者たちと相交わりながら自分の宗教的な営みの共同性、普遍性を確認するのである。信者たち個々人に課され、絶対に怠ることを許されないこれら五つの行が意図するところは、神に向けられた個人の信が現実へと逆照射され、水中に投じられた石の波紋のように、個的な範囲に始まって世界の全体に及んでいくところにある。

イスラームが定めている宗教的な義務は、上述したように個人の信仰を強化するかたわら信者の現世に存在する意味、そこでなすべき事柄の枠組みについて明確に規定している。ここで看過されてはならないのは、イスラーム世界においては登場以来千数百年にわたって、これらの義務がすべての信者たちに厳格に実践されている訳ではないが、一般的には概ね守られ続けているという事実である。そして外部の観察者は、イスラーム世界においてこれらが遵守されていることが、何を意味するかという点について深い洞察力を持ち、それをこの地域の理解に役立たせる必要があるであろう。疑いもなく十数億もの信者の中には、個々の行の真の意義について、正しく理解していない者も多数存在するはずである。しかし信仰というものは、深く個人の中に根を張っており、同時にそれは幾世代も受け継がれ、長い歴史を経ることによって文化、社会的な伝統に染み渡っており、他人が簡単に否定したり、無視することができないものである。とりわけ宗教と文化、社会的な問題が切り離し難く関連し合っているイスラームの場合、それを完全に否定的に評価することはきわめて難しい。この教えの場合、宗教を否認することは端的に文化、社会的な伝統をもひっくるめて否定することに繫がりかねないが、宗教と伝統を二つながら否定することは、誰にとっても容易な業ではない。

社会関係法（ムアーマラート）

どのような宗教も、多かれ少なかれ実践されるべき義務的行為の体系を持っている。その意味ではイバーダートが定めている義務的な行は、もちろん他の宗教の場合に比して、一段と共同体的な傾向が強いという顕著な特徴を備えているものの、それほど例外的とはいえないであろう。しかしシャリーアを構成するムアーマラートといういま一つの部分こそは、真にイスラーム的なものとみなしうるものである。敬虔さというものが、個人の精神的な問題に留まらず、調和ある共同体の維持、運営の努力にまで関わっているイスラームにおいては、その共同体がいかなる原理、原則によって運営されるべきかの具体的指針を備えている必要があった。したがって他のほとんどの宗教が関心を示していない世俗的な事柄、つまり実定法的な問題についても細かな規定を設けているのである。カエサルのものはカエサルにといった具合に、教会と関わることを精神的な問題に限定するキリスト教、戒律というものを僧侶たちの範囲に限る仏教の場合のように、多くの宗教は一般の平信徒の日常的行動を律するための、それ自身の法体系は備えていない。

しかしイスラームのシャリーアは、その点できわめて特殊なのである。信徒たちがすべて等位に置かれる教えにおいて、彼ら全員が守るべき規律を持つことは、当然といえば当然であり、したがってイスラームの法は、彼らの日常的言動を律する実定法的な規定を備えている。ムアーマラートとは、社会関係、社会生活を意味するムアーマラという語の複数形であるが、商売を含めた対人関係、つまり他者と関わる諸行為についての規定、要するに〈社会関係法〉とでも訳しうるようなものである。人間の社会的なアスペクトをとりわけ重視する在家的な教えのイスラームが、すべての信者の日常生活と関わる実定法的な法を備え持つのは至極当然であるが、すべての宗教がキリスト教のように、もっぱら精神的な事柄に関わるもので、具体的な現実生活とは無縁であると思い込んでいる者にとっては、このことは構造的に理解し難いことであろう。近代西欧の人々にとっては、政教分離こそが合理的な政治を目指しための第一の前提であるが、この前提がイスラーム世界の場合に基本的に妥当しないことは、徐々に読者にも明らかになりつつあるとはいえないであろうか。

イスラームは登場当初から、神の前ですべての人間は平等であり、あらゆる人間の生命、財産、名誉は尊重されると明言している。〈神の前で〉という一句を括弧に入れるならば、近代西欧で主張された民主主義的な概念と寸分も異なるところはない。神を排除した近現代は、その代わりに人間の理性を拠りどころにしたが、現在ではそろそろその功罪の比較が求められている状況にある、とはいいえないであろうか。少なくともイスラーム、ないしイスラーム世界の理解のためには、その〈神〉が現実世界の民主化のために、どのような障害をもたらしているかについて検証してみる必要があるであろう。イスラームの神は、理性を否定してはいないし、科学を蔑《ないがし》ろにしている訳でもない。最初に下った啓示は、高らかに理性の行使を勧め、中世イスラーム世界における科学の進歩は、世界史に冠たるものである。それればかりでなくイスラームは、人間理性の絶対的な肯定とは別な道筋で、万象、万人の平等を肯定する世界観を提示し、それを具体化するための人間の資質の涵養《かんよう》のために、信者たちにさまざまな義務を課している。このこと自体は、文化的環境を異にする者にとって、いささかも摩擦、衝突の原因となるものではないであろう。このような開かれた姿勢は、ムアーマラートを理解するに当たっても重要であろう。巷間では、イスラーム世界における生活は、イスラーム法によって律せられているため、公私にわたって宗教色の濃い、抹香臭いものであるといった印象が共有されている。しかし実のところイスラームの神は、信徒たちの日常生活にたいしては、ほとんど何らの抹香臭さも要求してはいないのである。

社会生活に関連する行動を規定するムアーマラートは、イスラーム世界の歴史的な状況の推移と深く関わっているため、当然のことながらその規模、内容、質の点で大きく変化している。その間の事情を整理するためには、シャリーアという語のそもそもの意味について、再び想起しておく必要があるであろう。それは人々に水場への道を指し示すものであった。そしてその一部である社会関係の法であるムアーマラートは、当然人間の行動のすべてに及ぶものでなければならない。それはいわゆる実定法的な法ばかりではなく、政治、経済、社会、道徳等生活のすべてのアスペクトを網羅するべきはずのものなのである。そして初期イスラームの共同体においては、細かな法制化は進んでいなかったにせよ、原則的にすべての問題がイスラームの基準によって処理されていた。しかしその後の世俗化の進行、外国勢力による植民地化の影響の後、シャリーアの中で法というかたちで残されたのは、主としてアフワール・シャフスィーヤと呼ばれる、個人的状況に関する法、つまり私的関係法、ないしは身分法だけという状況となった。

すでに指摘したように、現代においてはイスラーム世界と呼ばれる地域においても、多くの国が国民国家のシステムを取り入れ、公法を西欧的なものに切り替えている。したがって現時点との関連で、純粋に法的な観点からすれば、ムアーマラートとはこの分野の問題に限られる。ただし国民国家の法、それに基づく活動のスタイルが、制度として受け入れられているにせよ、それほど民衆の間に根を張り、定着していない状況では、それ以外の要素、端的には伝統的な要素が直接、間接に機能、作用し続けている傾向が強いのである。そのとりわけ顕著な例は、経済活動の分野であろう。この世界でも徐々に資本主義的活動形態が強まりつつあることは、否定の余地はない。しかし概ね豊かではない政府の公的な経済力の裏側にあって、実際に貧しい民衆の生活を陰ながら支えているのは、イスラームの経済的な諸規定によって形成されてきた、伝統的な経済的慣行なのである。また政治的な側面に関しても、民衆が伝統的に体得している統治意識、為政者、権力者にたいして抱くイメージは、いわゆる国民国家的なものに由来するものとは質的に異なっている。伝統的な経済性、政治性は、明確な表現のかたちを取ってはいないにせよ、依然として民衆の生活の中に隠されたまま堆積されているのである。現時点においてシャリーアのうちのムアーマラートが問題とされると、形式的には私的関係法しか取り上げられない。ただしこれのみを以てしては、あくまでも現時点の表層的な事実しか問題とされず、その一枚下にあるところのもの、表面下における動きは捉えられない点が留意されねばならないであろう。例えば表面下に隠れていたイスラーム経済的なものが、無利子銀行の推進の動きにつながったり、さまざまな地域で思いもよらぬ政治のイスラーム化が推進されるのは、この隠れたもののマグマが未だに完全に運動を止めたのではなく、活動の機会を待ち望んでいることを示すものなのである。

私的関係法（アフワール・シャフスィーヤ）

シャリーアが要請する政治的、経済的なものについては後に論ずることとして、ここでは近現代の反宗教の激しい流れに逆らって、登場以来現時点に至るまで着実に自己主張を続けてきたもの、つまりアフワール・シャフスィーヤと呼ばれる私的関係法の内容について検討してみることにしよう。現代において国民国家化されたイスラーム世界の国々は、周囲を取り巻く歴史的、文化的状況の然らしめるところにより、種々の法の体系化に当たって西欧法の濃厚な影響を受けている。近現代史の政治的、文化的推移を検討してみれば、これもある意味では当然の成り行きであった。欧米の文化、文明が進歩、繁栄の一里塚であり、その保証が確かなものと思われる限り、非西欧世界の多くの地域は大幅に西欧化を受け入れてきた。ただしイスラーム世界は、公法以外の部分に関して、とりわけ個人の日常生活と深く関わる私的関係法の領域においては、伝統的なイスラーム法の趣旨をほとんどそのまま踏襲しているのである。この地域の人々の間では、ムスリムであるか否かにかかわらず、私生活のスタイルと伝統の重みとの関わりはきわめて重要なものと認識され、いかに激しい情勢の変化があっても、簡単にそれまでの生活の様式を変えない精神性が共有されている。このような固有の生活形態への固執の原因の一つとしては、この地域における伝統的な異質なものの尊重の気風が挙げられるであろう。

イスラームは、異教徒にたいし〈コーラン（クルアーン）か剣か〉といった、キリスト教世界で喧伝されているような強圧的な態度ではなく、登場当初よりズィンミー（庇護民）制度という仕組みによって、異教徒たちを受け入れる枠組みを備えていた。彼ら異教徒の民は、イスラームの統治に反旗を翻さない限り、特殊な税制措置の下で宗教生活の自由を保障されていたのである。その結果イスラーム世界に生きるユダヤ教徒も、キリスト教徒も、それぞれの宗派に従って自分たちの社会生活に関する規定をもち、それに則って日常生活を送る権利を持っていたのである。それぞれの宗派は、呼称は異なれそれぞれのアフワール・シャフスィーヤを持ち、それに基づいて固有な日常生活を享受してきているのである。ところで国民国家においては、ある特定の国に属する限り、すべての異質の民が同一の法に従わなければならない。それから外れるものはすべて除外されるが、ここにも同一律による強制の典型的な事例が認められるであろう。同一律はその名によって、実にしばしば異質なものを差別、排除するのである。イスラーム世界は、歴史的に異端の烙印を捺されたさまざまな宗教的宗派を、域内に受け入れてきた。そして彼らに信仰の面ばかりでなく、独自の日常生活を認めてきた。その結果数多くの宗派を受け入れているレバノンやシリアといった国々には、現在でも十指を越える、宗派の数だけのアフワール・シャフスィーヤを持っているのである。異質なものの容認、受け入れは、同時に自分たち自身のアイデンティティーの強化、自らの精神的、文化的伝統についての自覚を促進させる要因といいうるであろう。イスラーム世界の民衆は、たとえ新たな思想、信条を受け入れたにしても、日常生活の次元においては、このようにイスラーム的伝統を守り続けていることになるのであり、このような観点からしても、政教分離などという芸当は容易ではないのである。

アフワール・シャフスィーヤが完全にイスラーム的なものであり、同時にこれがムスリムのためのものであって、域内の異教徒たちもそれぞれの宗派別に、固有の私的関係法を備えているという事実を先ず指摘した後に、その内容の検討に移ることとしよう。アフワール・シャフスィーヤが取り扱っている内容は、項目別に見ると婚姻、離婚、寡居期間、扶養の義務、保護監護、親子関係、捨て子、行方不明、相続、禁治産と親権の解除、遺言と遺贈、贈与等の問題である。イスラーム世界の国民国家化された国々は、それぞれ独自の立場からこれらの主題に関して法制化を行なっているが、総体的にその内容はおおむね類似したものであるといえよう。それぞれの国においては、独自の改革の試みがなされているが、その典型的な例としては、チュニジアの一夫多妻制の完全禁止が挙げられるであろう。その他女性の離婚権の拡大等、イスラーム世界に認められる人権問題の観点からみた弱点の矯正については、現在においても盛んな論議が交わされている状況であるが、その大枠に関しては大きな変化はない。私的関係法が規定している細則については、ここで逐一言及するまでもないであろう。現代イスラーム諸国のこの法例に関しては、幸いにしてすでにチュニジアのケースを初め優れた翻訳もあるので、具体的にはそれに当たって頂くにしくはない。ここでは千数百年にわたって基本的な骨格を変えていない、イスラーム法のこの部分の特徴についてだけ、略述しておくことにする。

アフワール・シャフスィーヤの中心的な主題は、その内容を一瞥すればすぐ理解されうるように、家族をめぐる問題である。男女が結婚して一対の存在となり、家庭をもち、子供が生まれて複数のメンバーからなる家族が出来あがる。このこと自体は単純で、明白な事柄であるが、このような単純な事柄にも、それを成立させる複雑な要因があり、それがさまざまな文化、環境の中で固有な生活のスタイル、日常性のかたちを作ってきた。社会生活の最小の単位であり、原点である夫婦生活のありようは、大小共同体からひいては文明の質にまで影響を及ぼすものなので、特に注意が必要であろう。先に指摘したように、タウヒードの世界観は、個別的存在者の特異性、等位性を強調している。しかし個々の差異的な被造物は、社会的関係が問題となるさいに、他者との対称性が必要とされる段階をもつ。「神はあらゆるものを対に創造された」(第四三章一二節)とクルアーンが述べているように、例えば人間は社会的レヴェルにおいて特定の異性と関わりを持つ場合、互いの異質性と同時に、相補性を尊重するような一組の対の関係を持つ必要がある。社会の基本単位である家庭生活を営むに当たって重要な点は、夫と妻が対等の地位を享受し、異質な者同士が相互補完的に一つの単位をかたち作ることにある。

男女の平等という点については、人類の歴史は長らくこれを執拗に否定し続けてきた感を免れない。さまざまな文化圏に男尊女卑の例は数多いが、手っ取り早い例を挙げれば、キリスト教のアダムとイブの物語である。創造に際して神は先ずアダムを創り、その肋骨からイブを創られたとされているが、この象徴的な表現が正確に何を意味するかは明らかでないまま、この〈女性〉にたいする二義的な取り扱いは、原罪の物語にまでつながっている。蛇に唆《そそのか》されたイブは、アダムに禁断の木の実を口にするよう誘惑し、その誘いに負けて結局二人は失楽園の試練に見舞われる。そして女性という性は、この物語における教唆煽動の役割を、後の歴史に引きずり続けるのである。性行為そのものについての罪悪感から、魔女狩りの伝統に至るまで、西欧においては歴史的に女性の苦難を示す事例は枚挙に暇がない。同じ啓示宗教の系列にあっても、男女関係に関してはイスラームの場合、このような物語性が完全に払拭されているのが特徴的である。人間は皆アダムの裔といった表現は、イスラームの聖典にも現れるが、男性形と女性形の語が共に主語となる可能性を持つ場合、男性形をとるという言語上の規則に準じて考えるならば、これには何の矛盾もない。ところで創造の時点における男女の関係については、すでに指摘したように、クルアーンは特別に性別を明らかにしていない。〈神は一人の人間を創り、それに配偶者を与えた〉といった表現は、あちこちに見出されるが、最初の人間についても、配偶者についても性は特定されていないのである。これは女性が二義的な存在ではなく、男性と対等な配偶者であることの強い証拠といいうるであろう。イスラームも、天国で禁断の木の実を口にした失楽園の物語を共有している。しかしこの場合にも、アダムとイブは共犯であり、それゆえに共に楽園から追放されている。そして禁断の木の実を食した罪は、楽園からの追放という罰で清算されており、したがって子々孫々受け継がれる原罪というものは存在しない。それゆえ特別な罪の贖い主といった存在は必要がなく、また性行為そのものが罪悪視されることもない。イスラームにおいては、罰とは罪を犯した個人に課されるものであり、子々孫々にまで受け継がれる性質のものではない。このようにイスラームの場合、女性、ないしは性的関係に纏《まつ》わる神話的で、非合理的な要素は構造的にすべて払拭されており、男女関係はきわめて現実的に規定されているのである。

成人した男女が、対等の立場を享受して家庭を持つということは、現代では通念となっているが、千五百年の昔には文化的な大革命に数えられるていのものであった。七世紀の前半にイスラームが、私的関係の分野で果たした改革がいかに大きなものであったかを示すために、ここでイスラーム以前のジャーヒリーヤ時代、日本語では無明時代と呼ばれる時代の慣行と、イスラーム以降の変化について、簡単に比較検討しておくことにしよう。苛酷な砂漠で遊牧を生業としたアラブの間で流行していたのは、ワアドという女児の間引きの慣習であった。小集団単位で、他部族と厳しく対立しながら生きる必要のある遊牧民にとって、力の弱い女児は余計者以外の何ものでもない。生まれたばかりの女児が砂に埋められるような環境で、結婚がどのようなかたちで行なわれていたかについては、想像に難くない。預言者の妻アーイシャの伝えているところによれば、当時結婚には主として四つの形態があった。代表的なものはナース婚と呼ばれるものであるが、これは男性が他の男性に、彼の娘ないしは被後見人との結婚の意思を表明し、この男に彼女にたいする結納金を支払った後に結婚するものである。第二はイスティブダーウ婚と呼ばれるもので、夫が妻に他の男と性的交渉を持たせ、その子を授かるためになされるもので、いわば精子銀行の無明時代版といえるものである。その他の二例は、十人以下の男性が特定の女性と関係を持ち、この女性に子供ができた場合、全員が集合して彼女に父親を指名させたり、または占い女に父親を選び出させるものであり、これは娼婦を意味するバギーヤ婚と呼ばれるものである。

その他にも男性が、自分の娘を他の男に嫁がせるという条件の下に、結納金なしで後者の娘と結婚するという、娘のバーター方式であるシガール婚、父親の死後息子が、実母以外の父の妻と結婚するマクト婚、二人の男性が妻を交換するバダル婚、女性が男性の女友達となり、特に結婚の手続きを取ることなく事実上の結婚生活を送るムハーダナ婚等、さまざまである。その他男性が一定の金額を女性に支払って彼女を特定の期間妻とし、この期間が終われば縁も切れるという現地妻方式であり、スンニー派はこれを違法としているが、シーア派がムトア婚として合法化している結婚の形態もある。

女性の権利と男女の平等観

以上の実態を検討して、所変われば品変わるといった印象をもたれる読者もいれば、結局男女関係の行き着くところには、さしたる相違はないと考える方々もいることであろう。風紀が乱れれば何でもありがちなのが男女の関係であるが、イスラームがもたらした変化は以下の諸点に要約されるであろう。女児の間引きの慣行を厳禁し、男女の立場を対等のものとした上で、第一に結婚を、当事者間の合意に基づくものとしている点が最大の要点である。無明時代の代表的な結婚形態といえるナース婚の場合においても、結婚の可否を決めるのは父親、ないしは後見人であり、当人自体にはほとんど決定権はなかった。しかし「女性が嫌というものを無理やりに結婚させてはならない」とクルアーンが述べているように、イスラーム以降、結婚に当たっては当人の承諾が基本原則となっているのである。そして第二点は、結納金の支払い先である。それまで結納金は、父親、ないしは後見人に支払われるのが常であった。しかしイスラームの制度によれば、それは婚資金として将来の妻自身に支払われるようになったのである。これにより結婚は、父親ないしは後見人との売買から、当事者間の契約といった性質のものに変わっているのである。以上の二つの変化を要約すれば、イスラームによって結婚は契約であり、当然のことながらそのさいに支払われる結納金は、女性の財産となる。そして交渉の相手はあくまでも未来の妻であり、父親、後見人が仲介に入ることがあっても、彼らには最終的な権利は何一つないのである。

以上の基本的な変化に伴って論じられなければならない第三の点は、これによって確保された新しい女性の一般的権利である。当然のことながら無明時代には、女性の所有権などについて明確な規定がありようはずもなかった。実力社会である遊牧民の間では、武力で守りえないものは、女性の所有権の下にないとみなされる傾向が強かったことであろう。遠隔貿易が盛んになるにしたがって、状況には若干の変化が見られた可能性がない訳でもない。ムハンマドの最初の妻が大商人であった例などから、商人層の間に女性の所有権が確立されつつあった気配も感じられるが、これも特権的な例に過ぎまい。しかしイスラームはとりわけ男女の同権を主張し、それを「男は女の着物、女は男の着物」（クルアーン第二章一八七節）、といった表現で述べている。イスラームにとっての同権が、男イコール女とされておらず、男は女にとっての着物、女は男にとっての着物という、主語を入れ替えた二つの対の文章で互いの相補的平等を表現しているところに、差異性を基礎とする同権、平等を構想するこの教えの特徴が滲《にじ》み出ているであろう。イスラームはこのように、女性に男性とは異なった性質に基づいて相補的であることを要請しているが、その基本的な権利が決して蔑《ないがし》ろにされている訳ではない。「男も自分の稼ぎから分け前をいただき、女も自分の稼ぎから分け前をいただく」（クルアーン第四章三二節）。このような言葉はクルアーンの随所に鏤《ちりば》められているが、その当然の帰結として女性は遺産相続権、贈与権、遺言権、契約権といった、日常生活を営むに当たって必要な権利を惜しみなく与えられているのである。現在では日本でも、女性たちはこれらの権利を享受する権利を獲得しているが、それもようやくこの半世紀以来のことに過ぎず、他方イスラーム世界においては聖徳太子の時代から、女性がこのような権利を持っていたことの歴史的意味については、充分な配慮がなされるべきであろう。

以上に指摘したように、イスラームは男女の平等について積極的に発言している。クルアーンやハディースには、そのような例は枚挙に暇がない程数多く見られるが、ただし一箇所だけ例外的なものがある。それは次のような件である。「女は公平な状態の下では、彼らに対して対等の権利を持つ。だが男は、女より一段上位にある」（クルアーン第二章二二八節）。これが一般的な命題であり、特別な問題に関わるものでないならば、男尊女卑の言明ということになる。しかしこの内容は、次のような他の一節と関連しているのである。「男は女の擁護者である。それはアッラーが、一方を他よりも強くなされ、彼らが己の資産から（扶養のため）に費やすゆえである」（クルアーン第四章三七節）。これは直訳すると〈男はアッラーが女以上に授けられた恵みにより、自分の財を支払って女の面倒を見る〉という意味である。これは結婚して家庭を持った場合、生計を立てるのは夫の責任であるという、イスラームの結婚生活の基本的な条件と関わる問題である。一段上ということは、家庭生活を営む上での家計に纏《まつ》わる夫婦の間の問題であり、それ以外の事柄とは一切関わりはないのである。男性には家族の物質的生活を維持する義務があり、扶養の義務の遂行者として一家の長の立場にある男性は、その点においてのみ、神からより多くの恵みを与えられていることになる。イスラームにおいては、男が男であると同様に、女はあくまでも女である。社会的に見れば男は息子、夫、父として、女は娘、妻、母として存在している。このようなあり方は、社会的な人間にとって避けることのできない自然なあり方であり、イスラームはこれをありのままに受け入れる。性別を完全に払拭した中性的な個人とは、実体のない抽象化された存在であり、具体的な瑞々しさを欠いた人間に過ぎない。そのさい家計の負担という面で、肉体的な力強さの観点から、男性にこの義務が課されるのである。

法律上男女の間に認められる差異には、またいくつかの例がある。とりわけ話題に上るのは、遺産相続における分け前の問題である。相続においてイスラームは、それまでこの権利に与《あずか》ることがなかった女性相続人を、他に先んじて第一の権利の持ち主に指定している。ただしその相続分は、男子の取り分が女子のそれの二倍ということになっている。この規定のみから判断して、結局女は法的に男の半人前ではないかという議論がよくなされるが、この問題を判断するには慎重を要するのである。相続人である男子は、確かに遺産としては二対一の割合で、女子の二倍の額を手にするが、これについては支出の面からも検討される必要がある。すでに述べたように男子は家庭を持った場合、妻子の扶養の義務を負っている。そのさい例えば息子と娘が一人ずついるという小家族の場合でも、家族の成員は四人となり、これを単純に均等配分すると一人の取り分は、二分の一ということになる。これに対して妻の方は、夫と妻は別産制なので、自分の取り分は手元に置き、自分自身のために使用できるのである。このように現実に財の使途の面から考えると、女性の地位、権利が男性のそれの半分といった論議は、たちどころに根拠を失ってしまう。次に問題となるのは、裁判における証人の問題である。イスラーム法による証人としての効力は、女性の場合男性の半分ということになっている。頭の固いイスラーム法学者は、このような規定を盾にとり、女性は男性に比して感情的で、一般的に知性の点で劣るといった解釈を加えている。しかしこのような解釈は、当を得たものではない。気性の荒い遊牧民の犯罪は、強盗、殺人など、女性の正視に耐えぬものが多く、また姦通罪のような場合には、感情豊かな女性の証人は、二人いた方が証言の効力を強めたのではなかろうか。いずれにせよこれは、女性の地位を著しく低めるものではないであろう。

めでたく結婚生活に入った夫婦の関係は、「汝は女に権利があり、女は汝に権利あり」とクルアーンがいっているように、掛け替えのない、特別なものとなる。預言者も結婚は宗教の半分といっているように、それによる夫婦のわれわれのわたしの共有は、相互愛と献身といった贈与と連帯の精神の発露によって、宗教が辿るべき道の半分をすでに歩んでいることになるのである。ところでこの段階で論じなければならないのは、一夫多妻、つまり四人妻の問題である。この点を論ずるに当たっては、先ずこれについて言及しているクルアーンの一節を、引用するにしくはあるまい。当然一夫一婦制が妥当と思われるところの事柄が、何ゆえにこの種の妥協をもたらしているのであろうか。

「もし汝らが孤児に公正にしてやれそうもないと思ったら、誰か気に入った女を娶《めと》るがよい。二人な

り、三人なり、四人なり。だがもし公平にできないようならば、一人だけにしておくがよい」。（クルアーン第四章三節）

イスラームの四人妻の制度については、人々の間でとりわけ関心が高い。男性が複数の妻を持つことに関してはきわめて批判的であるが、妾を持つことや、売春行為に関しては至極寛大なところには、大きな矛盾があるがいかがなものであろうか。イスラームは原則的に性的交渉を、正式な結婚相手にしか認めていない。それ以外はすべて不義、密通の類とされるが、これには私生児を出さないという配慮があるであろう。子供が生まれた場合、父、母が誰であるかが明確であり、通常の法的権利を享受し得るようにという、社会的配慮が求められているのである。そのような厳密さの結果、親子関係に関しては、養子制度が伝統的に認められなかったことはすでに述べた。ところでこの四人妻の問題に関しては、先に引いたクルアーンの一節が端的に、この制度がどのような背景から生じたものであるかを告げているであろう。四人まで妻として娶《めと》ってよいという許可には、明らかな条件がついているが、それは身寄りのない孤児が路頭に迷っている場合にはというものである。この節が啓示されたのは、有名なウフドの戦い（六二五年）の後のことである。この戦いではムスリム軍は大いに苦戦し、七百人中七十数名の死者を出し、その結果多くの孤児と寡婦が生じている。彼女らの社会的救済は、当時の一大問題だったのである。ちなみにこの時代のアラブ世界にも、幽霊が存在した。それは部族から追放された男が一人身で生活に窮し、悪鬼のような形相をして砂漠をさ迷うなれの果ての姿であり、二本の足を持つれっきとした現し身の幽霊であった。このことは夫を失った寡婦が、一人で生計を立てることが、ほぼ不可能に近いものであったことを物語っている。当時の遊牧社会では、結婚が成人女性の生活安定の基本的な条件であり、それゆえに一夫多妻が助長されたことは否み難いのである。まして戦闘に倒れた仲間の孤児を、救う手立てとしては何が考えられたであろうか。信者たちよ、仲間の親族を見殺しにするな。結婚という手段を用いても、彼女らを救済せよ。クルアーンが訴えているのはこのような高い倫理的な要請からであり、決して四人の女と快楽を享受してよろしいといった、低次元のことではない。時移り、状況も変わった現在において、結婚がこのような精神に照らしていかにあらねばならぬかは、きわめて明らかであろう。当時のような状況の下でもクルアーンは、妻にたいする取り扱いを公平になしえない場合には、一人にしておくようにと諭《さと》しているのである。あらゆる宗教、イデオロギーにつきものであるが、先覚者の高い理念はえてして後の世の汚辱によって汚される。金にあかせて漁色にふけり、男尊女卑の風潮を撒き散らす御仁たちは、クルアーンの言葉を盾に取り、四人まで妻を持ちうる権利を主張しているが、これが本来の主旨と異なることはいうまでもないのである。

次いでイスラーム法上の離婚について、若干の検討を試みることにする。婚姻はシャリーアによれば秘儀ではなく、契約であり、したがってその解消は合法と認められる。ただし預言者は、「神に許されたものの中で、神にたいする最も忌まわしい行為は離婚である」と述べている。したがって夫婦の間に不和が生じた場合、周囲の人々は離婚の回避のためにさまざまな努力を行なう。「もしも汝らが両人の破局を恐れるならば、男の一族と、女の一族から一人ずつの調停者をあげよ。両人が和解を望むならば、アッラーは両人の仲を融和されるであろう。まことにアッラーは、全知にして、よろずのことに通暁し給う」（クルアーン第四章三五節）。また離婚回避のための法的な措置としては、〈取り消し可能な離婚〉の存在が挙げられるであろう。これは夫が妻を一度離婚するが、妻は待婚期間の三ヶ月間夫の家に留まり、この間に夫が妻との和解を望む場合は、離婚が取り消されるのである。ただしこの取り消しは二回までは認められるが、三回目には不可能となり最終的に離婚が成立する。その後に夫が再び彼女との再婚を望んだとしても、彼女が第三者と再婚した後、離婚するか、寡婦となった場合を除いて不可能である。これは当事者たちが、後々悔いを残さぬための法的配慮というべきであろうか。ところでこれまで長らく、離婚権はほぼ一方的に夫のものといった解釈がなされてきた傾向が強い。しかしさまざまな法学派によって解釈の相違はあるものの、女性の側からの離婚請求は、夫の不治の病、行方不明、扶養義務の放棄等の事由によって認められている。ちなみにこの点に関しては、女性は結婚契約時に、離婚権の特約を挿入することも可能なのである。このような妻の離婚請求権に関しては、現在では時代の要請にしたがって多くの国が、積極的に法的な明文化を行なっている。

遺産相続のシステム

私的関係法には、結婚、離婚の他にも婚資金、親権、監護、財産の後見等検討すべき多くの項目があるが、些事に拘泥し過ぎるのは本書の目的に反するので、ここでは割愛することにする。これまでもっぱら、家族関係の基本である夫婦の問題に焦点を当ててきたが、そこに窺われる特性は親子の関係、ひいては近親者との関係にまで及ぶのである。その点で興味深いのは、イスラームの遺産相続のシステムであろう。財の集中を回避するイスラームにおいては、遺産はそれ以前のアラブ社会、または他の文化圏の多くの場合に見られるように長子相続ではなく、特殊な配分法によって親族、縁者に洩れなく配分される仕組みになっている。クルアーンは第四章一一—二節において、詳細に遺産の配分について述べている。「アッラーは汝らの子供たちのために命じ給う。男児には、女児の二人分と同額の分け前である。もし女児が一人だけのときは、彼女は半分を手にする。また彼の両親は、彼に遺児がある場合、それぞれ遺産の六分の一を受け取る。もし遺児がなく、両親がその相続者である場合は、母はその三分の一を手にする。……」以後長々と配分の規定は続くが、この複雑な相続のシステムは、後の法学者によって精緻に体系化されている。それによると相続人は、相続権の順に三つのグループ、法定相続人、男系親族、女系親族その他に分けられる。法定相続人には娘、息子の娘、父、母、祖父、祖母、全血姉妹、父方の半血姉妹、母方の半血姉妹および半血兄弟、夫、妻が入ることになっている。旧来相続の対象とならなかった彼らは、額は少ないが相続権に関しては最優先され、その残りが男系親族、次いで女系親族の順で配分されることになっている。後に残された親族、縁者との関わりで、配分には複雑な計算が必要であるが、何よりも重要なのはこれによって、近親者同士の関係が緊密に保たれている事実である。近い親族から遠くの親戚まで、隈なく配慮したイスラームの相続システムには、精緻に組み合わされたアラベスク模様を思わせるものがある。結婚は宗教の半分といわれる夫婦の固い絆は家庭に及び、その一つの基本単位は密接に八方と繋がり、止まるところを知らない。預言者のハディースには、「血縁関係を断つ者は天国に入ることができない」とあるが、家族のメンバーを越えた近親者の関係は、われわれのわたしから、われわれの中のわれわれへと飛躍するための中間点であり、他者への真の連帯感情は、このような段階をきちんと踏まえない限り育成されることはないのである。この点に関して預言者はまた、次のようにも述べているのである。「貧しい者への施しには一つの美点――慈善があり、親戚への施しには二つの美点――慈善と連帯がある」。貧者への施しという慈善行為も、広い意味での連帯精神の発露ではあるが、先ずは身近にその強度を確かめながら外に赴くのが、イスラームの流儀なのである。

イスラームの遺産相続制は、財の拡散により親族、縁者の連帯感情を強化、拡大させるという意味合いを持つものであるが、同時に重要なのはこのような組織的な財の配分の伝統が、結果的に一部の富裕な家系の優位を長期化させていない点である。欧米においても、日本においても、有名な財閥の歴史を振り返れば明らかなように、長子相続によって一家の財の拡散を防ぎ、それによって蓄積された資本力を有効に用いることによって、何代もその経済力を誇り続けている。しかしイスラーム世界においては、名望家ないしは大商人は、概ね三代以上は続かず、次の世代には必ず新人が登場し、選手の交代が行なわれるのが特徴的な傾向である。財の拡散は、仕事の機会をより多くの人間に提供し、業種を問わず彼らの職業への参加意識を鼓舞し、資本主義の場合とは異なった意味での労働意欲の刺激と、利潤の公平な配分につながっているが、この点については後に詳しく論ずることとしよう。とまれ千数百年に及んで厳格に維持されてきたこの相続制度は、集中を拒むイスラームのその他の諸措置と相俟《あいま》って、資本と投資の拡大を基本とする現行のような資本主義の発達にとっては、大きな障害因たり続けてきた。その代償としてこの世界の経済活動は、時代の流れに逆らって資本主義とは別の方向に向かって歩んでいるのである。この世界の資産家にとっても、獲得した財の維持、保全は大きな関心事であることには変わりはない。資産家は自らの財の分散を避けるために秘策を練るが、その結果この地域で盛んに試みられているのが、従兄妹同士の結婚である。直接息子に財が集中しなくとも、ワンクッションおいて、それを近親者の間に保持しておこうというのが狙いであり、確かにこれにより若干の効果は上がっているが、一般的な企業倫理に変化をもたらすほどのものでもない。

刑罰

すでに述べたようにイスラーム法は、現在のところ宗教的義務に関するイバーダートと、社会的行為に関するムアーマラートの二つが、最も重要なものとされている。ただしいま一つ補足されねばならないのは、刑罰（アザーブ）に関する規定である。国情によって刑法の位置付け、それを取り扱う裁判のシステム等については若干の相違があるが、基本となる考えは変わらないので、以下に略述しておくことにする。

イスラームにおいては、信仰は人間の神にたいする契約であり、したがって人間は現世において、神の嘉し給うことを実践するよう心掛けなければならない。その行為は、概ね他人に気づかれることはないが、芥子粒一つほどの善行も、悪行も、すべて天使たちによって記録され、死後の審判の日に秤にかけられる。そして悪行に秤が傾いた者は、いかなる執りなしもないままに地獄に落とされることになっている。これこそ最大の刑罰に他ならないが、このような来世における永遠の刑罰の他に、イスラーム法は現世における刑罰をも定めている。それは大別すると固定刑、同態復讐刑、血の代償、矯正刑の四つである。

寛大な神は、人間の罪を許したり、懲罰を死後に延期するが、特定の犯罪に関しては猶予はない。それに該当する罪を犯した者は、神の権利（ハックッ＝ラー）によって処罰されるが、この種の罰が固定刑と呼ばれるものである。これに該当するのは姦通罪、中傷罪、飲酒罪、窃盗罪である。またイスラーム法は、人間の権利（ハック・アーダミー）によって定められる罰をも規定している。被害者が加害者に対し自分が受けたと同じ損害を加える権利を持つ、「眼には眼を」という表現で有名な同態復讐法がこれである。これに該当するのは殺人、傷害であるが、殺人については次のようなクルアーンの指摘がある。「信仰する者よ、汝らには殺害にたいする報復が定められている。自由人には自由人、奴隷には奴隷、女には女と。だが加害者が、兄弟から（刑を）軽減された場合には、妥当と思われる額で丁重に弁償せよ」（第二章一七八節）。そして被害者の側が損害に対して同態復讐を望まなかった場合、賠償金が支払われるが、これが血の代償と呼ばれるものである。その他クルアーンに規定のないものでも、詐欺、恐喝、偽証等の好ましからざる犯罪が生ずるのは、この世の常である。それらに関して、裁判官は種々の刑罰の規定を作り上げていった。これが矯正刑と呼ばれるものである。宗教的義務と同様、刑罰は時代の変遷とは関係が少ないので、その大筋については変わりがない。

法で語り尽くしえないもの

以上現在のところ問題となっている、イスラーム法としてのシャリーアについて略述した。宗教的義務は、それぞれの行を通じて、信者たちが神にたいする敬虔さを深めると同時に、同宗の者との、ひいてはすべての人間との連帯の輪を広げるよう誘うものであった。私的関係法は、もっぱら家族法、ないしは身分法といわれる範囲での私的関係に焦点を当てて法制化されたものである。刑罰の体系は、良俗、秩序の損傷に関わる犯罪行為にたいする罰則である。これら三つの領域は、現在もなお公の役割を果たしているため、専門家たちはイスラームを紹介するに当たって、概ねそれらについて指摘するに留まっている。ただしシャリーアの本性からすれば、これは片手落ち以外の何ものでもないのである。すでに述べたように、イスラーム法としてのシャリーアは、水場へ至る道の意味でのシャリーアのごく一部、それから抽出されたある部分の骨組みにしか過ぎない。その骨の周囲には豊かな肉が付随しているのであるが、その種々相は決して法的なもので語り尽くされる性質のものではなく、また法制化された部分以外にも、シャリーアの対象となるさまざまな部分が存在しているのである。

法的なもので語り尽くされないものの一つには、人倫に関わる道徳的な諭《さと》しがある。この種の諭《さと》しは、身近なところから始まって遥か遠くにまで及んでいるが、それは人々への強い促しとなり、さまざまな宗教的義務等と相俟《あいま》って、社会的な慣習、諸制度の確立にまでつながっていくのである。イスラームの典拠、とりわけ預言者のハディースには、この種の諭《さと》しの膨大な例が集められているが、ここではわれわれのわたしの最小単位である夫婦の場合から、徐々に輪を広げていくかたちで検討してみることにしよう。宗教の半分といわれる夫婦の絆の掛け替えのなさについては、もちろん多くの金言が与えられている。互いの相互扶助、献身についてはすでに多くを述べたので、ここではさしあたり次のようなハディースを引いておこう。「アッラーを畏れ敬うことの次に、貞淑な妻に優るものは何もない」。そして諭《さと》しの輪は、次第に最小単位の外に拡がっていく。そして親子関係については、イスラーム世界の子供たちが誰でも知っている、次のような有名なハディースが残されている。

「アッラーの御使いよ、誰に対して最も孝行すべきでしょうか」。すると預言者は答えた。「あなたの母です」。「その次は誰でしょうか」。「あなたの母です」。「その次は誰でしょうか」。「あなたの母です」。「その次は誰でしょうか」。「あなたの父です。それからあなたに最も近い親戚です」。

男尊女卑との風評の高いイスラーム世界において、親孝行の重要性はさることながら、子供たちの母親にたいする敬意は殊《こと》のほか強い。家庭内暴力などはまったくありえないが、このような倫理観が底辺で徹底して受け継がれてきている点については、外の世界には少しも知らされていない。「われらは人間に、父母に孝養を尽くすよう命じた。母親は弱りやつれて子を胎内で養い、さらに乳離れまで二年を費やす。われらと汝の父母に感謝せよ」（クルアーン第三一章一四節）。誰にも代替ができない出産、授乳の仕事は、価格では計りえない価値あるもので、これに捧げられた献身は、共同生活の感謝、連帯、協力の基に他ならないが、これに関してはさまざまな角度から繰り返し言及が行なわれているのである。

親族、近親者にたいする態度については、すでに多くの事柄について言及したので、これ以上は割愛する。そしていよいよ血縁関係のない者にたいする姿勢であるが、最も格好な例は奴隷に関するものであろう。イスラームの初期には、他の世界と同様、和平に応じなかった外敵の捕虜等の理由によって奴隷が存在した。彼らは召使としてさまざまな仕事に従事したが、イスラーム世界において奴隷は、他の文化圏の場合と異なり、制度的にも三世代ほどで自由の身となることになっていた。この制度は、後に廃止されていることはいうまでもない。奴隷について預言者は、次のようにいったと報告されている。「あなた方に従順な奴隷には、あなた方が食べている食事を与え、あなた方の着る着物を着せるように。そして従順でない奴隷は売りなさい。アッラーの被造物に対して、苦しい刑罰を与えてはならない」。また彼は、こうもいっているのである。「奴隷を虐待する者は天国に入れない」。社会的に最低の地位にある奴隷にたいするこのような配慮は、まさにタウヒード的思想性の発露というべきものであろう。存在世界の最低単位にも、その存在の意義を認め、それを損なわないという普遍的な態度は、まさに存在の分有という意識の発露に他ならないのである。

奴隷の場合とは若干異なるが、血縁関係が薄れ、無縁な他者の線上にあるのは孤児である。預言者ムハンマドは、彼自身父母を幼くして亡くしたため、自分の経験に照らして孤児の境遇にとりわけ配慮したといわれている。身寄りのない孤児にたいする思いやりは、宗教が求める敬虔さの次のステップに移行するための、重要な段階である。「宗教を否定する者を見たか。それは孤児を手荒く遇する者であり、また貧者に食を与えることを勧めない者である」（クルアーン第一〇七章一―三節）。「また彼らは、神を敬愛するために、貧者、孤児、および捕虜に食物を与える」（クルアーン第七六章八節）。これらの諸節は、宗教、ならびにその敬虔さの発露が、血縁関係などといった絆を越えた、すべての被造物、とりわけ弱者にたいする援助、協力、つまりは贈与の手を差し伸べることに他ならない点を、何よりもよく物語っているであろう。身寄りのない孤児とは、社会生活の点から見れば、この世の中の単独旅行者である。砂漠の幽霊が、部族の掟を破ったための共同生活を断たれて、荒野をさ迷う流れ者であったように、生活の上での共同性の契機を持たない孤児の精神的な境地は、日常の荒野を独りさ迷っているようなものである。他者との連帯を個人の基本的常態とするイスラームの観点からすれば、孤児の境遇は現実の生活における極北に位置づけられるであろう。他者に向かって差し出される継ぎ手を失っている孤独な人間に、共感、連帯の契機を与えることは、共同体的人間たることを志向するムスリムが、縁なき人々にたいしてとるべき最初の行動であるといえよう。身寄りのない孤児を救う手段が他にない場合には、結婚という手だてを用いても救いの手を差し伸べよ。四人の妻《めと》を娶る許可が出されたのは、このような理由によっていたことは先に述べたが、存在を分有する者同士がわれ、ひと共に具体的な実践を通じて共感、連帯の度合いを強めていくことこそが、敬虔さの核心である点を示しているのが、孤児にたいする対応なのである。

自らの内部から外に向かうエネルギーを十分に蓄積したわれわれのわたしは、先ずはおずおずと、そして後には力強くわれわれのわれわれの境地に足を踏み入れていく。その最初の試みは、隣人との付き合いである。隣人、小共同体の問題については、預言者は特に多くのハディースを残している。「アッラーの御使いよ、私には二人の隣人があります。二人の内どちらに贈り物をすべきでしょうか」。すると預言者は答えた。「二人の内近い方に」。身近な隣人からよい付き合いを始めるようにといった預言者の忠告は、信徒たちにとってきわめて親近感のあるものである。神の言葉そのものであるクルアーンは、彼らにとっていささか厳かで、堅苦しい側面を持っているが、預言者のハディースは、新参のムスリムたちの率直な質問にたいする平易な回答が多く、後代の信者たちにとっても理解が容易であると同時に、直ぐに応用が可能であり、したがって彼らの道徳心の涵養《かんよう》のためには最もよい教訓となるのである。例えば次のようなハディースは、どうであろうか。「肉汁を料理したら、それに水を加えて、隣人たちに分け与えなさい」。内容は至って平易であり、ひとは単なる一片の道徳訓としてその意味を無視しがちであるが、イスラーム世界を旅したり、そこで生活した経験のある者は、このような教えが口先だけのものでなく、千数百年の後にも人々の間で着実に受け継がれ、実践されている事実を身を以て体験されることであろう。例えば現地では実にしばしば次のような経験をする。たまたまある小路を歩いていると、道端で数人の男たちが昼食を取っている。すると彼らは通りがかりの見知らぬわれわれに、「どうぞ、一緒に食事をいかがですか」と呼びかけてくる。未知の者にたいする勧誘がこれほどのものなので、この世界では少しでも親しくなった友人を家庭に招き、食事を共にするのが習わしである。これは彼らの友情の、最低の証なのである。たまたま居合わせた人々にたいする好意ですら上述のようなものなので、まして友人に示される贈与の精神はそれ以上であることは想像に難くない。このような外部に向けられる好意は、人々の身体に染み付いているといっても過言ではないが、それが地域の共同体で接する最初の仲間である、隣人に向けられるのは当然のことなのである。ハディースの教え、その誘いはイスラーム世界の人々の間に、一つの集団的な心性を作り上げ、それは着実に現在でも維持され続けているのである。

家族、ないしは血のつながった親族にとって最も身近な他者である隣人は、イスラーム的精神が発揮される最初の場である。夫婦、または親族の間の愛情の重要性に関しては、イスラームの教えを俟《ま》つまでもなく、世界のどこでも人間が自ずと体得し、実践している事柄である。ただし肝要なのは、血縁関係といった小さな枠組みの中で培ってきたものを、一歩踏み出していかに外部に及ぼすかという点にある。われわれのわたしの段階においては、存在の自覚は未だに自己、ないしは自己の意識の側に傾いていた。しかし真のわれわれのわれわれの境地に達するためには、主体の側に根本的な変化がなければならない。そのためにはわたしが存在する、太郎が存在する、石が存在するといった語法を変えて、存在がわたしする、存在が太郎する、存在が石する、というそれに変化する必要がある。世界を視る視角が、わたしの意識から、存在者、ないしは存在の反映、ないしは投影へと転換されねばならないのである。この転換の瞬間は、敬虔さの質の転換の契機でもある。神にたいする敬虔とは、絶対者に思いを致すことによってわたし自身の精神的境地を高め、悟達を得ることではなく、存在を分有する他者への共感、他者との協力を強め、それによって存在そのものとの共振の度を高めることにあるのである。有限なわたしにとっては、無数の存在者、無限の存在のすべてと共振することなど、最終的に不可能である。しかし限りない数の構成要素を持つ全体の一つの部分として、慎み深くこのような道に踏み出し、終わりのない旅程を歩むのが、有限な存在者の基本的条件に他ならないのである。神の居所であるメッカを訪れて、巡礼たちが行なうのが神との直接の対面ではなく、神に近づくための限りない旅程の確認であったことが示しているように、これは限りある存在者としての人間の敬虔さに求められる、基本的な条件である。この旅程にはさまざまな段階があるが、その第一の宿駅が隣人なのである。これに関して預言者はいっている。「隣人の信頼をかちえない者は、天国に入ることができない」。

預言者はしばしば、天国とは無縁の者の資格について述べている。これまでにも血縁関係を断つ者、孤児や奴隷を虐待する者といった例を挙げてきたが、隣人の信頼となるとアスペクトは一変する。それまでは主体と客体は一対一の関係にあったが、ここで後者は無限定な多数へと変化する。それと共にわれわれの側に傾いた判断の基準は、われわれの眼の審査に根拠を置くことになり、したがってわたしという個人の行動に関する評価も、われわれという不特定な他者の裁定に委ねられることになる。行為の善悪については天使たちがこれを記録し、その結果が最終的には最後の審判で決済されることになっているが、同時に現実的には匿名的な他者の眼もこの判定に参入してきているのである。自己の他者へ向かう開放、他者の側からの自己にたいする浸透が交差する双方性の交点が、最初の匿名の共同体である隣人関係であるが、ここで善悪の評価の算定者そのものがわたしではなく、われわれに取って代わられるのである。この点については次のような、興味深いハディースがある。ある男が預言者に尋ねた。「アッラーの御使いよ、わたしはどうして自分が善行、悪行を行なったかを知ることができるのでしょうか」。すると預言者はこう答えた。「もしも貴方が本当に善行を為《な》したと隣人が話すのを聞いたら、確かに善行を行なったことになる。また彼らが悪行を行なったと口にするのを耳にしたら、悪事を犯したことになる」。身近な隣人の評価は、日々の生活に密着した人間同士の関係に基づいているものだけに、信憑性のみでなくその価値も高い。したがって隣人との関係の強化は、信者にとっての大きな関心事となるのは当然である。イスラームにおいて彼らの信頼をかちうることは、預言者がわざわざ指摘しているように、天国へのパスポートといえるほど重要なものなのである。それゆえ最初のイスラーム共同体を設立し、それを指導する役割にあった預言者のハディースには、食に飢えた隣人を放置してはならない、スープを煮たら水を加えて隣人に振舞うように等、隣人にまつわる指示がきわめて数多い。彼らに寄せる好意は敬虔さの確かな証であり、そして彼らの判断はまた、神自身の判断とも等しいほどなのである。「アッラーの目から見た最良の隣人とは、隣人たちにとって最良の者である」。イスラームは、隣人の概念をとりわけ重要視しているが、この教えの特殊性はむしろ、隣人に関するこの種の基本的態度にあるともいえるであろう。

白紙の状態における自己と他者は、無縁である。そしてわたしの意識、我欲を基本とする互いの関係は、ホッブスのいうような終わりのない闘争に陥らざるをえない。しかしイスラームは有縁性の基礎を、自己の他者にたいする開放、献身に置いている。そこで最も重要な役割を演ずるのは、他者にたいして差し伸べられる贈与の手である。贈与は、必ずしも物質的なかたちをとるものではなく、親密な態度、優しい一言といったもので叶えられることがしばしばである。

第三章　ウンマ

イスラーム共同体

ウンマとは何か

先の第一章、第二章において、イスラーム理解の根本である三極構造のうちの、第一に当たる基本的な世界観、タウヒード、第二の信者たちにとっての行動の規範、シャリーアについて論述してきた。残るはイスラームの共同体、ウンマの問題である。ウンマとはアラビア語で、大小の規模を問わずあらゆる種類の共同体を指す語であったが、イスラーム登場以来、ただこの一語でウンマ・イスラーミーヤ、つまり〈イスラーム共同体〉を意味するようになった。ところでこのイスラーム共同体であるが、これには理念的、理想的なウンマと、現実的なウンマという二つの解釈の可能性がある点に注意が必要である。ムスリムの共通した見解として、預言者ムハンマドの時代から正統四代カリフの治世までのほぼ四十年間には、イスラーム的な特質が横溢《おういつ》しており、具体的な歴史の中で理想的なウンマが実現されていたとされるのである。したがって最初期のイスラーム共同体は、そのままムスル・ウルヤー、つまり最高の模範的先例として、後の信徒たちにとっての敬愛の対象となっているのである。構成員であるムスリムたちが、わたし、われわれのわたしといった境地を越えて、われわれのわれわれとしての一体性を、高度に結晶させたこの時代の共同体においては、敬虔さの証である他者との協調、協力が、内部の至るところに満ち溢れていた。後代の人々はそこに敬虔さが赴くべき鑑を認め、そこに生きた人々の生き様を範として仰いでいるのである。具体的な歴史に現成したそのような社会的生活の一齣が尊崇の対象となり、後の人々に神聖視されるといったところに、共同体的な教えであるイスラームの特徴が明確に窺われるのである。

現実のウンマと理想のウンマ

ただしこの理想的な先例としての共同体は、歴史の経過と共に次第にイスラーム性を失っていくことになる。ウマイヤ朝の時代には、カリフ職の世襲制に端的な例が見られるように、共同体の指導者の世俗化は内部にさまざまな質的堕落をもたらした。それと共にイスラーム世界の総体的な力も、確実に下降線を辿っていくのである。そして長い時間的経過を経て前世紀にはこの地域のほとんどが、西欧列強の植民地主義の餌食となっている。その後ようやくそのくびきから脱し、政治的独立を獲得したもののそれもかたちばかりで、未だに完全に自立した立場を確立しえないでいる現状は見ての通りである。そのような状況にある現在のこの世界に関しては、二つの解釈が可能である。外部の観察者が採用する客観的な立場からすれば、そこでは今もってムスリムが多数派を占めており、したがってそれは具体的に紛れもなく、イスラームの共同体とみなされる。しかし多くの敬虔なムスリムにとっては、よしんばムスリムが多数派を占めているにしても、イスラーム性が希薄な現在の状況は、真にイスラーム的なものとは認め難い。彼らにとっては、現在のこの世界は少しもイスラーム的ではない。つまり一つの同じ共同体について、ムスリムが多数派を占めるゆえにイスラーム共同体であるとする立場と、真のイスラーム性が認められない限り、イスラーム共同体とはみなしえないとする立場の二つが、互いに競合するという事態が存在しているのである。現実的な観点からすれば現在のイスラーム世界はイスラーム的なウンマであるが、理想的な観点から見れば決してイスラームのウンマではない。

このような評価の二重性は、直接にウンマについて論述する際に大きな問題となってくる。具体的な現実の社会がいかなる状況にあるかといった問題の分析は、歴史的な現実に関する客観的な検討であり、当然欠かすことのできないものである。しかし同時に理想的なウンマのありようも、イスラームを信ずる人々が大多数を占めるこの世界の分析には、不可欠の要因なのである。理想と現実は明らかに異なったものである。現実のイスラーム世界が辿った歴史的経過、またその現状は、客観的事実として否定する余地のないものである。しかしそれと同時に理想的なウンマが果たす役割も、決して蔑《ないがし》ろにされてはならないものである。人々が信ずるイスラームの基本的な世界観であるタウヒードの考え、それを具体化するための道標であるシャリーアの志向性は、信者たちの思想、感性に強い訴えかけを行なっており、その結果彼らはつねに理想のウンマの構築を迫られている。タウヒード、シャリーアに基礎を置く敬虔さが存在する限り、いい換えるならばこの世にムスリムが存在する限り、理想のウンマ建設の試みは絶えることなく継続されるのである。タウヒードとシャリーアが発する固有の磁性は、信者たちの脳裏にウンマの理想型に関する明確なイメージを結像させ、それに基づいて彼らは具体的な社会的生を生きるのである。理想のウンマを目指す志向性はムスリムの基本的な心性に属する事柄であり、そのような心性に培われた彼らの思考、言動を介して、彼らの共同体の内部では伝統的に特定のハビトゥスが形成され、それがこの世界の辿る歴史、ないしは現状に深い影響を及ぼすことになるのである。イスラーム世界においては、現実のウンマと理想のウンマはそれぞれ共に重要な要素であり、両者の相違を明確に知ると同時に、とりわけこれらの異なった要素が、互いにどのように関連し合っているかを正確に認識することは、この世界の分析に際して最も肝要な事柄なのである。

二つのウンマの相違は、それだけではさして現実的な意味を持つものではない。ただし理想のウンマのイスラーム性が、現実のウンマのありようにどのようなかたちで影響を与えているのか、現実のウンマの成員たちはそれをいかにして復元しようと試みているのか、といった両者が交錯する領分での問題意識は、すぐに現在のわれわれの関心事と深く関わってくる問題なのである。現在大きく胎動しているイスラーム回帰へのうねりは、理想的なウンマの欠如、その再獲得の試みとしてしか理解されえないものである。したがって先ずはこの鍵概念である理想的なウンマのありようについて、検討が必要なのである。最近のイスラーム回帰の強い潮流とともに、いわゆる原理主義者と呼ばれる人々が多数登場するに及んで、原理主義に関する論評が数多く刊行されている。ただし残念ながらこれまでの分析には、彼らが実際に何を志向しているのかという当の問題の核心、つまり理想的なウンマの組成、構造についての充分な検討がないまま、外側から与えられた概念による解説だけが独り歩きしている感を免れない。いわゆる原理主義者ばかりでなく、現在のムスリムが何を望み、志向しているかを正確に推測するためには、タウヒード、シャリーアの分析を踏まえた上でのこの理想のウンマの理解が不可欠なのである。いうまでもなくウンマの問題は、実に多岐にわたっており、これを説明するに当たって余り細部に拘れば、全体像がぼけてくる危険性がある。しかし要点をかいつまんで、不適正な表現でこれを要約すれば、実情を大きく見誤ることになる。例えば原理主義などという表現が、その最も悪い典型であろう。アラビア語にはそのような表現は存在しないが、ファンダメンタリズムという言葉だけが独り歩きして、その語の持つイメージだけで理解、判断が推し進められていくことになるのである。しかし本書の読者には、適切な表現がある。ムスリム改革派の意図を一言で述べるならば、共同体の内部における〈タウヒード的な価値観の復活〉ということに尽きるであろう。主題に即した根本的な分析に依拠していない論議は、隔靴掻痒《かっかそうよう》の誇《そし》りを免れず、饒舌のうちに論点そのものを曖昧にさせてしまうのである。

文明の状態を映すスクリーン

イスラームの理想とするウンマは、社会的な共同体であるが、これは単純な政治学的、社会学的なアプローチで捉えきれるものではない。タウヒードとシャリーアの性質、機能について理解を深めてきた読者にはすでに明らかであろうが、それは共同体にまつわるあらゆる様相と関わるものであり、その理解のためにはイスラームに固有なタウヒードの世界観に即した、綜合的な視点が必要なのである。ところでこれまでウンマに関しては、それがこれまで分析済みのタウヒード、シャリーアと組み合わせられたイスラームの三極構造の一つであるとの説明を行なってきた。これは理想的なウンマの理念が、タウヒード、シャリーアと組み合わされてイスラーム性の維持、擁護のために機能する構造を説明するさいには説得的であるが、ウンマそのものの理解に関しては、別の説明が有効であろう。ウンマとは、タウヒードを基層とし、シャリーアを中間層とする三層構造の、頂上に位置する最上層として理解するのも便利な方法であるといえる。あるいはタウヒードを光源とし、中間に置かれる物体がシャリーアであり、やや離れたスクリーンの上に映し出される像がウンマである、という喩《たと》えで理解することも有益である。シャリーアが清潔な状態に保たれているさいには、つまり民衆によって正確に遵守されている場合は、スクリーンに映し出される像は鮮明だが、それが埃や塵で汚染されているさいには、つまりそれが正しく履行されていない場合には、不鮮明な像しか結ばれることがない。理想的なウンマとは、得られた映像が鮮明な場合の共同体のありようであり、その一つの具体的な実例が初期のイスラーム共同体なのである。ところでこの理想的なウンマがいかなるものたるべきかという点は、タウヒードの世界観の内容と、行動の規範であるシャリーアの勧めを理解済みの者にとっては、自ずと類推が可能なはずである。イスラームのタウヒードの最も肝要な点は、創造者と被造物、つまり神とすべての存在者との関係を同一のものとし、両者の関係をすべて等距離に置いたことにある。それがもっぱら配慮しているのは、共同体内の〈すべて〉の成員の命運であるが、この配慮は真に草の根的なもので、ただ一人の例外をも認めていないところにイスラームの真骨頂がある。したがってイスラームの共同体とその成員たちは、この世に存在する人間がすべて類いがなく、掛け替えのない者であることを認め合い、自他共に互いの尊厳を擁護し合うという義務を課されている。その具体的な内容は、近代ヨーロッパの民主主義の黎明に千年も先駆けて、イスラームの預言者が明言しているような、個人の自由と、生命、財産、名誉に関する基本的人権の尊重である。しかもそれは単なる口先だけの、理念的なものに留まるものであってはならなかった。このような義務は、神にたいする敬虔さの証として、各個人によって身近な他人との関係から具体的に実践され、規模の異なるすべての共同体の隅々にまで及ばねばならなかった。すでに述べたように、存在を分有し合う他者への、共同体への献身こそが、敬虔さに求められる義務の内容に他ならないのである。

この点に関してハディースにおける預言者の促しは、平易で、直接的である。「ムスリムはムスリムの兄弟である。したがって彼に不正を働いたり、放置したりしてはならない。自分の兄弟の必要を満たす者は、アッラーがその者の必要を満たすであろう。ムスリムの苦痛を取り除く者は、復活の日にアッラーが彼から苦痛を取り除かれるであろう。ムスリムの落ち度をかばう者は、復活の日にアッラーが彼の罪をかばうであろう」。ここで重要なのは、人々への促しがいつでも個人の他者への献身、協調を起点としているところにある。共同体的な一体性を強めるものは、体制や制度ではなく、差異的な個である他者にたいする個人の協調、協力の姿勢であるという原則は、ウンマの考えの中に終始貫かれているのである。このような観点からして、イスラームの理想的な共同体の有り様を端的に示しているのは、先にも引いた次のような預言者の簡潔なハディースである。「あなたは信者たちが、さながら一つの身体であるかのように互いに親切、愛情、同情を交わし合うさまを見るであろう。そして身体の一部が痛めば、全身が不眠と熱で反応する」。この伝承が示しているように理想的な共同体とは、肉体の微小な一部である細胞に等しい個人が、例外なく自律的な機能を全うし、それによって結果的に身体全体の有機的存在の維持に貢献することにあった。共同体の一部の欠損は、全体の命運の良し悪しと密接に関連しており、同時にその全体としての一体性は、それぞれの部分の健全さを端的に反映しているのである。この一体性の強度が保たれている限り、共同体とその成員間には身体と細胞との間の関係のように、有機体の維持に不可欠な一即多、多即一の関係が成立する。このような全体と個の調和の確立が、理想的な共同体の目指す最終的な目的に他ならないのである。このような共同体を実現するためには、理論的には当然民主制が最も望ましい。しかし体制のいかんは問わず、また規模の大小を問わず、先ず目指されなければならないのは、この調和の確立そのものなのである。理想のウンマに関しては、クルアーンとスンナに盛られているさまざまな指示から、またタウヒード、シャリーアについての正しい認識に基づいて、その理念を構築することが可能である。しかし同時にそれを構想するに当たって、ムスリムが依拠することのできる最も具体的な模範があった。それが模範的先例といわれる、初期イスラーム共同体の現実である。そしてこの歴史的共同体の分析に当たっては、是非とも通時的な概観を欠かすことができないのである。

ウンマ誕生の背景——ジャーヒリーヤ（無明）時代の状況

形成の途上にあった、預言者の時代から正統四代カリフの統治に至る理想的なウンマは、登場当初のさまざまな難局、その後の急速な発展の諸段階に応じて、幾度かの大きな構造的変化を体験している。したがってそれを制度的に一括して説明することは、至難の業である。それゆえ最もよい方法は、先ず簡単に当時の社会が経験した社会的変化を、通時的に要約してみることであろう。そこから理想的なウンマがいかなる性質のものであり、どのような機能を持つものであるかについて、綜合的な検討が可能になるはずである。イスラームの登場、新しいウンマの建設は、単なる多神教から一神教への宗教的な改革に留まらない、文化、社会的な革命以上の大改革であった。その激変について説明するためには、是非ともこの教えが登場する以前のジャーヒリーヤ時代、つまり無明時代と呼ばれる時代のアラビア半島における社会生活の諸特徴について、簡単に一瞥して置く必要がある。

肥沃なアラビアと讃えられたこの地域に激しい乾燥化が襲いかかり、この半島の著しい砂漠化が数世紀にわたって進行する過程で、住民の多くは家畜の遊牧を生業としてきた。苛酷な気候条件の中で、雑多な出自の遊牧民が少ない牧草地を求めて競い合う結果、人々の生存のための競争は厳しさを極め、それに勝ち残るためにはもっぱら部族意識を頼りにする以外はなかった。わずかに雨が降り、荒れ果てた砂漠に乏しい草が芽吹く春先の数ヶ月を除いて、人々はいわば自由な交戦状態にあり、互いに戦闘、略奪を行なうことが認められているような環境の中で、頼るべきは身内の者ばかりという状況が長らく続いたのである。駱駝は年に一頭だけ、このわずかな水分をもたらす雨季に仔を産むが、そのさい彼らに充分草を食ませずに互いに抗争を続けていると、若仔の生育に支障をきたし、結局住民全体が生活の糧を失うことになるという特殊事情から、この時期に当たる数ヶ月だけは、絶対に他部族と戦ってはならないという不文律が存在した。この月はハラーム月と呼ばれる戦闘〈禁止〉の月であるが、これはそれ以外の月には戦いがハラールである、つまり解禁されていることを意味する。「われはガジーヤの民、わが部族迷いの道を行けばわれもまた迷い、正しき道を行けばわれも正しき道を行く」。この時代の遊牧詩人が詠っているように、部族的連帯なしには生存の術を確保しえぬ状況で、人々は部族の絆を生きるための第一の原理としていた。部族意識は、連帯を求めて内部の成員相互の強い愛情の絆を尊重する。ただしこの種の連帯は、ある種の名誉等に関わる稀な例を除いて、部族という狭い枠組みの外に踏み出すことがない。むしろこの連帯感は、身内の者に危害が及んだりする場合、部族の成員すべてにそれにたいする報復を要求する。苛酷な生活環境と目には目をの同態復讐の慣習は、絶えざる部族抗争の連鎖を生み、イスラーム登場以前のアラブ遊牧社会は、止むことのない内紛の渦の中に閉じ込められていた。血縁関係に基づく部族的連帯の力だけが生存の基礎であるような状態で、その論理から外れるものはすべて整理、除外される。その結果の一つが、後にイスラームが厳しく禁ずることになる、すでに述べた女児の間引きの習慣である。これはわれわれのわたしを究極のものとする、わたしの欠如した、同時にわれわれのわれわれとはまったく無縁の世界である。

そのような基本的な状況に新しく加えられることになったのが、遠隔貿易の再開である。東方から南アラビア半島の海港を経て、メッカ経由で隊商を西側世界へ送り出すという商業ルートは、ビザンツとペルシャという当時の二大勢力の関係が良好である間は、途絶されていた。ペルシャから直接にビザンツを経て西側に送り出した方が、遥かに距離が短いからである。しかしムハンマドの登場の少し前からこれら両大国の関係が悪化し、それに伴って久しく閉ざされていた昔のルートが再開されることになった。家畜の遊牧から隊商貿易への生業の転換は、強い部族主義に凝り固まった閉鎖的な人々の精神性を解放し、外部の世界に視線を及ぼす機会を与えた。しかしそれによって人々の心の中に育まれた金銭欲、経済至上主義は、既存の価値を打ち壊すことに貢献したとしても、それに代わる新しい可能性を切り拓くものではなかった。富こそすべてという価値観は、伝統的な心性に抵触すると同時に、それだけ強い精神的危機感を人々に与えたのである。そのような精神的空白の状況の中に登場したのがイスラームなのである。

それまでのアラブは、メッカを中心に多くの部族的な神々を信仰していた。しかしイスラームは、このような多神教の伝統の中に強い一神教の教えをもたらすという、決定的な宗教的変革を求めるものであった。そしてそれは同時に、タウヒードの世界観が示すように、既存の血縁、ないしは富を最終的な価値とせず、すべての人々を等価とみなす視点を強調することによって、独自の普遍的な文化的意識をもっていた。これは狭隘な精神的態度に終始する、伝統的な文化的閉鎖性を打破している点で、強力な文化革命といいうるものであった。同時にこの新しい教えは、シャリーアの内容から明らかなように、人々に根本的な社会意識の変革を求めていた。旧来の血縁関係、経済的結びつきの枠組みを超えた社会的公正さの見地から、民主的な共同体の建設のために努力することを、敬虔さの中心に据えるというこの教えの試みは、疑いもなく大きな社会的変革であった。宗教、文化、社会のすべての領域にわたり、既存の道徳、思考法、慣習に大きな変化をもたらすこの新しい教えは、当然当時の支配層ならびにそれに追従する人々から強い反発を受けた。したがってメッカで布教活動を始めたムハンマドと、新しい改宗者たちの一団は、次第に強まる虐待、迫害を蒙るようになり、その結果信徒の一部は難を逃れて、エチオピアに移住しているほどである。ムハンマド自身も、メッカに残留することに危険を感じ、身一つでマディーナに移住する。ところで当時のマディーナの状況は、権威主義的なメッカの場合とは異なり、時代の趨勢を如実に反映するものであった。それまでこの町では、アウス族とハズラジュ族という二つの部族が、長らく激しい対立を続けてきたが、彼らは出口のないこの種の対立に倦み果てて、互いの関係を修復する第三者的立場の仲介者を求めていた。そこで白羽の矢を立てられたのが、他でもないムハンマドだったのである。部族的対立を融和、協調に変えるものへの期待は、時代の底流に何ものかを根付かせようとしていた。イスラームの預言者は、この隠れた流れを正確に予感していたのである。伝統的な部族意識を蔽《おお》っていたわれわれのわたしという意識の厚く、強固な殻を根本的に打ち破るためには、経済的な金権意識では不十分であった。そのためには何よりも、タウヒードの世界観、シャリーア的な生き様を基本とする綜合的な革命、改革が不可欠だったのである。

部族抗争に明け暮れ、内部の対立にエネルギーを消耗させるだけであった当時のアラブは、遠隔貿易の再開と共に外部の世界に眼を開き、別種の生き方に触発されたこともあって、精神的に新しい世界観を模索するような状況にあった。ムハンマドに下された啓示が、そのような社会情勢と関わっていたという訳ではないが、対立、競争を斥け、協調と友愛を基本とするイスラームの教えは、当時のアラブが待ち望んでいたものであったことも事実である。この時代のアラビア半島には、すでに少なからぬユダヤ教徒がいたし、人里はなれた砂漠で修行するキリスト教の隠者の存在も記録されている。うつむいて地上のものをしか見ようとしなかった視線は、自らを相対化する眼差しを求め、それによって人間関係そのものを単なるわたしの観点からでなく、それを乗り越えた、われわれの視点から見はるかす精神的な視座を憧れていたことは疑いがない。当時のアラブの精神的風土から察する限りでは、ムハンマドに下されたイスラームの教えの革新性は、人々にとって青天の霹靂のように衝撃的なものであったに相違ないのである。それは長い伝統的な価値に立脚する社会の旧弊を完全に清算し、まったく新たな精神的枠組みで文化意識、社会構造を変革させる可能性を持つものであった。それがもたらす大きな変化は、すでに述べたように単に宗教的な側面にとどまらず、道徳的、文化的、社会的側面にまで及ぶものであった。因習的なアラブの民が、それまでの価値をかなぐり捨てて新しい世界観に服するためには、おびただしい自己変革が必要であった。「アラブが非アラブに優るとか、黒人が白人に、白人が黒人に優るということはない。優劣があるとすれば、それは敬神の念においてである。あらゆる人間は、土くれから創られたアダムの裔である。そして見よ、ひとが誇りに思うものは、血筋、財産その他すべて廃棄された」。在来の伝統的な部族主義、新たな金権主義の象徴である血筋、財産の価値は否定され、それに代わってタウヒードの価値観に基づく公正さが、公私にわたる生活の基準となったのであるが、この変化はまさに激変そのものというに相応しく、したがって保守的な権力者たちの反発も激しさを極めた。初期のムスリムによる改宗の決断はまさに命がけのものであり、その切実さは同時に彼らの日頃の生活における言行の厳しさ、逞しさにも反映されていた。そこには敬虔さの証である共同体にたいする献身、仲間たちにたいする友愛が満ち溢れていたのである。

イスラームは、メッカを逃れた預言者ムハンマドがマディーナに居所を遷し、その地で歴史的に初めてムスリムのウンマが登場した六二三年を、独自の暦であるヒジュラ暦の元年と定めている。当初のムスリム勢はきわめて弱小で、その勢力の維持のために、存続か死かといった危険な綱渡りのようなかたちで、難局を乗り越えねばならなかった。それまでの部族主義、その後新しく台頭してきた商業主義に逆らって、この革新的な教えに身を投じたムスリムの多くは、ムハンマドの後を追って身一つでマディーナに遷り住んだが、そのさいマディーナのムスリムはこれらの移住者と義兄弟の契りを結び、精神的な連帯ばかりでなく、財産を分け合う等の経済的援助も行なって、まさに実の兄弟さながらの関係を築き上げている。メッカからの移住者はムハージルーンと呼ばれ、マディーナのムスリムは助力者、援助者を意味するアンサールと名づけられ、最初期の共同体の建設に生命を賭して寄与したこれらの人々は、その献身的な態度ゆえに後の世代の深い敬意の対象となっている。イスラーム世界では、預言者と共に生活した経験のある初期のムスリムは、総じてサハーバ、教友と呼ばれて一段と高い評価を与えられているが、現在まで残されている彼らにまつわる多くの逸話は、それに相応しい彼らのきわめて高い人格的な資質を示している。

理想のウンマ――預言者と正統カリフの時代

預言者を初めとして高潔なサハーバを中心に形成された、イスラームの理想のウンマとは何かという問いに答えることは、なかなか難しい。少なくともそれは、体制とか、制度といった、機能的な観点からの論議で語り尽くせるものではなく、この時代に生きた多くの人々の人格的な徳性を含むものでなければならないからである。とまれここでは、マディーナに遷り住んで最初のウンマを築き上げた預言者ムハンマドと、その後を継いだ正統四代カリフたちの業績について、簡単な一瞥を加えておくことにしよう。当初ムハンマドは、誕生したばかりの弱体なウンマの防衛のために、いずれもムスリムであるメッカからの移住者、マディーナの援助者、ならびにユダヤ教徒との協力関係を規定するマディーナ憲章を作っている。これはムハンマドによるウンマ創設後の最初期の公文書であるが、そこで強調されているのは彼らが独自の共同体を形成するものであり、構成員同士の間の協力、協調のかたちを規定したものである。それによれば成員たちは旧来の慣習に従って殺人を行なった際の血の代償、捕虜となった際の身代金の支払いに協力し、困窮者にたいする援助が求められている。登場当初のこの時期から友好的なユダヤ教徒にたいしては、ムスリムと共にウンマの一員であることが認められ、「ユダヤ教徒には彼らの宗教があり、ムスリムには彼らの宗教がある」という宗教的共存の原理が、明確なかたちで提示されていたのである。新生のイスラームのウンマと強大な力を誇るメッカ勢との抗争は、まさに食うか食われるかの二者択一的様相の中で行なわれたが、バドルの戦いにおける勝利、それに続くウフドの戦いにおける苦戦、ハンダクの戦いの後に、フダイビーヤでメッカ勢と協定を結ぶ頃には、形勢はすでにイスラーム側に傾いていた。そして西暦六三〇年、ヒジュラ暦八年にはイスラーム勢はメッカを無血で占領しているが、この勝利の過程で特筆すべきは、初期の信徒たちのウンマにたいする強い忠誠心と、彼らを導いた預言者ムハンマドの卓越した軍事的才覚である。

メッカを征服し、カアバ神殿の数百体におよぶ異教の神の像を破壊した後のイスラーム勢は、三年後にムハンマドが他界するまで、アラビア半島のほぼ全域を支配下に置くほどの勢威を誇ることになった。苦難にあえいだ布教当初のメッカ時代の啓示と弱小の新教団を率いたマディーナ時代のムハンマドに下った啓示の間には、文体、内容に大きな相違が存在している。概ね唯一なる神とその創造、来世と天命といった六信に関わる宗教的な呼びかけに集中していたメッカ啓示に比して、マディーナ啓示となると共同体の整備のためのシャリーア的な要素についての言及が増えてくる。クルアーンの章句の中には、イスラームのウンマが体験した種々相がこめられているが、世に容れられた預言者の伝えた教えはそのすべての様相を体しながら発展的に後代に継受されることになる。

そしてムハンマドの没後、アブー・バクルが六三二年に初代正統四代カリフの座に就くが、彼の統治の二年間は概ね内部の背教者の鎮圧に費やされる。しかしそれに続く二代カリフ、ウマルの時代の十年間は、イスラーム世界の大躍進の時代であった。イスラーム軍は二手に分かれてシリア、イラクに進軍し、六三六年にヤルムークでビザンツ軍を破ってシリアを手中に収め、カーディシーヤの戦いではペルシャ軍に大勝している。当時の二つの大国を、装備も劣り、兵員も圧倒的に少ないイスラーム勢が打ち破った訳であるが、この戦勝の理由は彼らの士気の高さ以外に考えられないと評されている。イスラーム軍の勢いはさらに止まるところを知らず、六四〇年には肥沃なエジプトを版図に収め、翌六四一年にはササーン朝ペルシャを解体させている。六四四年にウマルが暗殺され、三代カリフ、ウスマーンが立つが、このカリフは先代のカリフに比していささか非力で、その一二年の統治のうち最初の六年は善政をしいたが、後の六年は悪政であったと評価されている。結局このカリフは六五六年に暴徒によって暗殺され、彼を継いで預言者の娘ファーティマの婿である、アリーが四代カリフとなる。シーア派の初代イマームと崇められるアリーは、最も初期のイスラームへの入信者であり、人格、識見に秀で、武術にも優れた人物であったが、それまで一枚岩であったイスラーム勢の間に亀裂を生む内戦を経験している。一つは預言者の妻を巻き込んだ、貴顕の士の連合軍との駱駝の戦いと呼ばれる争いであり、いま一つはシリアの太守であり、後のウマイヤ朝の始祖となるムアーウィヤとの確執から生じたスィッフィーンの戦いである。ムアーウィヤは三代カリフのウスマーンの親族に当たるが、彼は暗殺されたこのカリフの血の復讐を求めて、実際は無実であったアリーのカリフの地位に異を唱え、戦いを挑んでいるのである。後のイスラーム世界の命運を決定することになるこの戦いでは、それまで協調を旨としていたムスリム同士が七日にわたって激しく戦い、結局雌雄を決することができずに和平が成立するが、そのさいにイスラーム最初の分派ハワーリジュ派が登場し、アリーがこの派の送った刺客の凶刃に倒れるに及んで、理想的な時代とされる正統四代カリフの時代は終わりを告げる。

その後を継いだのは権謀術策に長けたムアーウィヤであったが、彼の世俗的傾向は知る人ぞ知るで、人格的に問題のある息子ヤジードを後のカリフに任命し、この地位を世襲制にすると、心ある民衆は密かに「カリフの地位を王権同様のものにした」、と非難しているのである。膨大な権力と富を手にした首長は、次第に世俗化の道を突き進むが、その辿る道についてはすでに序章で言及したはずである。イス

預言者ムハンマドと正統四代カリフ

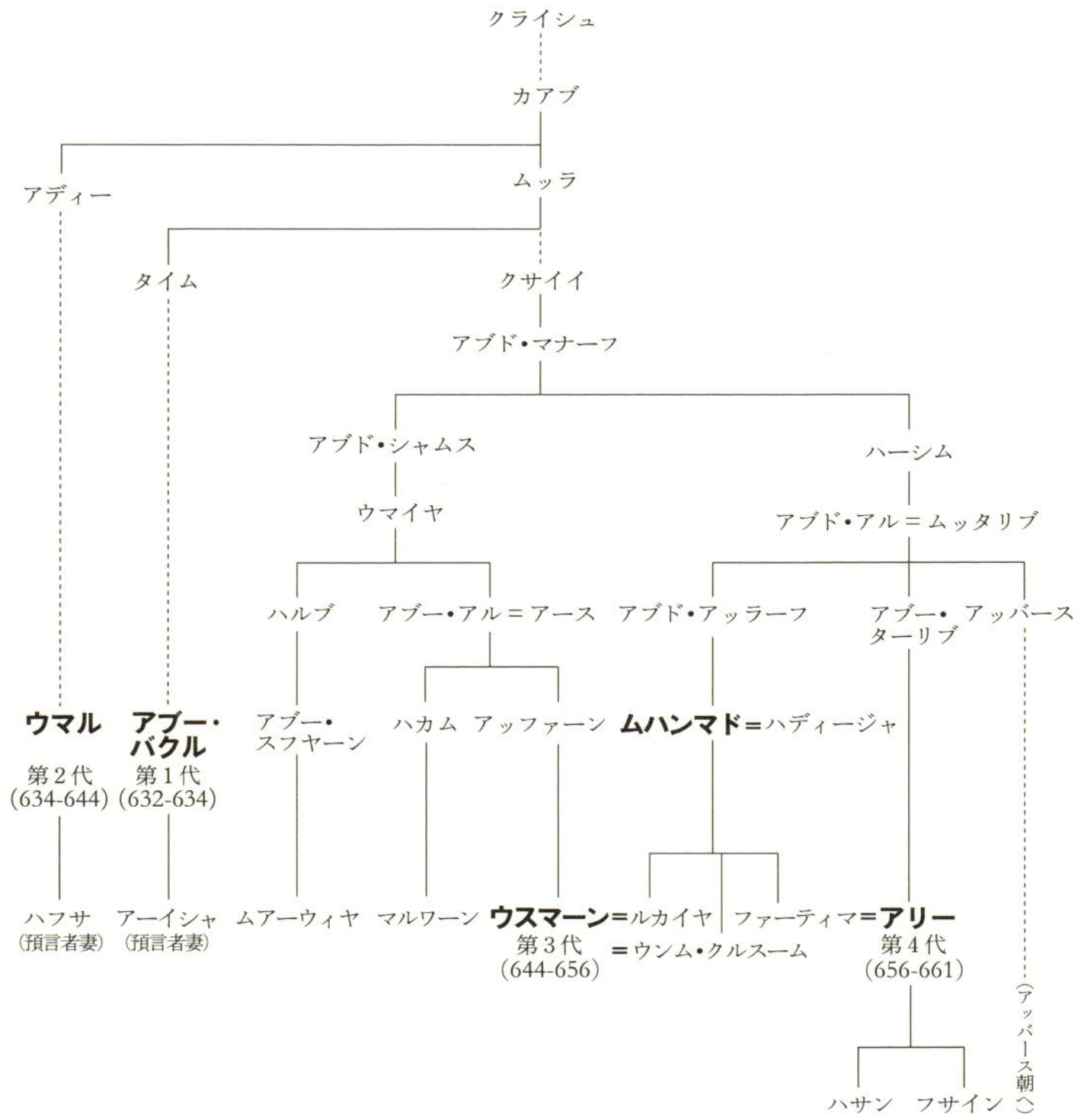

＊実線は直接の父子関係、破線は間接的な関係を指す

ラーム勢力の一体性を維持するために、多くのムスリムにとっては統率者であるカリフの存在は欠かせなかったが、その実質は正統カリフたちとは大違いであることは、誰の目にも明らかである。したがって理想的なウンマに拘る人々は、預言者ムハンマドがマディーナに最初のウンマを建設したヒジュラ暦元年から、アリーが暗殺されるまでの四〇年を、その名に相応しい期間と限定している。この四〇年間は、まさに激動の時代であった。その間のウンマは規模の点から、ヒジュラ暦元年よりメッカ占領までの八年間、その後ムハンマドの他界までの三年間、それに続く四代カリフの統治の三〇年間というほぼ三つの期間に分類されるであろう。これらの時期はそれぞれ守勢、攻勢、拡大の時期と定義されうるものであり、ウンマの規模の拡大と共に、内部の制度、対外政策にも大きな様変わりが認められ、およそ一律には論じきれない性質のものである。また後代の人々には模範的な時代と呼ばれているとしても、三代カリフ、ウスマーンの治世の後半からは、それまで一致団結を誇っていたウンマにも乱れが見え始め、決して模範的な面ばかりという訳にはいかない問題点もある。

民衆とカリフの関係性

しかしこの四〇年間の歴史を通じて、一貫して認められるものが存在しない訳ではない。先ず第一に挙げられねばならないのは、民衆のタウヒード的な価値観、シャリーアの行動倫理にたいする忠実さであろう。イスラームの政治的側面に関して注目すべき点は、預言者ムハンマドが他界する際に、自らの後継者について何ら明瞭な発言をしていないことである。共同体にとって最も重要な点は、その構成員たちの資質であって、決して指導者の有り様ではないということを、預言者は熟知していたものと思われる。この点に関連しては、クルアーンが明確に指摘しているように、神の後継者、カリフは信者個人個人であり、それ以外の何者でもないということが重要であろう。共同体の運営において、先ず大切なのはその中の個人の資質であり、またそれゆえにその境遇について最大限の配慮が必要であるということを、預言者はよく弁《わきま》えていた。自分の地位を継ぐ政治的指導者を、明確なかたちで指定していなかったことは、この問題に関する彼の信条の表れであるといいうるであろう。それゆえ預言者没後のウンマでは、信者たちを統率する長としてのカリフの選任について、激しい見解の相違を招いている。移住者と助力者の間で激論が交わされ、その結果ようやく最終的にメッカのクライシュ族出身である、アブー・バクルが初代のカリフに選出されている。ここで重要なのはこの信者たちの長が、神の御使いのカリフ、つまり預言者ムハンマドのカリフであって、神の直接のカリフではないという点である。要するに神の直接のカリフ、つまり後継者、代理人は個人個人のムスリムであって、神の代理者性において一般の民衆の方が、彼らの長より上位にあるというのがイスラームの特質なのである。このことは共同体の長の位置づけ、選出の方法に関する、この時代の特殊性を明らかにするものである。

理想的なウンマの特質に関する第二の点としては、信者たちの長の意味でのカリフの位置づけである。初代正統カリフ、アブー・バクルは、預言者亡き後共同体の指導者として選任されたさいに、民衆に向かって次のように語りかけている。「皆の衆よ、私はあなた方の統治者となりました。ただし私は決してあなた方の中で最も優れた者ではない。したがって私が正しければ協力して下さい。私が悪ければ正して下さい。真実は信頼であり、虚偽は裏切りです。あなた方の中の虐げられている弱い者は、私にとっては強い者です。そのような者には、私は正当な権利を返します。あなた方の中で人々を虐げている強い者は、私にとっては弱い者です。そのような者からは、私は不当な権利を取り上げます。私がアッラーとその御使いに従っている限り、私に従って下さい。私がアッラーとその御使いに背いたならば、私に従う必要はない」。この言葉に明らかなように、統治とは勝ち取られた権力による上からの支配ではなく、公正な基準に基づいて共同体の調和ある運営を下から支えるという、公的な責任の遂行に他ならない。それは権力の行使のためのものではなく、宗教とその教え、つまりは民衆の福祉、安寧のために奉仕することを第一の目的としているのである。カリフの任務とは、すでに述べたように上から力で民衆を統治するのではなく、彼らの福祉、安寧を、教えが定めた道に則って下から支えることなのである。換言するならば彼の任務は、タウヒードの思想、シャリーアの指針を公的に堅持することによって、人々が持つ可能性を存分に開花させることにある。才能、資質を十分に開花させる機会を失っている者にはそれを与え、他人からそれを奪った者にはその行き過ぎを矯正する。カリフたる者が拠らねばならない基準は公正さであり、そのような姿勢を貫いて公正さを共同体の隅々にまで遍《あまね》く及ぼすことこそ、彼の使命に他ならない。公的地位とは、民衆の下に立ち、彼らに奉仕することを弁《わきま》え、身をもって実践した正統カリフたちの生涯は、当然初期共同体そのものの質に如実に反映しているのである。

このことは、この時代のカリフ選任の流儀にも関わっている。カリフたる者は、宗教的敬虔さ、学識、経験、人格、ならびに政治的指導力等の点で、当代で最高の人物でなければならない。正統カリフたちの人選はそのような観点からなされ、またそのような意図は、具体的な彼らの治世に結果として現れることになったのである。預言者の後を継いだ四人のカリフたちはいずれも、最も初期のイスラームへの改宗者であり、創成期の苦難を味わい、ウンマの存続、維持に積極的に貢献した点で、選択の基準から外れる点は少しもなかった。そしてその選任についても、全員参加という訳にはいかなかったが有力者たちの協議、前任者の推薦、あるいは前任者の指名を受けた選定委員たちによる推挙等、民主的な判断が貫かれるような形式が取られている。四代カリフ、アリーの任命の際に若干の問題が生じているが、これも当時存在した政治的紛料が原因となったものであり、アリーその人に何らの欠陥が存在する訳でもない。これらのカリフの生涯については、数多くの資料が残されているが、彼らの人間的資質の卓越さに関する逸話は枚挙に暇がない。四人に通じて特徴的なのは、彼らの個人的な無欲恬淡さ、清廉潔白さであろう。初代カリフ、アブー・バクルは、腕利きの商人であった。初期の苦難の時代に、資産の多くをイスラームのためになげうったことは有名であるが、カリフ就任後も国庫から、給与に類するものを一切受け取ろうとしていないのである。ある日多忙な公務を離れて立ち去る彼の姿を見かけて、ウマルがどこに行くのかと尋ねた。するとカリフは、商売をしにいくのだと答えた。そこでウマルは彼を再三にわたり諫《いさ》めた末、ようやく国庫から少額の給与を受け取ることを認めさせているのである。公金に関する取り扱いの潔白さについてはまた、次のような逸話がある。彼は預言者の娘ファーティマから、小さな土地から上がる収益を、父の残した遺産として生前中同様受け取ることができるよう依頼された。しかしアブー・バクルは、「預言者は遺産を残さない」というムハンマドの言葉を理由に、国庫の規模からすれば少額の彼女の要求を拒んでいるのである。預言者の娘からのほんのわずかな要求を断ることは、個人的にはかなり難しいことであったはずであるが、カリフは公的な立場を崩してはいないのである。預言者を始めそれに続くカリフたちの、公私の区別にたいする厳格な態度は、イスラームにおいて政事がいかにあるべきかを、端的に示すものである。為政者たる者は、公の事柄において、いささかも私利私欲に走ってはならない。遺産を残すべからずという預言者の主張は、彼の代理人であるカリフたちに、少なくとも四代の間は確実に継承されたのである。この種の廉直さにかけては、二代カリフ、ウマルの例はさらに輪をかけたものであった。彼の時代ともなると、ウンマの拡大は目覚ましく、したがって国庫の豊かさも想像も及ばぬほどのものとなっていた。しかし彼はカリフ就任後も、長らく国庫から報酬を手にせず、自分の手元に生活費が一切なくなった時に初めて教友たちに相談し、給与を手にするようになった。しかしその額はきわめて少額で、年に夏、冬用の衣服二着、ならびに大、小の巡礼に赴くための乗り物と、一家の食い扶持に限られていた。彼の信条によれば統治者は、常に民衆と同じレヴェルの生活を送る必要があったのである。そのために家族からはしばしば、苦情が寄せられるほどであった。

自らの公的立場についての厳格さは、民衆の生活にたいする配慮の周到さと反比例していた。彼は昼間の公務を終えると、夜はわずかな供の者を連れて町の夜回りを行なうことを日課とし、貧しい者、困窮者に出会うと援助の手を差し伸べ、必要とあれば国庫から惜しみなく支出した。われわれのわれわれの気風を、広く共同体の隅々にまで根付かせるためには、為政者の品性、人格が最も重要であるということを、正統と呼ばれるに相応しい初期のカリフたちはよく弁《わきま》えていた。したがって彼らは自らわたしに厳しく、われわれに寛大であることを心掛けたが、その配慮が最も厳密になされたのが、地方の太守の任命においてである。地方の為政者の任命に当たっては、自らそれを求めて志願する者を遠ざけ、むしろ責任の重さ故にその任を避けようとする者に白羽の矢を立てた。そして任地に向かって派遣するに当たっては、さまざまな訓戒を与えている。地方に派遣される太守たちにたいする歴代カリフの優れた訓話は数多いが、ウマルが彼らに課している次のような条件は有名である。つまりこのカリフは地方の統治者たちに、華美な飾りを付けた乗り物に乗らぬこと、精製された白いパンを口にしないこと、上質で柔らかい服を着用しないこと、必要のさい以外には、入り口の扉はいつでも、誰にでも開放しておくこと、といった訓示を垂れているのである。為政者たるものは、私生活においては奢侈にわたらず、公務の場はいつでも民衆の苦情を聞き取るために公開しておくこと。ウマルは自ら範を垂れることにより、同僚に当たる太守たちに対しても、自らにたいするのと同じ条件を課しているのである。「私はあなた方の肌に鞭打ったり、あなた方の陰口を叩いたり、あなた方の財産を横領するような者を決して統治者には選ばない。私が選ぶのは、あなた方にアッラーの啓典と預言者の言行を教え、自らそれを実践する者たちである。もしも彼らの中に悪事を行なう者がいれば、私はそのような者の首をはねることを約束する」。そして彼は絶えず現地の情勢に注意を払い、住民たちから不平、不満の声が上がると即座に関係者を召還し、真偽のほどを確かめて公正な裁決を下した。イスラームのウンマという地上初めての共同体の有り様は、当初漠然として非定型のものであり、これに社会的な一定のパターン、枠組みを与えていくためには、単なる制度、組織、体制の整備からでは果たしえないものがあった。正統カリフたちは、信者たちの長としてイスラームの教えが個々人に要請するものを、自らの立ち居振る舞いによって範を垂れ、それによってウンマの有り様を提示することを、身を以て心掛けているのである。

〈原理主義〉と〈原点回帰主義〉

アブー・バクル、ウマルに関する逸話を最小限活用しながら、初期のカリフたちの生き様について説明したが、これと同種類のエピソードはウスマーン、アリーの場合にも共通して見出すことができることはいうまでもない。さらに留意しなければならないのは、これらのカリフが身を以て示したイスラーム的人間としての生き方が、決して彼らのみに留まらず、立場こそ異なれ彼らと共に生きた多くの教友たちによって実践されていた点である。イスラーム登場後四〇年の理想のウンマに関する記録は、この時代の歴史的文献にさまざまなかたちで残されているが、そのありようはタウヒードを下層とし、シャリーアを中層とする基本構造の上に正確に位置づけられる模範的な上層として、見事な実像を形成している。そしてそこに見出される多くの具体的な実例は、後の信者たちにとってのイスラーム認識の中核をなし、この教えの規範性を維持するために大きな貢献を果たし続けているのである。英明な為政者たちの言行は、個人に始まり家庭、隣人、地域から大共同体に至るウンマのすべての段階における、人間の生き方の範として人々が模倣するに足りる内容を備えており、またそれゆえにこの時代の共同体はそれ自体で、イスラームの神聖史として特別な地位を与えられるに相応しいものなのである。タウヒードに基づく草の根の民主主義が謳歌され、シャリーアに根ざした人間的情愛が充溢していたこの時代の共同体の有り様は、後世のムスリムの敬虔さが、心の底から憧れる社会の一つの理想的な姿である。心あるムスリムは皆、現実の社会にこのような姿を回復させることを夢見るが、それはまた敬虔な信者が当然担うべき役割に他ならないのである。〈先人たちの時代に帰れ〉というスローガンは、イスラームの歴史を通じて絶えず繰り返される基調低音であり、それはまたイスラーム世界でいつでも強い効力を発揮してきた。現在通俗的に外部の世界から〈原理主義〉と名づけられているものも、実際のところ先人たち、つまりサラフ（父祖）の時代の理想的なウンマに帰れという、サラフィーヤの動きであるが、この正確な訳語としては〈原点回帰主義〉という表現が適当であろう。その本性、実質の理解のためには、他の問題からのアナロジーではなく、われわれが検討してきたタウヒード、シャリーアと理想的なウンマという、イスラームに固有な三層構造に関する認識に基づく分析が不可欠なのである。

「汝ら信仰する者よ、アッラーに従いまつれ。また御使い、ならびに汝らのうちの権能を持つ者に従え」（クルアーン第四章五九節）。ウンマは共同体である限り、必ず何らかの統率者を必要とする。人間の集団が、共同体内部の治安、外敵からの防衛等、特定の公的な任務に当たる統率者を必要とすることは疑いがない。ウンマがその団結、結束を維持するためには、一人の優れた指導者に従うことが最も望ましい。しかしそれが、実践されるためには彼が、クルアーン、スンナが示している公正さを守るという、基本的な条件を欠かすことができない。「おまえたちは法を越えた者の命に従ってはならない。彼らは地上に危害をもたらす者で、悪弊を正す者ではない」（クルアーン第二六章一五二節）。ウンマの構成員の一人一人には、不正な統治者にたいする抵抗権が最初から公認されているのである。そこで問題は、不正とは何かという点に絞られてくる。理想的なウンマの維持は、指導者たちの敬虔さ、誠実さが最も重要な要素ではあったが、単純な正邪曲直の考えだけでは簡単に片付けられない問題があった。それが顕在化してくるのは三代カリフ、ウスマーンの時代に噴出してくる問題である。急速なイスラーム世界の拡大は、国庫に莫大な富をもたらした。それらは当初節度をもって使用されていたが、時代の経過と共に人々は奢侈に流れ、現世的な欲望が生活の前面に現れてくるようになった。その影響が最も端的に現れたのが、地方に派遣された太守たちの生活ぶりである。そのような経済状態の変化と、ウスマーンによる政府の顕職にたいする同族登用の傾向は、民衆の反発を買わずにはいないものであった。ウスマーン自身は、宗教心も篤く、清廉潔白な人柄であったが、臣下に規律を求めるという点では寛容に過ぎる点があった。それに加えてこのカリフは、次第に要職にウマイヤ家出身の親族を任命する傾向を強めている。エジプトの太守には自分の乳兄弟、バスラの太守には母方の従兄弟、シリアの太守とカリフの政庁の長官にはいずれも父方の従兄弟を配置するといった具合である。そもそもこれらのウマイヤ家の出身者たちは、ウスマーンを除いてイスラームに対しては日和見主義的で、メッカ征服の後に周囲の情勢を見極めた末に初めて入信した人物たちであり、彼らの信仰心については多くの人々が疑惑の念を抱いていた。生命を賭してイスラームのために貢献した人々を蔑《ないがし》ろにして、カリフがこのような人間を要職に配置するといった傾向が、古参の教友たちにとって好ましくないものであったことは想像に難くない。しかもウマイヤ家の出身者は総じて世俗的な欲望に流されがちで、とりわけシリア太守のムアーウィヤなどは、その点でしばしば人々に誹謗されるほどであった。

これらの要因は決してカリフ、ウスマーンその人に咎《とが》が帰せられる性質のものではない。しかしこの種の疑惑は、さまざまな機会に公費流用の噂を立てられたり、それをめぐって敬虔な教友たちとの不和が取り沙汰されたりして、次第に社会的な不満が嵩じていった。その結果エジプト、バスラ、クーファからそれぞれ造反者の一団が当時の首都マディーナを訪れ、一致してウスマーンに退位を迫った。それを拒んだウスマーンは、これらの造反者を説得することができず、権力の保持者として武力で彼らを退去させることができたにもかかわらず、平和的な解決を求めて結局彼らに刺殺されている。理想的な時代の只中で生じたこの事件は、その後のイスラーム世界の世俗化の幕開けとなる重要なものであるが、結果こそ悲劇的であるものの、反面では初期の共同体における一つの特質をよく示しているであろう。為政者の過失に敏感に反応する鋭い民衆の感受性、その不穏な動きに対して、いかなる仲介者も立てずに自ら対処しようと試みるカリフの対応ぶりには、当時の統治者と被統治者の距離の近さを感じずにはいられない。ちなみに正統四代カリフは、病死したアブー・バクルを除いて、異教徒の凶刃に倒れたウマル、地方の叛徒の手によって殺されたウスマーン、そして過激なハワーリジュ派によって暗殺されたアリーといった具合に、不幸なことながら死の瞬間にも民衆の只中にいた。カリフはプリムス・インテル・パレス、つまり同輩の中の第一人者として、民衆の手のすぐ届くところに居たのである。しかしウマイヤ朝の創設者ムアーウィヤの時代から、礼拝所には初めて高い説教壇が設けられ、カリフと民衆の間には両者を隔てる明らかな高低の差が現れるのである。当時の批判的な人々が指弾しているように、イスラームのカリフ職は、王権と変わりないものになり下がったのである。それはウンマが、単なる権力国家と変わりないものへと変質することと密接に関連している。

四代カリフ、アリーは、預言者ムハンマドの従兄弟に当たり、幼少の頃より彼の身近にいたが、成人してからはその娘ファーティマと結婚して女婿となっている。イスラームへの入信の時期も最も早く、人格、家柄、見識、武勇、イスラームへの貢献度のいずれをとっても、人後に落ちることがない存在であった。預言者との血筋、関係の近さにおいて彼はいわば別格的な存在であったが、この預言者との私的関係の密接さが、彼をそれまでカリフの座から遠ざけていた感は免れない。ウスマーン暗殺後、遅蒔きながらようやく彼に出番が回ってきた感があったが、彼のカリフの地位に関しては、シリアの太守ムアーウィヤが、先代カリフ、ウスマーンの血の復讐を口実に不満の意を呈している。叔父に当たるウスマーンの暗殺者たちの身柄を差し出せというムアーウィヤの要求は、それなりに正当性がある。しかしアリーには、彼らと共謀、接触した疑いはなく、この言い掛かりはウンマ全体を問題とする大局的な立場からすれば、単なる策謀に過ぎなかった。しかしムアーウィヤは、これを口実にしてアリーにたいする反対キャンペーンを開始し、その結果アリーを支持するイラク勢と、ムアーウィヤ支持のシリア勢との間にイスラーム世界を二分する対立が生じているのである。そしてアリーが、過激派の一団であるハワーリジュ派の刺客の凶刃に倒されるに及んで、権謀術数に長けたムアーウィヤが、イスラーム世界を統一することになる。この段階でイスラーム的人間の徳性を備え、それゆえに正統カリフと呼ばれる指導者たちの為政の下にあった、いわゆる理想的なウンマは終わりを告げるが、それ以後のカリフとそれ以前の差は、五代目正統カリフと呼ばれるウマル二世の場合をわずかな例外として、きわめて大きいのである。

理想のイスラーム共同体を挟む二つの反面教師的歴史

無明時代のアラブ世界とイスラームとの対比、預言者から正統四代カリフの時代とそれに続くウマイヤ朝の為政の比較は、理想のウンマの本性を理解する上できわめて重要な手続きである。理想のイスラーム共同体を挟んだ二つの反面教師的な歴史的事実は、イスラームの敬虔さの発現様式を見事に浮き彫りにしてくれる点で、何にも代え難い資料なのであり、この時代の四十年の歴史は具体的に地上に現実化された神聖史として、その価値はクルアーン、スンナに匹敵するほどのものなのである。

強い世俗的な関心から天下を握り、カリフ職を世襲制にしたウマイヤ朝の評価については、民衆の見解は大きく二つに分かれている。この時代のカリフの人間性、統治が、それ以前の事態と比べて遥かに世俗的であることは、誰の目にも明らかであったが、そのような状況にあって当然ながら、人々の間には疑わしい指導者の為政下に生きることに関して、強い問題意識が生ずる結果となった。イスラーム最初の分派、ハワーリジュ派の登場は、厳密にはウマイヤ朝の誕生と直接に関わっている訳ではない。彼らが独立して一派をなす契機は、スィッフィーンの戦いでムアーウィヤと戦う羽目に陥ったアリーが、戦い半ばで和議に応じたことにあった。徳性の劣ることが明瞭な指導者の提示する和議に応ずるのは、それ自体イスラームに反するという考えから、彼らはムアーウィヤ同様、アリーの支配者としての資格をも否定することになった。悪しき支配者に従ってはならないとするクルアーンの教えは、さまざまな解釈の可能性を提供するが、ハワーリジュ派の場合はこの論理をきっかり几帳面に受け取った。そして悪政の下からの離脱を試み、自分たちのカリフを擁立してアリーの戦列を離れているのである。ハワーリジュとは〈離脱する者たち〉という意味であるが、悪しき支配者の統治を離れて居を遷すという態度は、イスラームのピューリタンたちにとっての一つの典型となっているのである。ちなみにこのような態度は現代の過激派にまで影響を及ぼしているが、その一例としては、イスラエルとの和平交渉に応じたエジプトのサダト大統領を暗殺した、小グループが挙げられるであろう。彼らの呼称は、タクフィール・ワ・ヒジュラというものであるが、これを翻訳すると現政権を非イスラーム的とみなし、そこから居を遷すという意味である。上代の史実は、千数百年を経た後にも人々のメンタリティーに影を落としているが、この事実一つをとっても、古い歴史がいかに現代の人々の身近にあるかが理解されるであろう。ところで居を遷すとはいっても、現実にこの世には彼らを住まわせる空き地は存在しない。そこで彼らは、為政者の統治から離反し、それに抵抗することを信仰の基本とするのである。悪政を前にして胡座してはならない。それに抵抗するために立ち上がって戦うことこそ、信仰の証であるとする。彼らのこのような姿勢は、当然信仰と行為の関わりを問う神学的な問題を提起することになった。イスラームが要請する信仰箇条を受け入れ、共同体の命運と深い関わりのない義務的行為さえ行なっていれば、ムスリムとして充分なのか。要するに心の中に信仰心さえ持っていれば、行為に欠けることがあっても信者たりうるのか。それとも完全な行為なしには、信仰の要件を満たすことにならないのか。ハワーリジュ派の厳格主義は当然後者の立場を貫き、彼らは時の政権に武器を持って反抗する道を選んだ。最初にアリーの軍を離脱してナフラワーンに集結した彼らに対し、アリーは兵を率いて対戦し、その結果ハワーリジュ派はほぼ全滅の憂き目を見ているが、その残党が時の三人の政治的支配者、アリーと、シリアのムアーウィヤ、エジプトの太守アムル・ブヌ＝ル＝アースに刺客を差し向ける。そして皮肉にも彼らの試みは、最も人格的に高潔なアリーの場合だけ成功する結果となるのである。その後ウマイヤ朝が立つが、ハワーリジュ派は再三にわたりこの王朝に対して反乱を起こし、その屋台骨を揺るがしているのである。敬虔この上なく、士気の高かったこの派の人々は、弁舌爽やかで、彼らの説教を耳にして心打たれぬ者はなく、戦いに立ち上がればわずか百人の仲間で数千の敵と渡り合ったという多くの逸話が、さまざまな史書に伝えられている。悪政を前に座視することなく立ち上がれ。現世で来世を購え。堕落したイスラーム世界の内部からの、この世界の支配者にたいする反乱は、ウマイヤ朝の百年の歴史にほぼ絶え間なく繰り返されているが、死を賭した彼らの捨て身の反抗は、その余りの厳格主義のゆえに人々の間に定着することはなかった。

時の政権の力は、個人の力によって対処するには余りにも大きかった。同時にイスラームの共同体は、何らかのかたちで共同体としての一体性を保つ必要があった。ハワーリジュ派のような過激な態度に与《くみ》しない人々は、たとえ世俗的な政権であったにしても、イスラームにたいする特に著しい違背がなければ、それに耐えることも信者たちの集団的義務であると考えた。そして信仰と行為の問題についてはは行為の善悪の最終的な判定は、最後の審判の日に神が直接裁定を下す問題であり、現世において決着がつけられる性質のものではないとする、判断留保を主張する立場が現れた。判断の猶予を意味する語の動名詞ムルジアという表現を採って、ムルジア派と呼ばれるこのような人々の考えは、さしあたりウマイヤ朝支配を容認する思想傾向となった。世俗化にたいする硬軟二つの対応振りは、このように思想的な刺激をもたらしているが、これがイスラーム世界における神学的思索の発展の、強い動因となっているのである。世俗化についての上述のような二つの対応は典型的な例であるが、その後理論的な深化が試みられることによって、さまざまなヴァラエティーが生み出されている。

ウンマの多層性

ところで理想的なウンマの問題から、その後のウンマの展開へと話題を転換するに先立って、ここで若干の予備的考察を行なっておく必要があるであろう。それはイスラーム的なものの現実的な機能の範囲、性質についての検討である。イスラーム的なものは、タウヒード、シャリーア、ウンマの三つの層がきっちりと噛み合って機能しているさいには、それらが過不足なく実現されている理想的なウンマに要約されるかたちで存在する。しかしその三つの層にずれが生じた場合、最初に影響を蒙るのはウンマの最上層なのである。ここで留意しなければならないのは、アラビア語のウンマの原義が、大小を問わないすべての規模の共同体であるということである。広義のウンマは、イスラーム世界の全体を指すが、それは実はその下に中規模、小規模の共同体を内包している。ただし広義のウンマの質的劣化は、必ずしも中、小規模のウンマの劣化と直結するものではない。理想のウンマの場合、民衆は指導者の廉直さのゆえに、一枚岩となって彼の指示に従った。しかし世俗化が進む中で、彼らの多くは為政者の支配にたいして次第に一線を画す態度を示すことになるのである。この点に関しては次のような預言者のハディースを引くことができるであろう。「(イスラームの)君主は、地上におけるアッラーの影である。虐げられたアッラーの下僕たちは、その君主に庇護を求める。君主が正義を行なえば、臣民は感謝の念を抱き、彼を賞賛する。しかし圧政を敷くならば彼は罪を得、臣民には忍耐の得点が与えられる」。預言者は、ウンマの行き着く先を確かに見越していたのであり、人々には多少の悪政には忍耐をし、眼をつむれと諭《さと》しているのである。この言葉は、一見日和見的な妥協の態度を勧めているように見えるが、実はそうではない。この例においては君主という表現には、ハディースにしては珍しく、政治的な指導者を指すスルターンという表現が用いられているが、ここでいわんとしているのは、たとえ君主の態度が政治的に劣悪であった場合でも、信徒たる者はそれに耐え、自分の道を歩めという促しなのである。困難に耐える精神は、イスラームの讃えている美徳の一つであり、この言葉は為政者の態度のいかんにかかわらず、信者はそれぞれ与えられた世界観、行動の道標に従って生きれば足りるという、自律的な態度への誘いなのである。イスラームの教えは指導者たち、もしくは権威的な学者たちのものでもない。それは神の直接のカリフである人間一人一人のものであり、したがって信者は為政者のいかんに左右されることなく、わが道を行けば足りるのである。次第に色濃くなっていく世俗化の進行は、確かに敬虔なムスリムを憂慮させるに充分であった。しかし同時に時の権力者が、世俗化によって取り仕切ることが可能な領分は、この世界ではきわめて限られていた。共同体の公的な領域において、世俗的な力の影響力は次第に拡大していった。しかしその支配のすぐ下では、表現を変えるならば中、小のレヴェルの共同体においては、草の根の信者たちによって公的権力の介入を簡単に許さない体制が、力強く組織化されていったのである。タウヒードは存在を分有し合う個人個人を主役とする教えであり、シャリーアは池に投じられた石の波紋のように、個人から発して次第に輪を広げていくかたちで行動の規範を提示しており、信者たちはその指示に従って底辺から、つまり規模の小さな共同体から自律的に組織していった。下からのエネルギーが上に及ばない場合でも、為政者がその権力をもって取り仕切ることのできる領分は、薄い上層の表皮に限られていたのである。

民衆の優位性

これまでのイスラーム世界に関する歴史的記述は、もっぱら王朝の歴史、権力者たちの歴史に焦点が当てられるばかりで、イスラームを信ずる庶民たちが織り成す社会的特性についての分析は、ほとんど軽視されてきた。しかしこの世界の真の主人公は、イスラームの教え自体から明らかなように、それぞれの個人からなる〈民衆〉に他ならないのである。イスラームはきわめて共同体的な教えであるが、そここにおいて民衆は、王朝や国家に優先し、より一義的なものとして説かれている点については、個々の信者と信者たちの長との間のカリフ性の優劣を論じた場所で指摘したはずである。この教えによれば一人一人の人間は神の直接のカリフであり、信者たちの長としてのカリフは、神の御使いのカリフにしか過ぎない。それぞれの個人に対していわゆる公的なカリフは、二義的な、仮初めの存在であり、ことほど左様に一人の民に対して支配者が代表する王朝もまた、仮初めの存在にしか過ぎない。すでに検討済みのようにイスラームの世界観も、法も共に、為政者、王朝といったものが、完全に個人を取り仕切る位置にはない構造を備えているのである。確かに一介の個人の力は、現実的には為政者の前では無力である。しかし為政者が公正であればつき従うが、不正があった場合には抵抗せよという指示は、すでに存在している。ただし問題は逸脱の程度であり、また為政者と個人の力関係にある。そのような観点から、預言者はいっている。「不正を眼にしたらムスリムは、行為を以てそれを正せ。それができなかったら、舌を以て抵抗せよ。それもできないようならば、心に深い怒りを燃やせ。それも為《な》しえないような者は、もはや信者ではない」（ハディース）。ここで預言者の指摘の力点は個人の側にあり、それぞれの信者に向かっていかなる状況においても可能な限りのかたちで、公正さのかがり火を灯し続けるようにと諭《さと》している。このような預言者の言葉は、悪しき支配にたいする、公正さを盾とする不服従を正当化するものであり、反乱に立ち上がらないからといって人々は、世俗的な為政者の治世に満足している訳ではないのである。支配層の世俗化が進むにつれて彼らは、預言者のこのような促しを胸に刻み込んで、政治的な権威に対していたのである。このような視点でウマイヤ朝の歴史を通読してみると、多くの通史が安定そのもののように描いているこの王朝の内部では、絶え間なく大小の反乱がさまざまな地域で起きており、同時にある種の人々、とりわけ有名な法学者たちが、ほとんどこの王朝に協力の姿勢を示していないこと等、民衆の反抗の実態がすぐに明らかになるのである。しかしこれよりも重要なのは、その後イスラーム世界に一貫して存在することになる社会的な二層構造の出現であろう。公的権力は官僚機構、軍隊等を通じて社会の上層部において力を掌握する。しかしその一段下の部分では、シャリーアが細かく規定している民衆の敬虔さのゆえに、つまり彼らの自律的な相互扶助の活動のゆえに、上からの権力は容易に介入しえないでいるのである。公権力は社会構造の薄い表皮の部分を占拠するが、その下の地域的共同体で主役を演じるのは、つねに一般の民衆であり続けるという社会的構図が定着していくのである。

ムスリムはすべて神のカリフとして神の支配の下にあり、為政者、政治的権力に仕えるものではないというタウヒード的な政治の解釈は、シャリーアの誘いに従って世俗的な支配者の治世における彼の態度を規定する。「いえ、わたしの礼拝と奉仕、わたしの生と死は、よろず世の主アッラーのためのものである」（クルアーン第六章一六二節）。「来世の耕作を乞い願う者には、われらはその耕作を増すであろう。また現世の耕作を願う者には、われらはそのいくらかを与えよう。しかしその者には、来世での分け前はないであろう」（クルアーン第四二章二〇節）。ムスリムの視線は、彼らが現世における境遇を相対化し、与えられた環境の中でシャリーアの指示に従って公正さの灯火を燃やし、可能な限りでその実現、維持を試みる営みの世界観的な根拠を持っているのである。神への服従とは、具体的には自己の相対化を介しての公正さへの執着であり、その実現のための他者にたいする献身を意味する教えにおいて、その余のいかなる権威も個人のそのような実践に干渉を加えるものではなかった。国政のレヴェルは譲り渡しても、家庭、隣人から地域の小共同体といった個人が協力の実を上げうる領分では、権威者が用いる〈囲い込み空間〉の論理が作用しない、〈滑らかな空間〉の論理の世界を作り上げていったのである。

国家の時代におけるウンマ

為政者とウンマ

現実世界の世俗化に伴う上述のような社会的二層化を念頭におきながら、カリフ職、ないしはイスラームの国家が、総体的にどのような事柄を目的としていたかについて、やや具体的に検討を進めることにしよう。理想の共同体が終わりを告げ、世俗的なウマイヤ朝がイスラーム世界を支配することになったが、イスラームの革新性はいまだに人々の心を惹きつけずにはいなかった。イスラームのウンマは、その規模の拡大ゆえに機能的な官僚組織を必要としていた。そしてある研究者は、ウスマーンからアリーの時代の混乱は、官僚機構の整備にたいする民衆の反応の相違に起因するという説明を下している。ウスマーンの同族登用も、地方の統率者として単に人格的に優れた者よりも、行政的に能力のある者を選任しなければならないという、選択基準を変更する必要性の結果生じた事態であり、単純な身びいきとはみなしえないというのである。官僚制という無機質な、〈囲い込み空間〉の論理の拡大を前にして、自主独立の気風の強い、遊牧的な〈滑らかな空間〉の論理が反発を強めたという次第である。ともあれイスラーム世界は、支配層に強い世俗化の傾向は見られたものの、タウヒード、シャリーアがもつ革新性によって、中央アジア、イベリア半島へと向かってさらに版図を広げて行った。イスラームの拡大は、植民地主義的かという問題については、多くの議論がある。しかしこの場合被征服者がイスラームに改宗した場合、征服者と同様の立場に立ち、改宗を拒む場合でも為政者に敵対的な態度を示さない限り、異なった税体系の下で自由な宗教活動が認められるといった、当時としては開明的な態度は、人々をこの教えに惹きつけずにはいなかった。

ウマイヤ朝は、すでに指摘したような世俗主義がもたらしたさまざまな政治的内紛の結果、イスラーム性の回復をスローガンとしたアッバース朝に取って代わられる。この間に生じた大きな変化は、ウマイヤ朝において王朝の支配的な地位が、イスラーム発祥の地の出身者であるアラブによって占められており、アラブの王朝と呼ぶことができるような状態であったが、アッバース朝においては新参の非アラブが大きな指導力を発揮していることである。

アラブの王朝から、人種の壁を越えたイスラームのそれへと変貌していった訳であるが、そのような変化の中でもカリフの存在は、政治の舞台で欠かすことのできないものであった。イスラーム世界は、依然として強くイスラーム的であり、単なる政治的権力を以てしては統治しえなかったが、それはこの世界の底辺に堆積されているイスラーム性の存在のなせる業に他ならない。アッバース朝の後半から、カリフの脇には政治的な実力者であるアミールが付き添い、双子の支配者を抱える状態が続き、最終的には後者がカリフを実質的に完全に統制するという事態に立ち至るが、事情のいかんを問わずこの世界はたとえ名目的にせよ、信者たちの長であるカリフの存在を必要としていた。したがってこのカリフ職というものが、いかなる任務を期待されていたかということを点検することは、ウンマの本性を知るための重要な手掛かりとなりうるであろう。あるべき姿とその実態との間には、かなりの隔たりがある。しかしいつでも民衆の敬虔さは、指導者の中に理想的なカリフを求めていたのであり、他方カリフ自身も可能な限りそれに応える必要があったのである。

最初のカリフ、アブー・バクルの時代からアッバース朝最後のカリフの時代まで、政治的情勢は大きく変わっている。それに応じてカリフの地位、役割も変化している。初期には単純であったカリフ職任務も、版図の拡大、時代の経過と共に次第に複雑、多岐にわたるようになっている。しかしこの地位をめぐる諸事情については、十一世紀の法学者アル＝マーワルディーが、『統治の諸規則』という著作の中で詳しく論じているので、それを利用しながらカリフを頂点とする政治体制が、どのような裾野を持っていたかについて概観することにする。この著作はカリフの地位が地に落ち、有名無実になりかかっていたアッバース朝の後期に、事態を憂えた学者の手になっているため、西欧の研究者からは理想主義的に過ぎ、歴史的認識の役には立たないという否定的な評価を受けている。しかしこの種の批判は、歴史の上層部しか配慮しない王朝史家のものであり、表面にこそ現れていないが、その下で脈々と流れている底流に注目する者にとっては、この上もなく有益な資料である。数百年にわたる歴史的実状を通観しながら、カリフが具体的に何を行ない、彼には何が期待されているかを分析しているこの著作は、イスラームが大文字の共同体に何を期待しているかを知るためには、最良の案内書なのである。（ちなみにこの書には湯川武による貴重な邦訳もある）。

彼は先ずカリフ制（アル＝マーワルディーはイマーム制という表現を用いている）について、「宗教を守り人間世界を統治するための、預言者ムハンマドの後継者の制度」と定義した後に、これを認めることはウンマ全体に課せられた集団的義務であると述べている。そしてカリフの地位に任命されるに相応しい人々の持つべき、七つの資格について以下のように述べている。すべての問題に関する公正さ。正しい判断のための豊かな知識。正確な認識を保証する五感の健全さ。敏捷な運動を可能にする身体的健全さ。人々の福利増進のための意欲。イスラーム防衛のため敵と戦う勇気。クライシュ族の血統であること。これらの諸条件は広大な版図を統治する上で複雑多岐にわたる任務を果たすために、カリフ個人に求められる資質として当然のものであろう。ただし最後のクライシュ族であるという条件は、「たとえ足の悪い黒人が支配者となっても、シャリーアを正しく守っている限り彼に従え」としている預言者のハディースとは見解が異なっているが、広範な版図を治める上で広い人間的ネットワークを持つクライシュ族が、当時の情勢に鑑みて統治の上で望ましいという立場から付け足された条件であり、イスラーム世界における主導的な立場がアラブに限られなくなった後代では、最後の条件は無視されてしかるべきであろう。

ついで彼は、カリフに課されたウンマ全体に関わる公共の任務として、十の項目を挙げている。以下にその概要を纏《まと》めて紹介することにしよう。

（1）確立された原則に基づいて、またウンマの父祖（サラフ）たちの合意したことに基づいて、イスラームを守ること。もしもこの原則を改変したり、異説を唱えて正しい教えに反する者が現れた場合、根拠を示して正道を明らかにし、彼に与えられるべき権利と罰を課さねばならない。これはウンマが宗教的誤りを犯すことなく、正しく維持されるために最も基本的な事柄である。

（2）互いに争う人々の間を裁定し、その争いを断つこと。これは正義を広め、悪を抑制する上で最も重要で、同時に抑圧された者を救うために不可欠である。

（3）イスラーム世界を防衛し、またその周辺を守ること。これは人々が食糧を確保したり、生命、財産を危険に曝すことなく安全に旅行するために欠かすことができない。

（4）刑罰を課すこと。これは神の命令にたいする違反を防ぎ、信徒の権利にたいする侵害と毀損から守るためのものである。

（5）防衛のための準備を整え、とりわけ辺境地帯の武力を強化して、敵が来襲しその地のムスリムや同盟者たちの血を流さないよう警護する。

(6)改宗の呼びかけを行なった後もイスラームに対して敵対的な態度を示す者にたいし、イスラームに改宗するか、ズィンマ(庇護)を受け入れるまでジハード(聖戦)を遂行すること。これは他のすべての宗教よりイスラームが優れていることを示し、神の真理を確立するためである。
(7)ファイウ(戦利品)とサダカ(喜捨)を、威嚇、圧迫なしに、法の定めに基づき規定通りに、かつ正しい判断によって徴収する。
(8)給与の支払いその他の国庫に固有な任務を、過度にわたらず、また吝嗇に陥ることもなく、かつ遅速なく適当な時期に行なう。
(9)委嘱された任務と委託された資金の取り扱いに関して、信頼できる人材を見出し、その任務に誠実な人物を任命すること。仕事は能力のある人間によって行なわれ、金は信頼しうる人間によって管理されるべきだからである。
(10)自ら国事を監督し、種々の状況を調査すること。これはウンマの政治と宗教の防衛力を高めるためである。喜びと献身を以て、他人に任せず任務を遂行しなければならない。
以上の諸点に関しては、後の版図の拡大とともに規模が大掛かりとなり、組織的な細分化が進んだとしても、カリフが管掌すべき種々の任務の大枠にさしたる変化がある訳ではない。アル＝マーワルディーは、ウンマの統治の基礎であるカリフ職に関する上述のような基本的分析を第一章で行なった後に、具体的な各論的論述に入る。彼のこの著作は一般に『統治の諸規則』と簡略化された題名で知られているが、正式には『統治の諸規則と宗教的権限』というものであり、カリフの管轄下に入るいわゆる公的な職務が系統的に論じられている。この書の中では第一章を除く残りの十九の章で、その全容を網羅した検討が行なわれているが、カリフ統治時代のイスラーム共同体の、政治的分節化の実態を知る上では貴重な分析なので、以下に各章の題名のみを紹介しておくことにする。預言者の時代に始まり正統カリフ時代に基礎が置かれ、ウマイヤ朝を準備期としてアッバース朝に一段と整備されたこの統治のシステムは、その後の諸王朝においても細部にさまざまな変更が加えられたにしても、その基本的骨格は踏襲され続けているのである。ただし本書は、イスラーム的統治の具体的な内容の検討を主眼としている訳ではないので、ここではその大枠と、分節化の特徴のみを紹介しておくことにする。この書の章立てそのものが、優れた学者の分析によって見事に整理されている。

第一章　イマーム（カリフ）の約定
第二章　ワジール（宰相）の任命
第三章　諸地方のアミール（太守）の任命
第四章　ジハード（聖戦）の司令官の任命
第五章　公共の安寧のための戦争の司令官
第六章　司　法
第七章　不正の監視
第八章　名士たちの寄合
第九章　礼拝のイマーム
第一〇章　巡礼の引率
第一一章　サダカ（ザカート）の管理
第一二章　戦利品の分配
第一三章　税の割当て

第一四章　地域によって異なる規則
第一五章　不毛地の活用と水の掘出し
第一六章　保護地と通行権
第一七章　イクター（封地）の規則
第一八章　官庁の設置とその規則
第一九章　犯　罪
第二〇章　ヒスバ（市場監督）の規則

イスラームは宗教と政治を二分しないが、預言者ムハンマドの後継者としてカリフは、イスラーム共同体におけるこれら二つの領分の長の役割を果たす。そのために必要な彼の任務一般を補佐する宰相と、地方行政のための太守を任命し、同時に外征と内治のための軍隊の司令官を別々に任命する。また裁判官を任命し、法的裁定を専門とする彼には裁定の実行が難しい場合には、マザーリム（不正）の監督官を任じて特別な法廷を開き、実効性のある判決を下す。また設立当初のウンマには、均一な措置では対処しきれないような社会的問題があった。名望家の社会的名誉が損なわれぬよう、彼らの問題に対処する特別な後見人が任命されている。次いで礼拝、とりわけ大モスクの金曜集団礼拝の導師、ならびに巡礼の引率者の任命も、宗教的に重要な任務であることはいうまでもない。次いで一般的な税収の問題に入るが、サダカはザカート（喜捨）と同義で用いられている。さらに戦利品の分配、ならびにジズヤ（人頭税）とハラージュ（土地税）の取り立てについても独自の規則がある。メッカ周辺の聖域と、ヒジャーズ地方は宗教的に特別な意味を持つ地域であり、他とは異なった独特の管理規則がある。また荒地の開墾、水の掘出し等については、所有権その他で独特の規定があり、概ね死に地を活用した場合には、活用者に所有権が与えられるが、特に保留地として指定された場合公的な利用に供される。イクター（封地）制も、功績のあった人々に恩賞として与えられる土地に関わる制度である。ディーワーンと呼ばれる官庁は、基本的に四つの部門に分かれ、軍隊の任務を確立し、給与を管理する部門、種々の税のみを扱う部門、人事の任免を担当する部門、国庫の収支を扱う部門があり、それぞれ細かな部署を備えている。また犯罪は読んで字のごとくの刑事問題である。最後のヒスバは、とりわけ市場に関連した問題を取り扱うが、それ以外にも善きことが蔑《ないがし》ろにされている折にはそれを命じ、非難されるべきことが行なわれている場合にはそれを禁ずることを任務とする。そのためにはムフタシブ（市場監督官）が選ばれ、市場を中心として小共同体レヴェルでの日常的な勧善懲悪を監視、監督した。

国家権力とウンマ――アッバース朝以降

以上はイスラームの初期大王朝における統治システムの骨格であるが、イスラーム回帰を旗印にダマスカスに首都を置いたウマイヤ朝を倒し、バグダードに本居を構えたアッバース朝は、その前半の時代に文化的黄金時代を迎える。しかしこの王朝も、イスラーム性の回復を試みたものの、結局は違ったかたちでウマイヤ朝の轍を踏むことになる。先ずは中央集権化を強化し、効率のよい官僚機構を築くために、アッバース朝は有能なペルシャ系の実務的人材を登用して、統治の実を上げた。しかし数代にしてこれらペルシャ系の官僚グループが宮廷を脅かすことになり、カリフは彼らを遠ざけるために、今度はトルコ系の軍人を側近として重用している。しかし程なくしてこの武人たちが、新たにカリフの地位を脅かすことになっているのである。しかも王朝にたいする脅威としては、武人の方が、文官よりもいっそう直接的で、強力であった。このような中央の混乱により、カリフの政治力は弱体化し、その支配力の低下に伴い広大な王朝の内部では、遠隔地域から徐々に小王朝が独立していった。そもそもアッバース朝の時代から、イスラーム世界はすでに一枚岩とはいえず、スペインでウマイヤ朝の残党の独立を許しており、事実上この時期から同時に二人のカリフを戴いていることになっている。しかしアッバース朝の後期ともなると王朝の支配圏は著しく縮小し、カリフの権威そのものにしても、中央で政治的地位の確立を狙う者たちにとっての、単なる道具に過ぎなくなっていた。先にも述べたようにこの時代には、政治的実力者もただ単にその種の力だけでは統治が不可能なほど、民衆はイスラーム的であった。政治的権力を確立するには、カリフを傀儡として抱え込むのが最も効果的な手段だったのである。

宮廷の内外でさまざまな実力者が覇権を狙って競い合うような状況で、最も重要なのは軍隊であった。この種の状況においてゲームに勝ち残るための鍵は、もっぱら自分の手元にどれほどの軍事力を蓄えうるかにかかっていた。ここでイスラーム世界の歴史における、軍隊の役割について検討してみることにしよう。初期の外征の時代はいわば皆兵制で、壮丁は志願して戦場に赴いた。そして戦闘参加者には、戦利品から騎兵、歩兵の別に均等な配分が行なわれた。戦利品には直接戦闘によって非ムスリムから取り上げたあらゆる動産を指すガニーマと、戦闘行為なく彼らから取得されたものすべてを指すファイウの二種類があるが、戦闘員たちにはガニーマの五分の四が、騎兵には二、歩兵には一の割合で配分され、ファイウとガニーマの五分の一は公益のために用いられる資産となった。このシステムはウンマ内部の統一が揺るぎなく、一枚岩の場合には長期的に持続が可能であった。しかしウマイヤ朝の後期になると、イスラーム勢にたいする周辺地域の防衛体制が整って拡大そのものが困難になり、インセンティヴを欠いて兵員の徴集が困難になってくる。それに輪をかけるのが王朝内部における勢力の対立である。首都ダマスカスのあるシリア勢はウマイヤ朝の呼び掛けに喜んで出兵するが、それ以外の地域、とりわけイラクからは軍隊が集まらず、王朝後期になると度重なる戦役でシリアの兵士が大量に失われ、これによって王朝の軍事力が弱まったという事実がある。さらに王朝の内部では南アラブ、北アラブの出身者の間で激しい派閥争いが起こり、これが王朝の求心力をいっそう弱める結果になっているのである。

このような状況にいつでも付きまとうのが、軍人にたいする恩賞、給与の問題である。内部の対立に対処するために為政者は、自分を支持する軍隊を維持するために多くの出費を行ない、そのために国庫が赤字となると不当な税を徴収せざるをえなくなり、それが原因となって各地で大がかりな民衆の蜂起に見舞われる。その鎮圧のためにまた多くの出費がかかり、それが呼び水となって反対勢力の力が増大するという悪循環がもたらされる。この悪循環はさらに内部の派閥争いを強め、その種の問題から身を守るために王朝はますます自衛のための軍隊を必要とし、そのような状況で軍人たちの要求がいっそう高まり、それが一段と国庫を圧迫するといった次第である。ウマイヤ朝で生じた事態は、アッバース朝の後期にさらに輪を掛けたかたちで起こっている。この時代にはすでに実力のある不満分子が辺境の地域で独立王朝を築き、中でも特に力のある者は首都バグダードを支配下において、カリフを後見するほどであった。このような外的影響力が存在しない時にも、王朝内部では軍事力を背景に台頭した、主としてトルコ系のアミールたちが政治的権力を握り、カリフを後見、擁立するかたちで支配力を行使していた。この王朝後期のカリフは、九代にわたりこれらのアミールたちの手によって廃位され、しばしば拷問、虐殺の難にあっている程なのである。そのような状況にあって一二五八年に衰微しきった王朝に襲い掛かり、東方からバグダードを攻略し、最後のカリフを殺害してアッバース朝を滅ぼしたのが、モンゴル軍である。そもそも軍事力の第一の任務は、外部からの攻撃に対して自己を防衛することにあったが、もっぱら内乱、内紛の鎮圧用のものと堕した軍隊では、この精鋭軍と渡り合うことは最初から不可能なことであった。

このようにカリフを戴いた初期の二つの大王朝における統治の実態を検討してみると、アル＝マーワルディーのイスラーム的政治体制論が、抽象的、理念的に過ぎて、現実に則していないという批判が妥当する面が明らかになる。彼のこの著作は、純粋に歴史的現実を分析したものではない。ただし過去の歴史的事実に厳密に依拠しながらかつてのカリフ制を分析し、それによってそのあるべき姿を確認するという試みの結果なのである。この書の執筆の背後には、政治的にかつて存在したが現在失われているものを確認し、それを回復させるための指標にしようとする著者の強い志向性が窺われるが、これが完全に非現実的なものかというと、そうとはいいえないのがイスラーム世界の特徴である。そこで描き出されている統治の枠組みは、ウマイヤ朝、アッバース朝の衰退した時代の現実とは対応しないかもしれないが、それは理想のウンマに関する限り正確な政治的分析となっているのである。過去の現実を基礎にして、現実の状況を分析するという態度は、原点回帰主義の特徴であるが、ここにもその理論的実例の一つが存在している。それと同時に重要なのは、アル＝マーワルディーが提示している統治の枠組みは、過去に具体的に存在した体制についての客観的な分析の結果であり、それは理想のウンマが現状といかに隔たっているかという点を明らかにすると同時に、その枠組みが後の時代の政治、社会の有り様にどのように受け継がれているかを知るためにも、貴重なものといいうるのである。一つの社会は、過去の伝統からいきなり完全に切り離された、異なった姿、かたちを身に纏《まと》うことはできない。伝統的なものの大枠は、むしろ姿、かたちを変えながらも社会のどこかに残存し、現実の事態の進行に影響を与えていく。その格好な実例が、外部世界の評価のいかんはともあれ、イラン・イスラーム革命であろう。西欧化の一途を辿るこの国に、突如として長らく忘れられていたイスラーム革命が生じているのは、その地で影を潜めてはいたが、伝統的に蓄積されてきた〈公正さ〉を求める一つのパターンが、過去のイスラーム的統治の理念に支えられて復活しているのである。現在の社会システムにおいて、人々は確実に人間的な幸福を獲得しうるであろうか。長らく欧米文化の足跡を踏み続けてきた世界のある者たちが、ある日自分たちの過去を振り返って生き方の軌道修正を試みるということが、それほど理不尽とは思えないのが現在の世界の状況であるが、タウヒードとシャリーアに支えられた理念性は、理想のウンマに一つの明確な共同体実現のサンプルを持っているのであり、これが起動する可能性は少なくともイスラーム世界では大きいのである。

それと同時に留意しなければならないのは、アル＝マーワルディーの著作からも明らかなように、カリフ制における統治者の主たる関心がもっぱら公的側面に集中し、地域共同体、隣人、家族といった社会の中層以下の部分については、ほとんど積極的な関心を注いでいない点である。もちろん公的権力は、統治者として一般民衆の生活に対してさまざまな保護、援助を与えている。ただしこの部分に関しては、支配的な政権のいかんにかかわらず、民衆はさまざまな段階、規模で、もっぱらシャリーアの諸規定に基づきながら自律的にことを進めているのである。観点を変えていうならば、個人、家族に始まり隣人、小共同体の生活の活性を維持するためには、草の根の民衆を起点とする自発的なネットワークが、シャリーアに依拠しながら精緻に編み上げられている。上層において世俗的なものに取って代わられたイスラーム的なものは、草の根のレヴェルでは容易に席を譲ろうとしていないが、それは一にタウヒードが保証し、シャリーアがその実現の方法を指示している基本的人権の擁護の精神にあるであろう。存在を分有する者としての他者との協力、協調の態度が、支配者の交代、度重なる動乱の最中においても、最も信頼するに足るものであるということを、民衆はその共同体的な生き様を通じて強く実感してきているのである。共同体の福祉、社会的な保証は、王朝、国家といった公的権力の専任事項ではなく、その成員の一人一人が、他者と協力して実現するという心性、慣習が社会の底辺に着実に定着しているが、それは個人のサステナビリティーを確保するために何が必要かということを、彼らが具体的な経験を通して強く実感していることによるものであろう。現世におけるあらゆる公権力は、必ず移り変わるものである。ある為政者は善政を敷いて、人々を満足させることもあるであろう。しかし多くの場合統治者は、とかく失政、悪政に走りがちである。公的権力の激しい世俗化の傾向を目撃しながら、民衆はその行方を斜に構えて見守りながら、彼らに可能な領分で独自のネットワークを形成することに勤しんでいるのである。ここで想い起こしていただきたいのは、アラビア語で王朝を指すダウラという表現が、有為転変、移ろい易さという意味であったことである。このダウラとその権力は、いかに強力であったとしても、草の根の彼らとその基本的権利を最終的に保証してくれるものではない。ただし彼らにはそれを越える不動の権威があり、それが提示している憲法であるシャリーアは、人々が可能な限りの力を用いてすべての人々の基本的権利を擁護するように促している。個人や、その集団の能力には限界があり、自らの意思を王朝、国家のレヴェルで実現しえない状況は多々存在する。そのさいに人々は、預言者のハディースが述べているように、身体で、あるいは言論で対抗するが、それもかなわぬ場合にはただ無為に過ごすのではなく、自分の可能な限りの領域、規模で、公正さの実現に勤しむのである。

権威と権力の相違に基づく社会構造の二層化

このようなイスラーム世界における権威と権力の相違に基づく社会構造の二層化について理解するためには、再びシャリーアの特性について検討する必要があるであろう。イスラームのタウヒードは、創造者である神と、例外のないすべての被造物の関係を問題にした。そこで配慮されているのは最小単位の原子レヴェルの個別的存在者であり、同時にその差異性、一義性なのである。いかなる類概念、同一律でも括りきれないこの差異的な個別者の尊重こそ、この世界観の根底にあるものなのである。問題を人間の共同体に転ずれば、それはウンマの構成員である個人の差異性、一義性の尊重ということになるであろう。この第一原理は、いつ、どこでも覆されることはない。そしてこのような原理にしたがって個別的存在者を、世界の中に投じた時にどのような現象が存在することになるであろうか。ここで分析のために便利なM・セールの文章を、『ルクレティウスのテキストにおける物理学の誕生』から引くことにしよう。

「世界は何よりも先ず、回転と並進運動からなるこの開かれた運動なのだ。並進運動を生じさせるのは流れと落下、それに層流状の瀑布である。問い――回転はどのようにして生じるのであろうか。答え――クリナメン（偏奇）こそが、乱流が最初に形成されるため考えうる最小の条件である。キケロは『善悪の限界について』の中で述べていた。原子の騒がしい衝突と。原子は乱流の中で、乱流によって衝突するのである」。（豊田彰訳、法政大学出版局版、六頁）

世界は、最小の単位であるおびただしい数の原子から構成されている。しかしそれは分析が容易な静止の状態になく、つねに運動の状態にある。しかしその運動も同一律に服する並進運動のみではなく、差異的で、ランダムな回転運動との組み合わせから成っている。

ここで重要なのは、後者の回転運動を生み出すものである。原子は運動に当たって、同一律に基づく計測不可能な、いかなる法則性からも逸脱した軌跡を描く。個々の原子の示すこのクリナメンは乱流を形成し、その中でそれぞれの原子は騒がしく衝突しあう。それこそが一つの原子が、他者と共に世界の中で存在する基本的な条件なのである。この物理的な世界の有り様を人間の共同体のそれに読み替えてみると、次のようにいいうるであろう。物理的な原子の場合のクリナメンに相当するもの、もしくはそれを生み出す源となるのは、資質、能力を異にする各個人の差異性である。個々の差異的なものは、差異的な他者との関係、交流によって固有の回転運動に相当する掛け替えのない生を営む。そしてそこで作り出された原子の乱流は、関係性の渦として夫婦から親族、隣人、小共同体へと拡がっていくが、この最初の渦こそが人間の活性の起点に他ならず、それを欠いては共同体の活性も期待しえないのである。統治とは、この種の差異性のもたらす活性を無視して、並進運動の同一律の流れのみを対象とし、コンクリートの堰や堤防を築くことに終始するものではない。川の流れには、上流、中流、下流という規模の相違はあっても、それぞれ水質を清らかに保つ手立てがあるが、とにかく上流の水が濁っていては川下が澄むことは決してありえないのである。

すでに分析したようにシャリーアは、差異的な個人を起点とし、その一義性を決して放棄しないかたちでの共同体を構想するものであった。最小単位の差異性を保証しながら統合性を保つためには、共同性のすべてのレヴェルで自律性が保たれていなければならないが、それを保証するのはドゥルーズ＝ガタリの用語を用いれば、〈囲い込み空間〉の論理ではない、〈滑らかな空間〉の論理である。上からの力が、同一律の論理を用いて内部の構成要素を格子縞の境界線の中に封じ込めるという、条里化の機能が統制するような閉ざされた空間の論理ではなく、いつでも境界を斜めによぎり、逸脱する可能性を持つ、非定型のランダムな動きによって構成要素の活性化を維持する、〈滑らかな空間〉の論理に基づく共同体の構築が志向されているのである。そこで意図されているのは、人々を特定の空間の内部に囲い込んで統制する統治ではなく、彼らを絶えず律動的に複雑な運動へと駆り立てるような開かれた統治なのである。それは遊牧生活のノマディスムではなく、それがさらに組織化されたノマドロジーの論理が、支配的な世界であるともいえるであろう。

ここで留意すべきはシャリーアの本性ばかりでなく、カリフ不在の後のその適用の実態であろう。すでに述べたようにアッバース朝後期には、この王朝の内部に数多くの小王朝が乱立していた。政治的にはカリフの権威はもはや自らのお膝元だけではなく、かつての版図のすみずみには及んでいなかったのである。しかしこれらの新設の小王朝は、カリフが存在していた間も、その後も、自領の統治のための法としてシャリーアを基本とせざるをえなかった。主として法学者を先頭にして、民衆は為政者にシャリーアを国法とすることを迫り、それを認めぬ限り彼の政体のイスラーム的正統性を認めなかった。このように法的にシャリーアは、小王朝別の国境線を越えて、イスラーム世界のほとんどすべてに適用されていたのである。その結果カリフ不在後のイスラームは、カリフという人間によってではなく、シャリーアという法によって代表されるようになった。したがって政治的な権力によって支配権を誇るスルターンと、イスラーム法の擁護者たちの、とりわけ指導的な法学者たちとの間では、行政上の種々の問題に関しては微妙な綱引きが続けられる。世俗的な君主はシャリーアを無視して憚《はばか》らないが、スルターンの中には学者の意見を容れて、政治の足しにする人物も多々存在した。彼ら自身もまた、ムスリムに他ならなかったのだから。政権は世俗的な君主に、法はシャリーアでと、政治的権力と法的権威の共存状態は、カリフ職の消滅後も長らく存在し続けている。西欧的なビヘーヴィアーが徐々に浸透し、この世界の多くが植民地主義の支配下に置かれ、その後国民国家体制が採られるようになるまで、ほとんどすべての法的な問題はイスラームの法で対処され、またこの世界のほとんどすべてにこの法以外の法は存在しなかったという事実は、この地域の脱境界性を保証する強い要因である。移動、漂流、漂泊は、この地の多くの人々の本性に深く植え付けられた天性であると同時に、巡礼の義務等を含めたイスラームのさまざまな機制は、長い伝統の中で境界性の論理を以て支配権を強めようとする、権力者の恣意に抗するような、境界性を欠く、不定型で、ランダムな、〈滑らかな空間〉の論理の所産を、共同体のあちこちに作り上げているのである。

イスラームの都市空間

差異の思想と都市のかたち——中庭式住宅と蜂の巣状の町

これまでイスラーム世界の二層制が生じてきた経緯についてさまざまな点から分析を加えてきたが、大文字の共同体である王朝とその支配の要であるカリフ制について検討した後に、中層に当たる部分の分析を試みることとしよう。それに当たって今度は、別の角度からそれに特徴的な問題を取り上げてみることにする。ここでは中層分析のサンプルとしてイスラーム世界の都市空間を対象とするが、その特性はこの地域の共同体の特質を見事に反映している点で、きわめて重要である。宗教としてのイスラームは、当然信者たちにその基本的な教えに向かい合い、それに相応しい精神的態度を要求する。しかしそれは彼らの精神の形姿をかたちづくるばかりでなく、特定のパターンをもった彼らの言行の外部への発露を促さずにはいない。その一つの好例が、民衆の社会生活が紡ぎ出す都市のかたちである。都市の有り様は、人々の具体的な生き様を凝縮させた特徴を見事に様式化している。ここでも問題の中心に据えられるのは、差異性である。個別者の特異性、差異性は、存在者の場合は偶性の相違として、また運動の場合はクリナメンとしてというようにさまざまなかたちを取って現れる。しからばそれは空間の場合に、どのような発現形態を採るであろうか。この分析に当たってはさまざまな具体的候補が挙げられるが、最も格好な例は伝統的な都市、ないしは古い歴史を持つ都市の伝統的な部分であろう。

イスラーム世界には、カイロ、メッカ、イエルサレム、バグダード等多くの伝統的な都市が存在する。もちろんこれらの都市は、それぞれ固有な様相を備え持っているが、同時に他の文化圏の例に比べて濃厚な一般的特徴を分かち合っている。ここでは特に伝統的なスーク（ペルシャ語でバザール）と古い街並みで名高い、アレッポの例を取り上げることにしよう。アレッポは現在のシリアでは、首都のダマスカスに次ぐ第二の都市であり、政治的、経済的に外部の世界、ならびに近代に向かって開かれた国際性を備えたダマスカスとは対照的に、現在もなお伝統的な要素を濃密に保ち続けている。肥沃な三日月地帯の中心に位置するこの町は、太古の昔から数十世紀にわたって長らく遠隔貿易の中心地であり、ごく最近に至るまでその地位が揺らぐことはなかった。アレッポの国際的地位が低下したのは、交通機関としては航空機が発達し、政治的単位としては国民国家単位の国境線が張り巡らされ、囲い込みの論理が人々の自由で滑らかな交流を阻害して以降のことである。この意味でアレッポは、イスラーム世界における伝統的な様相を観察、検討するには格好のサンプルといいうるのである。

イスラーム世界の都市に関する数多い伝統的要素の特徴のうち、ここでは特に中庭式住宅の重要性と、それに特徴的な蜂の巣状の集合形態について検討を行なうことにしよう。この形態は、イスラーム世界の伝統的な社会的集合の基本的な特徴として、この地域の諸都市に一般的に認められるものであるが、世界最古の都といわれ現在なお周辺部を含めて四百万の人口を持つアレッポのスークとそれを取り巻く旧市街には、この伝統的な特徴が今でも顕著に残されている。その一般的な印象はその外観の、〈滑らかな空間〉の論理に特有の乱雑なほどの、不定型で、ランダムな様相である。この点に関しては、アレッポで現地調査を行なっている黒田美代子の『商人たちの共和国』から、引用することにしよう（藤原書店版、一四ページ）。

「スークを訪れる者は殆ど例外なく次のような印象、感想を持つ。スークそのもの、そこで展開されている活動、ひとやものの動きの全体的な印象は、迷路、乱雑さ、不規則性、ごたまぜ、風変わり、曖昧模糊、異国情緒、不明瞭、珍奇等といった定義し難い、不定形なものに冠される表現で示されるようなものである。きっかりきちょうめんな者はこの乱雑さに嫌悪の念を抱き、他方乱調に美を覚える人々はそこに「千夜一夜」の世界のような感興を見いだす」。

ここで指摘されている特徴は、スークを取り巻く住宅地域にもそっくりそのまま見出される。この世界の都市に特徴的に見出されるのは、映画「外人部隊」等で占領軍を惑わせたことで有名なカスバに象徴されるような、迷路である。無数の行き止まり、袋小路を持つひしゃげた道路の周囲にこびり付いている、雑然とした住宅群。これは明らかに交差する平行の直線の大通りによって隔てられた、整然とした街区を備える欧米流の都市計画とは、まったく別の原理に基づいて作られた集合体である。ところでこのいわゆる乱調の基礎となっているのは、中庭式住宅の有り様である。中央に中庭を持ち、その周囲に〈井〉の字状に配分された住宅群は、そのすべてが一つの単位になって四方に繋がっていく。そのさい特徴的なことは、中庭を囲むすべての住居の形、規模がまちまちであるところにある。

中央の中庭を取り囲む八つの住居は、それぞれ異なった間取り、面積をしており、したがってそれを纏《まと》めたそれぞれのブロックは、みな形状、面積を異にしているばかりか、その境界線はひしゃげているとしかいいようもない程ねじ曲がっている。基礎となる単位の形状がこの様であるから、それらの集合が雑然として定義のしようもない全体像を示すことは当然である。これは平行する直線の交差によって、見事に画一化された均整美を備える近代的都市とは、まったく異質の設計の下に作られた都市空間なのである。もしくは設計という見地からすれば、設計そのものが欠如している空間といった方が、より適切かもしれない。

規模、形状を異にする家屋群のこのきわめて乱雑な集合は、ソーヴァージェ等の一時代前の大家たちの説くところによれば、都市計画を行ないそれを実行するに充分な権力を欠く人々が、勝手気ままに作り上げた大型の集落に過ぎず、およそ都市と呼びうるものではないというものであった。しかしここで重要なのは、このような乱雑さを理解するに当たっての基本的な発想の転換であろう。ここで作用している力学は、上部から下される指令に下方の細部が整然と服するという条里的なものではなく、先ず一々の細部によって異なった自己主張がなされ、その結果が全体の形状を決定するという、ランダムで、非定形的な、いわゆる〈滑らかな空間〉の論理に属するものである。イスラーム世界の伝統的な都市は、すべての細部が自己主張を行ない、それらが自己組織性を発揮することによって創り出される、乱雑だが奔放な弾力性を備えた空間なのである。細部の異なった恣意、欲望を無視し、それらの形状、規模を画一化した後に纏《まと》め上げるには、整然と縦横に引かれた平行線の交差で区切られた、近代的都市の方式がうってつけである。しかしイスラームの都市の場合、さながら人体を構成する細胞のように、先ずそれぞれの細部がその特性に応じて固有なサイズ、形態を採り、それらが合体して一つの全体を構成するのである。人体を構成する細胞の形状、規模はそれぞれ異なり、またそのような細胞のそれぞれに漏れなく養分を供給するためには、血管のようにランダムで、奔放な乱雑さに頼る以外にない。伝統的なイスラーム都市の空間は、同一律の結晶さながらの条里的な整然さを断固として拒んでおり、細部の自己組織性を尊重する有機的な奔放さを維持し続けている。ここに認められる乱雑さは、上からの指令に簡単に屈することのない細部の、奔放な活力の反映に他ならないのである。

四つのタワーイフ——都市をつくる社会的ネットワーク

このような都市の有り様は、それを保証する独自の社会的ネットワークを備えていた。長い歴史の過程で、その具体的な形は当然変容しているが、ここではオスマン朝期の例を取って、その内実を検討してみることにしよう。その広大な版図から推しても明らかなように、オスマン朝の支配者は強大な権力を持ち合わせていた。ただし統治に当たってこの王朝が留意したのは、国内における治安の維持、税収の確保、ならびに外敵からの防衛といった事柄に限られていた。この王朝は数多くの領州を統治するに当たり、太守を初めとして裁判官、徴税官、ならびに少数の軍人を中心とするわずかな人員を現地に派遣しているが、この小さな政治的請負人のグループを以てしては、それだけで権力を発揮することは不可能であった。彼らは当然のことながら、地方の統治を円滑にするためにその地の名望家、実力者たちと良好な関係を結び、彼らの協力を得て初めて自分たちの役割を果たすことが可能だったのである。くにと民衆の関係は、王朝の勢威と密接に関連している。それが力強い場合には毎年任地が変わる太守は善政をしき、概して中央と民衆の関係は良好であったが、後代になって政治が乱れ、太守の地位に買官性が取り入れられると、民衆に対する増税が顕著になり、両者の関係の悪化が認められる。ただしいずれの場合にせよ地方の最高権力者は、治安維持、税収確保といった王朝の目的とする事柄以外の問題にはほとんど口出しをしていないのである。

　小さな地方政府に代わって、地方の自治に当たっていたのはさまざまなタワーイフである。ところでタワーイフ（tawāʾif）というアラビア語は、部分、群れを意味するターイファ（tāʾifah）の複数形であるが、ここで留意しなければならないのはこの語の流動性である。この語の元となっているのはターファ（tāfa）という動詞であるが、これには〈うろつき歩く〉、〈周りを巡る〉、〈漂う〉という意味がある。このような語根の意味を勘案するとターイファには、うろつき歩いているうちに出来上がる集団といった、囲い込みの論理ではない滑らかな論理の薫りが漂っている。要するにこの語は、イスラーム世界に現れたさまざまな集団を指すために用いられている。ところでオスマン朝期の大都市には、多くのタワーイフが存在したことが知られているが、そのうち主要なものとしては⑴職業別、⑵地区別、⑶宗派別、⑷出身地別といったものが挙げられる。これをさらに具体的に説明すれば、⑴はヨーロッパ中世のギルドに比せられる職能組合であり、⑵は都市内の小地区（ハーラ）を単位とする隣組的な組織、⑶はコプト、ユダヤ教徒といった宗教、宗派別の組織、⑷はカイロの場合北アフリカ、ないしはシリア出身者の集団といった具合である。

　ここでは先ず初めに、ヨーロッパのギルドに当たる職業別ターイファの検討から始めよう。この種の集団はアッバース朝の時代から萌芽的に存在していたといわれ、オスマン朝の創始になるものではない。しかし十七世紀から十九世紀にかけてカイロでは、二四〇から二五〇に上る商人、職人の職業別ターイファが存在したといわれている。またアレッポには約一六〇、チュニスには約一〇〇ほどのターイファがあったが、それらが以前にどのような歴史を持っているかについては、いまだにほとんど知られていない。ただし十七世紀末のカイロの場合に関しては、E・チェレヴィーの証言によれば、五万九千ほどの職人、商人がタワーイフに組み込まれており、労働人口全体の半分を占めていたとされる。

当時存在したほとんどすべての職種を網羅したタワーイフの存在は、統治者の側からすれば税金の徴収にとってきわめて便利であった。総額をそれぞれのターイファに割り当て、内部の調整はその長であるシェイフの手に委ねるといった徴税法は、小さな政府が労力を節約するために最良の手段であった。政府は同時に戦役、天災等にあたり特別な賦役、資金を必要とする場合、ターイファの協力を得て労働力、税収を調達することが可能であった。お上は、その他の事柄は人々の自主性に任せていた方が得策である点を、良く弁《わきま》えていたのである。

他方タワーイフの側は、公共性の高い職種である両替業、食料品関係の業者が時に政府から強い制約を受けることがあったが、これ以外にはとりわけ干渉を受けることがなかった。それぞれのターイファのシェイフは、ほとんどメンバーによって互選されていたが、経営上の問題について配慮したり、メンバー間、ないしは顧客たちとの争いの調停を行なう傍ら、当局の命令を仲間に伝え、調整を図るといった行政的な役割を果たすと同時に、その他のさまざまな社会的役割に従事している。

イスラーム世界の職業別タワーイフは、さまざまな点でヨーロッパのギルドとの類似性を備えている。しかし両者の相違は、この世界の特殊性を知るための重要な鍵となるものであるため分析が欠かせないが、この点の説明は後回しにして、先ずその他のタワーイフの内容を簡単に説明しておくことにする。次に問題となるのは地区別のタワーイフであるが、カイロの場合には平均で二ヘクタール、住民数千人、約二百世帯を単位とする百ほどの地区が存在し、その周囲は原則的に壁で囲われていたとされている。そのそれぞれにはシェイフが任命されており、地区の代表として諸問題の解決のために当局との折衝に当たっていた。彼の場合も主たる任務は税金の配分であったが、それ以外にも祭りの企画、運営、寄付金の徴収等さまざまな仕事をこなしていた。イスラーム世界の都市における地区別の連帯感については、歴史的にもさまざまな実例が報告されているが、とりわけ戦時、災害のさい等に発揮される住民の協力は並々ならぬものであった。隣人同士の助け合いは、イスラームが特に配慮している事柄であり、百人に及ぶこの種のタワーイフの長の協力を取り付けることは、小さな政府にとって重要な課題であった。

次いで三番目の宗派別タワーイフが問題となるが、すでに指摘したように啓示宗教の最終版であるイスラームは、ユダヤ教、キリスト教を姉妹宗教とすることを信仰箇条の中に含めており、それらの教えを奉ずる者たちに庇護民（ズィンミー）という地位を与えて保護してきた。異教徒弾圧に明け暮れた西欧キリスト教の場合とは異なり、イスラーム社会はこれら姉妹宗教の信者たちをタワーイフのレヴェルで平等に取り扱っているのである。例えばレバノンには現在十六の宗派が存在しているが、十七世紀から十八世紀にかけてのカイロにもさまざまな宗派に属する人間が生活していた。この時期の統計によれば、キリスト教の中ではコプト教徒が一万人、シリア正教徒、ギリシャ正教徒がそれぞれ五千人、アルメニア教会に属する者が二千人、ユダヤ教徒が三千人いたということである。そしてそれぞれの宗派はシェイフを長とするターイファに組織され、このシェイフが同宗の者たちの利益、安全を守り、当局と宗教上の諸問題、税金等について折衝した。差異的な異教徒の差異性を、そのまま受け入れて統治しているオスマン朝のこの方式は、例えばレバノンにおいて十六もの私的関係法が存在している事実が証明しているように、一つの民法でブルドーザーのように人々の差異性を押し潰し、消去してしまう現代国民国家流の暴力的な流儀とは、極めて対照的なものといえよう。異なった教えを奉ずる人々が、宗教ばかりでなく、細かな生活の隅々に至るまで自分の流儀を実践することが可能な、ミッラ制度とも呼ばれるこのシステムについては、過度な同一律の適用から差異的なものが失われつつある現在、新たに再考されるに相応しい問題を多く含んでいると思われる。ちなみにここで、この制度について肯定的な評価を下している『十八世紀カイロにおける職人と商人』で有名なA・レイモンの著作からの引用を行なっておくことにしよう。

「すべての事柄は、キリスト教徒、ユダヤ教徒の別なく、私的関係をめぐる問題に留まらず法、秩序、治安といった事柄から地区内での都市問題に至るまで、人々が実質的に自治的なやり方で自分たち自身の問題を処理していたことを、われわれに信じさせるに充分である」。（"The Role of the Communities (Ṭawā'if) in the Administration of Cairo in the Ottoman Period", *The State and Servants*, ed. by N. Hanna, Cairo, 1995, p.68)

そして最後は出身地別のタワーイフであるが、これに関しては中東イスラーム世界の民衆に特有な精神性について指摘しておく必要があるであろう。無境界的な遊牧の民の気質を受け継ぎ、脱境界的なイスラームの生き方で育ってきたこの地域の人々は、居住地を変えることをさして気に留めなかった。したがってさまざまな都市は、出身地の異なる多様な人々を誘い寄せていた。例えば「一度ナイルの水を飲んだ者は、必ずそこに立ち戻る」という諺で名高いカイロには、イスラーム世界の各地から人々が集い、同郷者たちが同じ界隈に群居する例が多かった。とりわけトルコ人、シリア人、パレスティナ人、北アフリカ出身者たちの居住区が有名で、出身地の特産物等を商ったりして特有な郷土色がうかがわれ、都市に多彩ないろどりを与えていた。

以上に指摘した四種類のタワーイフの特徴は、それぞれがきわめて自律的であるという点である。それはいわば都市の異なった有機的器官、組織であるかのように、それぞれ独自のリズム、テンションを以て機能し、それらが綜合されて複雑、玄妙な活動が営まれることになるのである。ここで機能しているのは、現代国家に認められるような、権力が上下を貫通し、その結果個人に同じ規格のタイルの一片であることを強要するような、統治のシステムではない。タワーイフの制度は、そのさまざまなネットワークの有機的な仲介作用により、直線的な条里化を意図する権力の力を分散させ、草の根の民衆の人間的権利、自己主張の可能性を擁護することに絶妙な機能を果たしているのである。同時にそれは、宗教の違い、微細な宗派の相違をも掛け替えのないものとして認識し、このような差異を譲り渡すことを絶対にしないこの地域の人々の強い異質な執着、関心を調和あるかたちで盛り込む器としては、きわめて有効なシステムなのである。

スーク（市場《バザール》）

公的権力の直接的な介入を阻む役割を果たすタワーイフのそれぞれに関しては、さらに多くの論ずべき問題がある。しかし非公的セクターの自律性、自己組織性について吟味するために最も重要なのは、職業的タワーイフの結節点であるペルシャ語のバザールという表現で名高い、伝統的な市場、スークであろう。一般的な通念としては、市場は市場であり、どこの世界のマーケットも同じ種類の経済活動を営んでおり、スークもマーケットもその活動に関しては質的な相違はない、と考えるのが世の常識である。しかしスークの経済活動は、きわめて特徴あるものなのである。住宅街の場合と同様、曲がりくねった小路の周囲に広がる店舗の規模やかたちはまちまちで、不慣れな者にとっては一度訪れた店を再び尋ね当てるのも困難なほどである。しかしこの外見上の乱調は、中庭式住宅の場合と同様に、深い意味合いを宿している。住宅の場合には基礎単位の違いは、その住民の個人、ないしは家族の差異的な自己主張の空間的な現われに他ならなかったが、店舗の場合にはその商人の差異的な資力、商売の意思の象徴的な表現ともいいうるものである。ともあれこの市場においては、店を構える者は資本の大小にかかわらず一人の商人としての地位を保証され、対等な資格を蔑《ないがし》ろにされることはない。ここでは利潤は〈個人の労働の賜物〉でなければならないという、イスラーム経済の基本が忠実に守られ、同時に〈独占は罪である〉という預言者のハディースの精神が、徹底的に遵守されているのである。経済活動にはひと、もの、かねが付きものであるが、資本主義経済の場合のように〈かね〉がひとやものの上に立ち、絶対的な優位を占めるという契機を欠いている。最初から終わりまで、いかなる状況にあろうとも、〈ひと〉がもの、かねに屈することがないように機能しているのが、この伝統的なスークなのである。

スークでは、それに参加する個人に資本がない場合、商品の仲買などをして店舗を構える資金を稼ぎ出す。そして独り立ちが不可能な場合は、他の仲間と共同経営を行なって機会を待つ。そして十分な資金を貯めると独り立ちするが、その後は自分が采配しうる限りで事業を拡大することができる。ただし代理人を立てて事業を監督させるということは不可能なのである。スークの参加者はすべて一人一人が経済活動の主役であり、その地位を奪われることがないのが、この市場の鉄則なのである。したがって当然のことながら企業の系列化は、固く拒絶されている。狭い通りを所狭しと立ち並ぶ店舗群にはもちろん、豪勢なもの、みすぼらしいものがあるが、懐にいくら巨大な資産を貯めていても、隣の店を買い取ろうとする試みはなく、参加者のそれぞれに商売上の機会を均等に与える機制が整っているのが、この市場の特質である。わずかな資金とやる気さえあれば誰でも容易に参入しうるスークにおいては、人々を隔てる差はほとんどなく、そこに居合わせる者は買い手、売り手の別なく、〈スッワーク〉、つまりスークの人々であるといったC・ギーアツの言葉は、この市場の人間関係を言い表して妙である。

　スークの経済活動の自律性、自己組織性を支えている要素は数多い。かねの自己増殖の機会を徹底的に排除する規定、高利、退蔵、投機の禁止、損得を共同負担する協業制度等は、集中、独占を回避して財を均等に配分するという意図が明確なイスラーム経済の諸規定に依拠するところが大きい。またそれ以外にも市場に独特の細かな規則、慣習が多々ある。商品の差異性、買い手の欲求の独自性を考慮に入れた、一物多価の交渉経済、売買の一回完結性等検討すべき点は多いが、ここではそれらが相俟《あいま》って、参加者一人一人の自主性を決して揺るがせにしない経済的機制が確立、擁護されていることの重要性について指摘しておきたい。それこそが共同体の個人が、社会システムに求めてやまない当のものなのであり、それあって初めて個人の尊厳が具体的に保障されるのだから。このようなスークの環境の中にあって、職業別のタワーイフは自律的なネットワークを存分に機能させることができた。ところでさらに検討を要するのは、スークのような自律的空間におかれたタワーイフと西欧のギルドとの相違点である。

　ここでは先ずイスラーム世界における職業的タワーイフと、ヨーロッパのギルドの類似性を指摘してみよう。タワーイフもギルドと同様に、親方、職人、見習いという階層をもっていた。そして彼らの長

イスラーム伝統経済の日常風景（トルコ・アンタ－キーヤ）

出店者がみな共同オーナーである巨大なスーパーの趣のスーク。売場も商品もすべてまちまち。もののため買いはスークを知り尽くす男性の仕事である。

差異的な欲望を持つ買い手に、差異的な商品を提供する商人たち。乱雑さも別種の合理性のあらわれである。

労働を時間で売買しない労働者。職人たちの協同作業の一例。

（著者撮影）

であるシェイフは当然のことながら親方から選出され、彼は自らの組織のメンバーである商人、職人の保護に当たった。そのためにそれぞれのメンバーに営業許可証を発行し、これを通じて製品やサーヴィスの質の向上を図った。同時にターイファは、自らの専門とする業種に関して一定の独占的立場を持ち、必需品の生産の安定供給に資するとともに、メンバーの職業的安定を維持した。ターイファのこのような機能と役割は、単なる行政的メカニズムの受け皿といった受け身のものでもなく、かといって政府当局から完全に独立したものでもなかった。メンバー個人の利益を守ると同時に、政府と協力する立場にあったターイファは、政治、経済、社会生活と不可分の構成要素だったのである。このようなターイファに関してはこれまで、ヨーロッパのギルドのような独立性の強い組織を作り上げ、同時に倫理的な自己規制を課して、それに則って経済活動に関するさまざまな規律を自主的に編み出し、そのような行動を介して市民的精神の確立に大きく貢献するという積極的な役割に欠けているという評価が下されてきた。このような見解は、ターイファが置かれていた環境、イスラーム法の有無という具体的な観点から見れば、異なった評価が下されうるであろう。

西欧の場合には、その固有な社会的状況の然らしめるところとして、世俗的な経済活動に関する基準を作成するに当たっては、ギルドが中心となり、イニシアティヴを取る必要があった。ギルドのメンバーは、自分たちの主張を具体化するために、組織内での固い結束を何よりも必要としていたのである。イタリアのギルドは、その歴史と綱領に明らかなように、率先してメンバー間の結束を図るために自己規制を強めた。そしてそれを具体化するために技術の向上、品質の管理、取引の公正、適正な売買を図るとともに、会員の役割、仲間の互助を達成するための細則を定めた綱領を作っている。このようにギルドのメンバーの思考、行動を律するものは、もっぱらギルドを中心としていた。商品の品質管理、経済行為の適正さを促すものは、外部には存在せず、それぞれのギルドはそれ自身で、これらの問題と適切に対処する方策を模索しなければならなかったのである。しかしそれに対してイスラーム世界には、これらの問題に対処するシャリーアの規定があり、さらにそれに基礎を置くムフタシブと呼ばれる市場監督官の制度があった。ギルドがギルド中心的であるならば、タワーイフはシャリーア的、ないしは市場的と規定しうるものであった。ギルドはそれぞれ独立的であったのに対して、タワーイフは市場という大きな枠組みの中の一つの単位として存在し、機能していたのである。

イスラーム世界には、そのきわめて初期から市場監督官という意味のムフタシブという職があった。第二代正統カリフ、ウマルの時代にすでに存在していたことが知られるこの制度は、後に形骸化され、姿を消していき、それが果たしていた役割は他に代替されることになるが、長らく維持されたこの体制の機能は、後の市場の有り様にも深く影響を及ぼし続けている。ムフタシブの役割は、市場において商人、職人たちの交易、生産が適正に行なわれるよう市場の問題全般を監視、監督することにあった。その役目は、そこで使用されている度量衡の単位が正しいか、貨幣の純度が基準に達しているか、商品の質に問題はないかといった基本的な問題から、退蔵を初めとして投機的な売買は行なわれていないか、売買は適正であり、商品、代金の授受は滞りなく行なわれているか等、経済活動に関する一切の問題を監視することにあった。その任務は、このような純粋に経済的な問題のみに留まらず、市場の人々が定刻にきちんと礼拝を行なっているかという公的な問題ばかりでなく、市場の関係者の私生活の乱れを正すということにまで及んでいた。ムスリムの商人、職人は、市場で働く以前に、経済活動に必要な法的心掛けを予め《あらかじ》学んでおくことを勧められており、ムフタシブが監視する内容については、市場で働く者は何らかの手段を介してその大枠を知り尽くしているのである。ギルドが自主的に規律化したもののほとんどは、イスラーム世界の場合には市場単位で共有され、特にその内容は市場監督官の責務において監督されていた。タワーイフのメンバーはもちろん自分たちの組織に対して特別の配慮を行ないはしたが、彼らの関心は、タワーイフといった小規模のグループに収斂されるのではなく、それより一段と広い市場という枠組みに向かって開かれていたのである。そしてこの市場において開発された経済的慣習、職業道徳は、すべてシャリーアの諸規定に端を発するものであり、その基本は参加者一人一人の自立性を保障し、システム全体の自己組織性を維持することにあった。為政者たちがスークの活動に介入、干渉しうる可能性は、徴税以外では、飢饉のさいの食糧管理のようなすべての住民の生活と直接に関わる問題を除いては、ほとんど存在しなかった。

イスラーム世界の伝統的市場、スークにおける経済活動、それに参加する商人、職人たちの行動様式は、これまで分析してきたように公的権力の意志に依存するものでなく、またギルドの場合のように、少数のグループの自立的な志向に左右されるものでもなかった。人々はシャリーアの共同体的連帯の精神に基づき、その指示に従って独自のしきたり、慣習を共有し、互いにそれに服することによってそれぞれの安寧の確保に努めているのである。この共同体性は、内部の構成員間の関係性の強化にとりわけ大きく貢献するものであった。スークの人々の関係の流通性、融通無碍な性格は、先ずは取り上げられる商品の多様化を促進し、同時に行なわれる活動の形態を脱境界化させている。この市場では質の善し悪しにかかわらずありとあらゆるものが商品として提供され、その売買に当たって参加者は他者の権利を侵害しない限り、仲買、小売り、卸売り等一人でどのような活動に従事し、兼務することも自由であった。それと関連して明らかになる特徴は、職業選択の流動性である。スークの参加者は、景気の動向、自分の関心の赴くところに従って、職種をいつでも変更することが可能である。この種の職業の移動は、彼らの名前からすぐに推測が可能なのである。例えばシリアでは、今から数世代前に大がかりな改姓が行なわれた。そのさい人々の多くは、簡便に当時従事していた職業の名を自分の名として採用したため、これによって職業の変化が手に取るように理解できるのである。アル＝ハッファールは井戸掘り職人の意味であるが、その息子は現在は香水屋で、かつての煙草屋アッ＝トゥトゥンジーの孫の職業は、雑貨屋であるといった具合である。ことほど左様にタワーイフの中には、世襲制のものも若干存在したといわれているが、このような例はむしろきわめて少なく、人々はむしろ簡単に職業を変える傾向が強い。したがってタワーイフのメンバーは、流動的に所属を変え、それゆえタワーイフ自体の自己完結性、自閉性も希薄となるのである。スークの人々が関心を注いでいるのはタワーイフの成功ではなく、市場自体の安寧に他ならないのである。

ギルドの独立的性格とそれが果たした役割については、最近の西欧の学会では多少の見解の相違が現れているとされているが、それが市民精神の確立という歴史的な大きな流れの中で、一定の貢献を果たしていることには疑いがないであろう。個の確立から社会的な公平を求める過程の中で、西欧文明はこれまで基本的な人権の確立のために、文化的、社会的にさまざまな成果を上げてきた。しかしそれは決して公正さを求める営みの、ただ一つの枠組みではない。その点でギルドとタワーイフの性格、構造の相違は、異質の文明が求め、辿った異なった道筋、経過を明らかにするとともに、その構造の相違を充分に示唆するものといえるであろう。均一の形態、サイズを持つ単位の組み合わせから作り出されるモザイクの画像と、複雑な構成を持つ単位の八方に連なるアラベスクの美の対比は、ここでも端的に両者の特異性と差異を浮き彫りにしてくれるであろう。後者の作り出す美にそもそも不慣れな、定住民的な心性にどっぷりと浸かった観察者は、えてしてその中に宿る流動性の価値に気を留めることがない。ターイファの流動性は、個人を一つの職業に縛り付けることをしないことはすでに述べた。それはまた彼を一つの市場につなぎ止めることもしない。中東イスラーム世界では、国民国家が成立し、その〈溝つき空間〉的境界線が高く聳え立つまでは、人々は国の壁を簡単に越えて移住した。その実体は、古い歴史を持つカイロやアレッポのような都市で、人々に近い祖先の来歴を尋ねてみるとすぐに明らかになるのである。同じ都市に百年、二百年も住み続けた例はきわめて少なく、例えば祖父はアルジェリア出身だがシリアに移り住み、一族の多くはトルコに住み着いているといった、漂泊と移動の例にはこと欠かないのである。この流動性を保障しているのは、〈溝つき空間〉の論理を助長し、力による条里化を強化する独占、集中の排除なのである。蓄積される条里化のエネルギーを構造的に破壊し、それが作り出す境界線を絶えず分断するような仕組みを実現させているのは、人々が互いに共有し合う自己組織性のネットワークである。そしてこのようなネットワークの基礎となっているのは、参加者のそれぞれに保障される共同体的公正である。他者に差し向けられる自己抑制こそ、他者ばかりでなく、自らの命運をも安定させるものであるという参加者の心性を組織化しているのは、まさにシャリーアの独自の構造であり、それがもっぱら意図するところのものであるが、それはスークにおける経済活動の有り様にも、一つの具体的な結晶を示しているのである。スークの人々は、他者への献身を基盤とする自己抑制こそ、個人のサステナビリティーを維持するために最も肝要な、基本的要素であるという認識を共有しているが、これこそこの共同体の流動性を担保する当のものに他ならないのである。

もの、かねが素早く飛び交うスークの基本単位は、すでに述べたように〈ひと〉である。そしてその場でもっぱら問題となるのは、つねに個人の現在の活動である。ある個人の労働の成果は蓄積されて、次の世代に遺贈されるというケースは存在する。人間を労働に駆り立てる私的所有は、ある種の限定つきで優先的に容認される。しかしその結果獲得されたものは、親族、縁者に配分されたり、宗教的寄進財（ワクフ）として提供されるが、次世代の特定な者たちの社会生活を利するための手段として用いられる契機は、きわめて少ない。先述のようにこの世界では大富豪を生み出す名家が、三代もその地位を保つというケースはほとんど稀であるといわれる。遺産を一定の枠組みによって拡散させ、財の集中を妨げている相続法を初め巧みに構成された経済システムは、つねに経済活動を現在の場に還元し、すべての参加者を共通の出発点に立たせるように構成されている。財の均等な配分を意図するシャリーアの構造は、いかなる大富豪をもその例外としないが、その基本はそれが市場に編み出す自己組織性のネットワークにある。それは豊かな者は当然のことながら、乏しい資力しか持ち合わせない参加者たちにたいしても、いつでも、どこでも平等に「スークの人」に参加権を与えるのである。スークが稼ぎ出す利潤のパイは一定であり、スークはそれを、能う限り多くの参加者に配分するよう構造化され、それがこの経済活動の場に自己組織的な性格を授けるのである。もちろんスークの参加者には、資産、商才の多寡といった点で差異がある。資本主義の場合資産家は、その大きな資本力によって経済活動の機会を独占する。大資本というプレイヤーは、その資本の大きさによって小資本の何倍もの機会を独占し、その結果ゲームを勝ち進むことになる。双六のゲームで、一人のプレイヤーが他の参加者たちよりも、続けて何回もさいころを振る権利を持つならば、結果は明らかである。少数の勝者と、その余の膨大な数の敗者たち。系列化による集中と独占。国内市場の支配から多国籍化。ますます大がかりな大企業化が世界的規模で進行する中で、ひとがもの、かねによって押し潰され、その価値がほとんど無化されるような現在の情勢は、贅言を弄するまでもなく誰の目にも明らかである。このような状況において多くの人々にとっては、スークのシステムはすでに夢物語に過ぎないかもしれない。少なくともそのままでは、時代の潮流にうまを合わせることに汲々とする外部世界と、互角に渡り合う可能性はきわめて少ない。しかしひとの優位、個人の真のサステナビリティーを守り抜くために、人間には厳格な自己抑制が必要なのである。他者の存在の安定こそが、自らの安定の基礎に他ならないが、人々はすでに精神的な故郷を離れて、余りにも遙か遠くにまで歩みを進めてきているとはいえないであろうか。

スークの経済活動の自己組織性は、そのままイスラーム社会の自己組織性を反映している。初期のウンマに横溢していた政治的エネルギーの水平的な配分は、その後の権力の中枢からの世俗化によって下方に押しやられ、その結果社会的な二層化が生じたことについてはすでに触れた。上層部には〈溝つき空間〉の論理に基づく権力による囲い込みの条里化が進行したが、そのすぐ下から底辺にかけては、〈滑らかな空間〉の論理に基づく草の根の自己組織的なエネルギーが、民衆の動きがもたらすクリナメンによって絶えず回転運動を繰り返すことになった。このような二重性の実態、とりわけイスラーム性の濃厚な下層の部分については、これまでの王朝中心的な研究はほとんどめぼしい分析を行なっていない。しかし正統的なカリフが存在しなくなり、理想的なウンマから歴史的実態が遠ざかってしまった時点でも、シャリーアは信者たちの日常的生活を介して、社会的伝統の中にさまざまな共同体的特性を作り上げてきた。くにの〈権力〉の下で、シャリーアの〈権威〉は依然として強く作動し続け、その結果大文字の共同体とは一段下の水準で、ないしは地域的な水準で自己組織的な共同体を維持し続けているのである。そしてこの世の中にムスリムが存在して、彼らがタウヒードの世界観とシャリーアの生き様を尊重する限り、この自己組織的なものは彼らの作り出す共同体の中に存在し続けることは確実なのである。イスラームを論ずる場合、人は往々にして宗教としてのイスラームについてしか論究しない。しかしこの教えは、その世界観、独自の法の然らしめるところとして、具体的な歴史の中にイスラーム的な伝統、というよりはむしろ伝統としてのイスラームのすがたを際だたせずにはいないのである。具体的な歴史は、とりわけ後代において決してこの教えが理想的とする状態にはない。しかしそのような状況においてもなお、イスラームはそれを信ずる者たちのウンマ、つまり共同体に固有の伝統を作り上げているのである。

曲がりくねった小路の周囲に立ち並ぶ中庭様式の住宅群が持つ特徴は、それのみでイスラーム世界の共同体の内部における人間関係、社会関係を象徴するものである。また同時に乱雑なスークの佇まいもまた、この地域における人々の経済関係を象徴していると見なしうるであろう。この世界におけるこのような人間、社会、経済的な関係性を捉えるためには、しばしば指摘しているように、同一律の適用、援用、拡大からなる〈溝つき空間〉の論理をもってしては不可能である。しかしほとんどの観察者たちは、この視座から逃れることができないでいるのが現状であるが、わずかな例外が存在しない訳ではない。ことの本性を見通している数少ない研究者としては、C・ギーアツの例を挙げることができるであろう。彼は『スーク――セフルーのバザール経済、モロッコ社会の意味と秩序』において、伝統的な市場に渦巻くエネルギーの動きについて見事な分析を行なっている。彼はスークの中のエネルギー、ないしは磁性の働きを、アラビア語の構造になぞらえて次のように述べている。これを黒田美代子の要約に従って紹介することにしよう。「アラビア語の単語は、原則的に三つの語根からなり立っている。特定の三つの語根の組み合わせはそれ自体で独特の意味を備えているが、それは厳格な文法的諸規則の助けを借りて多くの派生語を産出すると同時に、それぞれの語が具体的な使用のさいに身に纏《まと》う意味的な変化、転成を柔軟に受け入れる。語彙の審級において行なわれる厳しい規則性と、乱雑な実践性の連動は、この語根の系に固有のクリナメンを伴う乱調のエネルギーを与え、その運動を統辞法の審級に送り出す。そしてこの審級においても同様のプロセスが繰り返されることによって、アラビア語は言語としての豊かな星雲を創り出す。この言語が持つ沸き上がるようなダイナミズムこそ、イスラーム世界の伝統的市場、スークにおける取引の実態なのである」。そしてこの比喩的な表現は、スークの活動の実態の、乱雑で豊かな混沌について描き出しているばかりでなく、さまざまな種類のタワーイフに具体例が認められるような、伝統的な社会関係のすがたをも活写しているのである。三つの語根からなるアラビア語の基本単位は、それぞれ揺るぎようもない確かなかたちで自己主張をする。それは正確に厳密な文法的規則に則りながら活動の範囲を拡大するが、同時に時の情勢の変化に応じて自由な対応を採ることも忘れない。基本単位が示すこのような規則性と融通性が、異なった諸単位と具体的な文章の中で出会ったとき、その触れ合い、融合は、無機的な加法、乗法の法則性を超えた、有機的で、星雲の輝きに似た、沸き上がるようなダイナミズムを獲得するのである。それぞれの語彙には、具体的表現に現れる頻度の相違が存在する。しかし頻度の高い語も、隠された語も同じ権利を持って配置されているところに、それぞれの言語の力強さの秘密があるが、イスラームが創り出している共同体のこのような特性、あるいはこのような特性を持つ共同体について、観察者はいま少し注目すべきであろう。その特質は未だにイスラーム世界に強く根付いており、それは先ずこの地域の現在と未来について検討する場合に不可欠な要素である。それと同時に世界的な規模で力の寡占と集中が劇的に進み、政治的にも、経済的にもひとの地位が喫水線以下に低下している現状において、現在の問題を根底から問い直すためにも、イスラームが試みてきたような世界観、共同体、個人の関係論的な枠組みは、一考に値するものを含んでいるといえるであろう。

　イスラーム世界は、カリフ制の消滅の後も、それに代わるシャリーアを国法とする統治の間に、さまざまなイスラーム的な制度、習慣を創り上げてきた。タワーイフの制度、スークのシステム等に見られる政治、経済的な自己組織的構造をさらに詳細に解明、分析するためには、ここでは言及しえないさまざまな主題を検討しなければならない。そのためにはここでは指摘しえなかった法学的な諸問題と統治の関連、さらにはイスラーム経済の社会的機能等についても特別な言及が必要であろう。さらに本書の規模では、イスラームの国際関係論であるシャルについても、ほとんど分析することが不可能であった。これらの主題は、イスラーム世界において、統治者のいかんにかかわらず、一貫した法的見解、経済、国際法上の諸規定が、人々に共有されていた事実を示しており、時の権力が掌握していたものの範囲、規模の限定性を示して余りあるものである。シャリーアの権威は、為政者の権力よりも遥かに根が深く、持続的な力を持っていたのである。

終章

イスラーム世界は、長らくシャリーアの時代を経過した後に、さらなる打撃を蒙ることになる。この世界の内部的分裂、改革への努力の欠如は、一七九八年のナポレオンによるエジプト侵攻に見られるように、徐々に外部勢力の浸透を許し、その後二十世紀に入って第一次世界大戦にオスマン朝トルコが敗退するに及んで、多くの国々が西欧列強の手によって植民地化されることとなった。そしてこの植民地主義は、中東イスラーム世界に激しい変化をもたらし、痛ましい爪痕を残さずにはいなかった。植民地主義による収奪の苛酷さについては、植民地主義者の側は口を閉ざしたままで一切語ろうとはしない。ただしそれを蒙った側は、単にインフラストラクチャーそのものの存立を脅かすほどの、膨大な物質的富を国外に奪い去られたばかりではなく、内的秩序の維持に必要な価値観を初めとして、生体に喩《たと》えるならば諸器官、組織までをも強制的に侵害され、固体としての調和そのものを失っているのである。独立達成の後もこれらの国々は、未だにその後遺症である身体維持機能の失調に悩み続けているが、それらのほとんどが先進国の仲間入りを果たしえないことがその何よりの証拠であろう。植民地主義時代に何が行なわれ、その結果独立後までこの地の人々に克服すべきいかなる課題が残されているか、といった点は簡単に避けて通れない主題である。ただしこのような過酷な歴史的体験を経た後の、現代イスラーム世界におけるイスラームの位置と、その役割について充分な論議を行なうためには、言及すべき主題は数多く、少なくとも本書並の紙幅が必要である。本書の主要な目的は、共同体的な教えであるイスラームの力が、いかなる世界観、法的なシステムに基づくものであり、それが主導的であるその世界の歴史にどのような文化、社会的な軌跡を記してきたかという問題群の底に横たわるものの、基本構造を明らかにすることにあった。またこの世界の現代史は、多くの読者にとって周知のことであるか、若《も》しくは近づき易い主題なので、ここでは詳しく論ずることをしない。

ただし登場以降十数世紀に及び、地球上の人口のほぼ四分の一の信者を抱えるこの教えの現在、あるいは近い将来の命運がいかなるものかという点は、最近の強いイスラーム回帰の動きとともに、多くの人々の関心をそそらずにはいない問題である。この問題については、すでに多くの論者たちによって議論が百出している。ただし論議のほとんどが、イスラームの現象を外部から捉えるのみで、それが内に秘めている内的な力、それに基づく内側からの変化の可能性について、配慮が行き届いていないところに大きな盲点があるといえよう。これまで筆者はこの問題に関心を寄せる多くの人々から、要するにイスラームという教えが何ゆえにかくも長きにわたって、多くの人々を惹き付けてきたのか、その基本的な力と持続性の秘密はどこに存在するのか、といった類の質問を繰り返し受け続けてきた。これはこれほど多くの論議がなされている主題の割には、依然として謎のまま残されている、最も肝要で、核心的な点である。間口の広いイスラーム、ないしはイスラーム世界の問題を論ずるに当たって、研究者、解説者は往々にして木を見て森を見ずの弊を犯しがちである。かといって周囲にこの点を満足させてくれるような、優れた解説書を見出すことも難しい。これほど広範囲に及ぶ教えの核心部分について、一般の読者に直截、簡明なかたちで、説得力のある説明を行なうことは至難の業である。筆者はそこで自ら最も有効な説明法と信ずる手段を用いて、以上のようにタウヒード、シャリーア、ウンマを三つの極とするかたちで、イスラームの基本構造に関する分析を試みた。イスラーム的なものとは、厳密に簡略化して表現する場合、これら三つの異なった極の磁性が寄り集う磁場に生産され、存続し、機能するものに他ならないからである。

西欧化とイスラーム世界

イスラームの構造と力の分析を終えた後に、このようなイスラームの三極構造がもたらすものが、現代においていかなる意味を持ち、どのような可能性を孕んでいるかについて論ずるためには多くの問題を省略し、中心的な問題のみに焦点を絞る必要がある。それに当たって最も肝要なことと思われるのは、激しい環境の変化に見舞われているものの、千数百年にわたって培われてきたものが、この変化とどう向き合っているかという視点からの考察であろう。イスラームの教えが、千数百年にわたって個人に始まり家族、近親者、隣人から、はては小共同体、国家、大共同体の有り様に至るまで説き続けてきた事柄は、民衆の心性、文化、社会的伝統の隅々にまで染みついている。確かに近現代の数世紀は、端的にいって欧米の世紀であった。十九世紀以降世界を覆い尽くした西側の政治的、文化的力は、徐々にイスラーム世界にも浸透していった。そしてこの世界の人々にしても時の流れに順応するために、欧米の文化的、社会的制度の導入を積極的に推進してきた。伝統的な価値観に背を向けて、積極的に西欧化を図ったトルコのアタチュルクを先頭に、この世界の国々もさまざまな流儀で熱心に欧米の方式の吸収に努めているのである。

しかしこれらの国々の国際的な環境は、西欧化に関して一つの大きな矛盾を孕んでいた。西欧列強は、文化の旗印の担い手であると同時に、この地域にとってはれっきとした植民地主義者に他ならなかったのである。第二次大戦に続く五〇年代は、エジプトのナセル革命に象徴されるような脱植民地化と、政治的独立の時代であった。多くの独立諸国は、ようやく獲得した政治的自主性を確立するために、さまざまな方途を模索する。しかしこれらの国々を手離さねばならなかった旧宗主国の対応は冷たく、また建設への足取りの出鼻をくじくかたちで利用されたのが、折よく建国を果たしていたイスラエルである。歴史に明らかであるがこの時以来、ほぼ十年に一度の間隔を置いて発生しているのが、アラブ・イスラエル間の中東戦争であるが、これは誕生間もない新独立国家にとっては、慢性の心臓病のようなものであった。革命直後の独立国の多くは社会主義路線を採用し、その後の歴史的経過においてイスラエルの脅威から身を守るために、対米、親ソ路線をとることになる。しかしその間にエジプトは度重なる中東戦争の影響で国力を使い果たし、対イスラエルの共同戦線から脱落する結果となり、対イスラエルの防衛網は大いに力を削がれることになった。ちなみにこの間隙を埋めるために、シリアは軍事費に予算の七〇パーセントを充てているほどである。このような状態で経済復興など不可能なことは、火を見るより明らかである。次いで最近では対イスラエルの問題でアラブ、イスラーム諸国に好意的な姿勢をとってきた旧ソ連の崩壊後、アメリカはかつての対米強硬派の掃討に力を注いでいる。湾岸戦争からイラク攻撃も、そのような大きな戦略の一環に他ならない。その結果拡張主義的なイスラエルにたいする周囲の抑止力はほとんど失われ、周知のようにパレスティナ情勢は悪化の一途を辿っている。パレスティナ問題は、中東イスラーム世界の綜合的な政治力を判断するための、最も手っ取り早いバロメーターであるが、状況は日を追って悪化するばかりで、一向に解決の糸口も見えてこないのが現状である。

これまで簡単に要約したように二十世紀の百年間に中東イスラーム世界は、国際的な政治的圧力によって激しい運命の転変を経験するとともに、外部から強制的、自発的にさまざまな価値観、制度を導入し、その効用を実験してきている。もちろん異なった価値、体制を採用するに当たっては、当時の内外の情勢に適応した選択が行なわれている訳であるが、その場合でもひとは当然自分が採用している路線の正当性について、つねに自問し続けざるをえない。とりわけ結果が否定的である場合には、問いは一段と根本的たらざるをえないのである。そして質疑の対象は、これまで範としてきた欧米の価値観そのものに対して向けられつつあるのである。現在世界的規模で進行しつつある西欧起源の国民国家的政治体制、資本主義的経済制度は、確かに一面では効率的であり、有効である。しかしそれらは欧米諸国のために大きな貢献を果たしているものの、果たして自分たちの命運を向上させるために、どれほど役立ちうるものであろうか。この種の疑惑が先ず問題視するのは、欧米の文化的卓越性と、それがもたらすはずの政治的命運の向上との関連である。さまざまな領域に認められる欧米の文化的優秀性には、疑念の余地はない。しかしそれは現実の政治的命運の改善に、どれほど貢献しているであろうか。この世界の場合は見ての通り、百年に及ぶ文化的所産の模倣、吸収の結果人々の手元に残されたのは、ますます深まりゆく政治的危機の現状ばかりなのである。いかなる状況の好転にも寄与しない文化的卓越性とは、どれほどの意味を持つものなのか。百年に及ぶ苦い経験は、西側の価値観にたいする強い疑念を呼び覚ますのに充分であり、このような懐疑の眼差しは、当然人々に文化的な貸借対照表の作成を要請せずにはいない。そのさい明らかになるのは西側の提供するものが、国家、ないしはそれに準ずるレヴェルの指導力からもたらされる、生活の利便性に関わる事柄に限られているという事実である。自我の確立、理性の優位に立脚する分析的知は、確かに人間の可能性の拡大に大きく貢献してきた。しかしそれが開発してきたのは人間の可能性のごく一部の象限に過ぎず、それは他者との共在という相を著しく無視、軽視してきたのではないか。

脱植民地主義の試みを成功させた人々は、独立を維持するために力強い国家的団結を必要とした。そのために多くの国々は、状況の然らしめることとして国民国家システムを採用している。しかしこれらの国々が、政治的にも、経済的にも、このシステムを産み出した本家と同程度に国民国家たりえていないことは、さまざまな点からして明らかなのである。板垣雄三の巧みな表現を借りれば、この地域で人々は、国民国家という表現の語順を変えた国家国民のかたちで一応再編成されただけであり、この枠組みの中で国民国家たる道を歩んでいるが、この過程、差延の状態には欧米世界がさまざまな政治的、経済的干渉、介入を行なう余地が存在するのである。ほんのわずかな例を挙げただけでも、この間の事情は明白である。例えばこの世界の心臓部に建国されたイスラエルと、その後十年に一度は必ず再発する大規模な戦争が惹き起こす政治、経済的なダメージについては、外部世界はほとんど真剣な分析は行なっていない。また一応善意の賜物と見られるＩＭＦや世界銀行による構造調整も、多くの専門家が指摘するように結果的には貸与される基金を効率的に回収し、あまつさえ被援助国から効果的に利潤を上げるための装置として機能するだけで、当事国の経済を真の意味で活性化することにはほとんど役立っていない。政治の民主化、経済の活性化は、いつ、いかなる場合においても共同体にとって重要な課題である。ただし欧米の主張する政治的民主化、経済的資本主義化はその具体化に当たって、中東イスラーム世界に対しては絶えず二重の基準が適用されてきた。そもそも大規模な政治、経済的搾取の装置に他ならなかった植民地主義の張本人であった、これらの国々の現在に至る二重基準こそが、この世界の後進性を永続させる大きな原因でなかったであろうか。このような疑念を正当化するに足りうる歴史的証拠は、この世界の現代史に枚挙に暇がないほど存在する。このような状況において、簡単な追いつけ、追い越せの論理が破綻を来たすのは時間の問題であった。この期に及んで人々は、欧米起源の現在の世界的潮流が自分たちに何をもたらすかについて、自らの生活に即して深く問い始める。

確かに国民国家のシステムは、法を介して個人の存在を国家に対等に結びつける装置としては、優れた仕組みである。ただしそれは個の確立を通じて個人と国家を、もっぱら同一律に依存しながら直接に結びつけるだけで、その間に介在するさまざまな人間関係について、積極的な提言、主張を行なってはいない。この場合の個の確立は、自己の過剰な権利主張に陥りやすく、他者との壁を高くし、柔軟な対応をもって異質な他者と多様なかたちで順応する性質を欠き、他者に向かって開かれた個が、夫婦、家族、近親者、隣人から小共同体へと拡げるさまざまな次元での関係性の無視、軽視につながっていくのである。それぞれの次元でひとは、異なった相手と特別な関係を持つことになり、異なった次元で異なった他者と交わるためには、それぞれ別種の多様なルールに服す必要があるが、国民国家的個は残念ながらひとつの顔をしか持ち合わせていないのである。離婚率の著しい増大、家庭崩壊、小共同体の連帯性の喪失等、国民国家の建設に成功した諸国に共通の諸現象は、この地域の民衆にとっては決して好ましいものではない。差異的なものにたいする特殊な配慮が、共同体のさまざまなレヴェルにもたらす有機的な調和の欠如を、彼らは敏感に見抜いているのである。

それに加えてようやく独立を獲得したばかりのくににとっては、熾烈な国際環境の中で自分の独立を保つだけで精一杯であり、その脆弱な体制は国民に十分な援助、保護を与えうる体勢にない。その好例は最も端的に、経済的側面にうかがわれるであろう。成熟した国民国家の経済は、総じて国民経済に立脚するものである。しかしようやく独立をかちえたばかりの国家国民は、国民経済ではなく経済国民という不完全な体裁しか保ちえない。財政的に弱体なこれらのくにぐににおいて、遍《あまね》く民衆の一人一人に経済的恩恵を与えるなどということは、最初から無理な相談なのである。国家国民体制において、くにの経済を代表するフォーマル・セクターの規模、果たしうる役割はきわめて限られており、実際に民衆の生存を底から支えているのは国家とは無関係な、インフォーマル・セクターであるというのが偽らざる現状なのである。民衆のサステナビリティーを支えているこのセクターは、他の文化圏においてはしばしば闇経済と同一視されるが、イスラーム世界の場合には、かつては主流であったが、現在では新しいシステムに取って代わられた、イスラーム経済に立脚する伝統的な経済である。しかしこれは国際的に主流を占めている、効率一辺倒のいわゆるドライな資本主義とは、当然相容れないものを多く含んでいる。いわゆる現行の経済体制に即して経済発展を成就するためには、当然効率至上主義の資本主義的発想を十分に取り入れざるをえない。ただしその試みは、実際には往々にして自らのサステナビリティーを支える、伝統的なものの破壊を伴わずにはいないのである。このように経済力の相違、それによってもたらされる差延は、強者によるさまざまな干渉、介入に絶好の機会を与えずにはいないが、ことは経済の問題に限らず政治的な自主性とも密接に関連しているのである。欧米諸国が用いる二重基準が何を意図するものであるかについては、この地域の民衆にとって歴史的な経験から明白なのである。

現在の国際秩序は国民国家体制で纏《まと》め上げられているが、加藤淳平の分析にあるようにそのなり立ち、実態はまちまちで、後発の括弧つきの国民国家は、うたい文句の公平性の背後でさまざまな差別の対象となっている。外部から余儀なく与えられた国民国家体制の中で、これらの国々の民衆は一応かたちだけは自分たちのくにに所属している。もちろん実質を伴わない仮構の体制も、例えば外国からの攻撃にたいする自衛といった対外的な問題に関しては、さしあたって重要な役割を果たしていることには疑いはない。ただし内部的に彼らは、実際のところ国家国民体制に所属し、経済国民体制を持っているに過ぎず、したがって真の意味でくにの恩恵に浴している訳ではない。そこでとりわけイスラーム世界の場合には、すでに指摘したような支配層と民衆の社会的二層構造が、このような状況と重ね合わされてくるのである。比喩的な表現を用いるならば、近代化された政治体制において、支配的な立場につく者たちは伝統的な衣装をかなぐり捨てて洋装をするが、一般の民衆は依然として旧来の衣装を身に纏《まと》ったままといった状態が続く。衣替えをしたのは上層部だけで、層の厚い底辺の事情は一向に変わらないという状況の中で、国家、ないしは政府の上層部と草の根の民衆との間には、水と油のような疎遠な関係が続く。このようなくにと民衆の乖離がきわめて明らかな例としては、小川了が分析しているような北アフリカのイスラーム圏、セネガルの場合が挙げられるであろう。このくににおいては、脆弱な経済国民体制のすぐ脇に、強力なイスラーム経済のシステムが確立されており、同じ一つのくにという単位の中で、二つの異なった経済体制が両立するかたちで存在しているのである。このような現象はセネガルばかりでなく、マリの場合にも認められているようである。イスラーム圏においては、これほど鮮明なかたちを取ってはいないにせよ、その他の国々においても経済のフォーマル・セクターと、インフォーマル・セクターの重なり合い、二層構造が顕著である。例えばシリアの場合等は公的資金の配分という恩恵に少しも浴していないにもかかわらず、黒田美代子の推計によれば、インフォーマル・セクターの厚みは、シリア一国の経済活動の五〇パーセントを優に越えるものなのである。

イスラーム世界の自己主張

中東イスラーム世界においては、上から覆い被せられた国民国家というシステムが備える数多くの重要な属性は、他の途上国の場合と同様に、そもそも存在しないか、十分に機能していない。画一的な価値観の信奉者たち、とりわけ欧米世界の国家万能主義者たちにとっては、これこそは途上国の後進性の何よりの証拠ということになるのである。ただしイスラーム世界における国民国家と国家国民のギャップをめぐる問題は、これまでわれわれが行なってきた検討に基づいて、いま少し異なった視点からの分析が付け加えられる必要があるであろう。さまざまな文明の中には種々のタイプが存在し、柔軟な異文化吸収型の日本のような特殊の例もあれば、それぞれの三大啓示宗教の場合のような強い自己主張型のものも存在する。とりわけある専門家の指摘するところによれば、中東イスラーム世界は、西欧の文化的嵐が吹きすさぶ中で自己のアイデンティティーを貫き通した、数少ない地域という評価を受けている。このような強い拒否の姿勢は、それだけこの文明が独自の力強い主張を持っていることの反映に他なるまい。この種の自己主張の現われとして重要なのは、多くの異質の文明圏が西欧化の圧力に屈して、法体系をほとんどすべて西欧的なものに改変しているのに対して、この世界が少なくとも身分法とも訳される私的関係法の分野で、伝統的なイスラームのシステムを固守している点にもうかがえるであろう。公的な領分では異質の体系の受け入れを甘受したにせよ、私的な生活に関する部分については、あくまでも自分たちの伝統的な価値を守り通すという確固たる姿勢は、翻って考えるならばこの地域の個人、家族、隣人、小共同体といったレヴェルにおける、力強い自己主張の歴史に裏打ちされたものなのである。そしてこの事実は、現代世界におけるイスラーム文明の位置、自己主張の本性を明らかにするための出発点ともなりうるものである。

欧米世界の圧倒的優位を目の当たりにしながらも、この地域の人々は決して譲り渡すべきでないものにたいする揺るぎない確信を持ち続けている。それは、端的にいって差異性の尊重である。タウヒードの世界観を身につけ、それを実践することに専念してきた彼らにとって、さまざまな次元における同一律の肥大を目の当たりにすることは、それ自体耐え難いことであった。西欧の世紀と呼ばれる近現代において西欧世界は、その文化的優位を足掛かりとして政治的、経済的覇権をその余の世界に及ぼしていった。この覇権主義は、政治的には自らが信奉する価値を最上のものとし、それを文明化の唯一の手段として他に押し付けることによって、侵略、干渉を正当化してきた。自文化を最も高度に文明的なものとし、他のそれを野蛮と決め付ける世界認識が政治的な力を帯びるためには、もちろんその他さまざまな部品、装置が必要とされる。曰く主体性の確立、合理性の尊重、国民国家、民主主義、市民精神等。しかしこれらの文明に特有の属性は、理論的、抽象的に論議され、自分たちの世界の内部で実践されるばかりで、それが厳格に外部の世界に適用されることはなかった。例えば合理性の尊重、民主主義といった崇高な原理は、いかにして植民地主義や二重基準と共存しうるのであろうか。言説としての合理性の尊重、民主主義と、実践としての植民地主義、二重基準が巧みに使い分けられるところに、欧米の文化的優越性が政治的覇権と安直に結びつく契機があるが、そのすぐ裏側にあるのは、民主性とはまったく相容れない強い文化的差別意識なのである。この種の矛盾は、それを使い分ける手品師にとっては芸の肥やしというべきものかもしれないが、それを行使される側にとってはまさに死活の問題なのである。

資本主義に抗する社会

政治的な側面で活用される同一律には、この他多くのヴァリエーションがある。したがってその種々相について指摘するためにはなお紙幅が必要であるが、経済的な側面に関しては、説明の筋道はより簡単で、明白であろう。経済的な覇権は、貨幣が価値の指標として交換の道具であることを越え、蓄積の手段となる時点に存在した。それによって貨幣は、同一律を拡大、膨張させ差異的なものを支配する契機を与えられたのである。資本主義の歴史は、産業、企業の整備、拡大に必要な原資の蓄積のために、初期の資本家たちが行使したさまざまな排他的特権、利権の活用はさることながら、剰余価値を拡大するための雇用労働者の搾取等によってもたらされる、社会的問題について多くの証拠を残している。これにたいして利得の根拠を個人の労働に置き、個人の労働を時間で売買することを戒めているイスラームは、労働者の産み出す剰余価値を資本蓄積の大きな拠りどころとする資本主義的姿勢に対して、この段階から異を唱えているのである。産業、企業の活性化のために投資を行なうことは、積極的に称揚される。しかしそこには自ずから節度、抑制がなければならない。イスラームはこの種の抑制のために慎重な配慮を施したが、資本主義はこの点で経済活動の自由を謳歌するばかりで、守られるべき節度、限界を設けることには無関心であった。後者が技術、産業の発展、向上に果たした貢献、寄与が測り難く大きいことには疑いはない。ただしそれが追い求めてきた経済活動における効率性の向上が、その目的を最も効果的に成就するための特殊の回路を創り出し、その結果それを構成する活動の中核部に利潤が加速度的に集中しているのである。ホモ・エコノミクスといった虚構の人間が世界を支配し、社会の中に埋め込まれた経済が片隅に追いやられてから久しい。そして現在ではこの虚構性は一段と強化され、具体的な生産とは無縁の経済活動による膨大な利得が、中核部に吸収されるといった現象が繰り広げられている。

これまで経済力の格差は長らく南北間の格差として現れてきたが、現在では先進国の中でも勝ち組、負け組の落差が大きく拡大される現象が明らかになりつつあり、この潮流には当分歯止めが利くことはないであろう。R・B・ライシュは『ザ・ワーク・オブ・ネーションズ――21世紀資本主義のイメージ』において、この経済力の中枢の構造とそれが及ぼす社会的影響について、アメリカの具体的な現実に即しながら分析を行なっている。この中枢部は蜘蛛の巣状に世界中にそのネットワークを拡げ、その機能を強化させているが、それに奉仕しうるのはシンボリック・アナリストと名づけられる限られた、特殊の専門的教養を備えた人間であり、米国内の一五パーセントを占めるこれらの特権的な人間と、その余の八五パーセントにのぼる通常の労働者との収入の格差は増大する一方で、この取り残された一般の大衆の不満はいずれ大きな社会的不満として、前面に現れるであろうというのが彼の見解の大筋である。アメリカ社会の一員として、彼の分析は自国の内部の問題に終始し、南の世界への展望は少しも語られていない。しかしこのような分析は、矛盾がさらに激化し、そのしわ寄せが及んでいる途上国全般の現在の地位、近い将来の命運について考慮するさいの重要な指標であるといえよう。経済的格差は、先ず南北問題として現れたが、それはすでに北北問題へと変貌し、取り残された南にたいする負荷はますます重みを増すばかりなのである。

国際的経済活動の場で、生産活動から上げられる収益は全体のわずか数パーセントにすぎず、その余はすべて一部の情報、サーヴィス産業に吸収されるといった極端に捻じ曲がった事態が、経済活動の質そのものを大きく変容させていることは明らかである。経済活動が効率化のみを求め続け、その結果さまざまな物理的公害を引き起こし、それが大規模な生態系の破壊にまで及んでいることは、すでに多くの良心的な科学者によって明らかにされている。しかし現在人間が真に憂えなければならないのは、人間生活そのものの劣化の現象ではないであろうか。経済の自由化のスローガンは、利潤追求のためにあらゆる手段を弄することを厭わない気風を生み、それは揺り籠から墓場まで生のあらゆる過程で、身の回りのすべてのものを商品化する性向を育んだ。この商品化は、ある価格のものを同額の金銭で売買しうるという単純で、簡便な交換の法則に基づいて、交易、通商の機会を飛躍的に増大させた。それと同時に単なる交換の手段に過ぎなかった貨幣は、役割を拡大し商品化を促す蓄積の手段へと昇格することによって、次第に価値観の聖域を突き崩すことになったのである。現在では価値は価格と同義語となっているが、本来価値とは相対的なものであり、特定の個人にとって真に価値あるものは、価格では表現されえない、掛け替えのないものであった。個人はそれぞれ固有な生を営むに当たって、日々さまざまな領域でこの掛け替えのないもの、表現を変えれば差異的なものと相い対し、それを享受することによって現在の充足感を満足させ、明日への活力を獲得する。しかし同一律に基礎をおく貨幣は、人々の欲望の充足のエネルギーをそれ自身に集中させることによって、本来社会の中に埋め込まれていた経済活動をそこから追放し、その結果ひとを経済活動の主体ではなく、その単なる代替可能な部品へと貶《おとし》めているのである。

以上の分析から明らかなように、同一律の覇権が最大限に強化され、その帝国の力が世界の隅々にまで及んでいる現在の段階で、国際関係、つまり覇権国、先進国と途上国との関係、位置づけには、力の強弱ばかりでなく、別種の尺度の適用が可能となるであろう。それは差異性の極と、同一律の極との対立、拮抗関係である。それはドゥルーズ＝ガタリの説く〈滑らかな空間〉の論理と〈溝つき空間〉の論理との拮抗関係とも、差異的なひとと同一律のかね、権力との対立とも置き換えて論ずることが可能である。そしてこの対立する極は、それぞれ無償性と有償性、贈与と交換といった分肢を備えるそれぞれの系を持ち、それは結果として文明の質的な相違へと結びついて行くが、ここでは同一律の越権がもたらす種々の様相について若干の問題点を検討することにする。先ず取り上げられねばならないのは、有償、無償の問題であろう。すべてを等価主義の同一律に服させる商品化の流れは、独占、集中を可能にする最も端的な〈溝つき空間〉の論理の動力で、それが排除、排斥してやまないのは代償を期待しない、無償のもの、無償の行為である。報償を期待してやまない有償のみを基準とする枠組みの中で、無償のものとは端的にいって無価値なものにしか過ぎない。このことは価値とは価格に他ならず、したがってＧＮＰが高く、経済的に豊かなくには文化程度が高いという考えに直結するもので、簡単にゆるがせにしえない問題である。ここで話題に上ってくるのが、イリイチのシャドー・ワークの主題である。家が生産の場であると同時に、消費の場でもあった資本主義以前のゲマインシャフトの時代には、収入、支出を共にする者同士の間で有償性はとりわけ問題にならなかった。家主が所有権を独占するという事態はあったが、家の中での労働は原則として無償であり、その価値にはそれほど格差が存在しなかった。しかし後のゲゼルシャフトの時代は、社会関係をより合理的なものとしたと社会学的に評価される諸制度が現れた反面、現代の有償性の矛盾を浮き彫りにするような問題が積み残されたままとなった。この問題は生産の場が消費の場と切り離されたさいに生じた、労働に関する捩じれの現象に光を投ずるには格好の主題である。要するにシャドー・ワークという問題が明らかにしているのは、ゲゼルシャフトの時代に社会的に合理化されたのは、核家族化された家庭から給与所得者として外に働きに出た、主として夫にたいする報償関係だけであって、この折に家に残って無償の家事労働に従事する妻の処遇については、何の配慮もなされていないという点である。ここで明らかなのは有償労働と、無償労働の絶対的なといってよいほどの切断である。ゲマインシャフトの時代には、名義はともあれ、財は労働を共にする夫婦の間で共有されていたが、後にそれは明確に分断され、給与の受取り手である夫が持ち帰るものとされ、彼を支える妻の無償の労働には何らの社会的評価も与えられていないのである。

日陰の労働に焦点を当てることは、現代社会の有償性、無償性の境界の矛盾を鮮明に浮き彫りにするが、ここで留意しなければならないのはこの問題については、権利の問題と捉えるか、価値観の問題として捉えるかという二つのアプローチがある点である。イリイチの指摘したこの問題は、一般的に評価を与えられていない女性の家事労働にたいする、権利回復のために活用された傾向が強い。確かに男性優位の社会における女性の地位の向上は、現在の社会的状況に即して重要な問題である。しかし問題をこの点にだけ限り、無償の労働に正当な報酬を与えるということが主たる目的となると、肝心な要点から狙いが外れることになる。この問題が示唆しているのは、すべてを計算可能な境域でしか問わない姿勢、商品化という土俵には、大きな危険が潜んでおり、それによって人間が失うものは計り知れないという、現代の人間が問い明かすべき本質的な問題系なのである。ゲマインシャフトからゲゼルシャフトへの移行に当たっては、血縁、地縁等につきまとうしがらみからの解放という側面だけが強調されて、それが積み残してしまったものについては少しも配慮されることがなかった。有償性の枠組みの中での合理性のみを追求する、ゲゼルシャフトの環境において培われた心性は、無償のものを軽視することによって一方では個人の利己的性格を強め、他方で他者への献身の意義を過小評価する傾向を増大する。そしてこの傾向は、利潤獲得のための効率の限りない向上という経済活動に求められる鉄則の強化によって、ますます促進されるばかりなのである。

蓄積された資本の効率的な活用によって産業、企業の活性化が図られた初期のゲゼルシャフトの時代は、多くの矛盾を抱えながらも参加者たちは、最低水準以上の生活を維持するに足りるだけのものを手にすることができた。家庭の外で働く給与所得者の報酬、つまり有償的なものは、無償のものを充分補うことができた。しかし所得の格差の拡大に伴い、とりわけ低所得層、つまり一般大衆の間では有償のものと無償のものとの間に軋轢、摩擦が生じ、それが次第に激化してくる。軋轢は先ず経済的なものとして姿を現すが、それは次いで生活のあらゆる部分に飛び火していくのである。有償性の増大は、すでに指摘したようにその勘定高さのゆえに先ず利己心を強め、他者への配慮、関心を軽減していく。そして強化された自己意識は、その独立を求めて対象を副次的なものへと貶《おとし》めずにはいない。意識とは本来その対象と共にあって初めてその役割を果たしうるのであり、つねに差異的な対象と共に存在し続けることによって、自らを肥やし、発展させうるのであるが、傲り高ぶった自意識は対象からの優位を拠りどころにして、自分の周囲に独自の世界を創り上げていく。このような対象との継ぎ手を失った意識のあり方にとっては、他者との存在の共有、分有といった精神的境地はまったく無縁なものであり、したがってそれはとりわけ同一律の命ずるところに従いやすい。他者に向かって開かれた窓を持たず、他者との交感の機会を失った個に残されているのは、他者への献身、贈与ではなく、他者からの収奪、搾取ばかりである。有償性の根底にある商品化は、上辺だけは等価の交換を装っているものの、その底に宿しているものはあざとい収奪の欲望である。そして問題はこの欲望が、次第に献身、贈与の場を奪い、その領土を拡大していく現象である。例えば肉親にとって、自分の子供は掛け替えのない存在であり、乳幼児が独り立ちするまでの長期間その世話に没頭するが、この労働は完全に無償のものである。この無償性は絶対的であり、他の何ものにも代替することは不可能である。要するに人間には、決して欠かすことのできない無償の領域があるが、圧倒的に世界に威力を振るう有償性は、この犯し難い領域をも徐々に浸食しつつあるのである。ゲゼルシャフトは確かに国民国家、資本主義等を媒介にして社会関係を合理化する側面を持っていた。しかしそれが大きく無視し、軽視してきたのはとりわけ私生活の側面に収斂する無償のものの重要性、役割である。例えば夫婦、家族という単位の内部では、あらゆる行為は無償である。そこではすべての成員が、互いに好意を贈与し合うことによってティームワークを創り上げるが、その根拠はまさにこの無償性に他ならない。親密なもの、親しい間柄を創り上げる基礎は、もっぱら報償を超えたものであり、人間はこれを欠いては存在すること自体が無意味である。しかし現在の商品化、有償化という同一律の横行は、この親密さの根拠を犯し、存在そのものの瑞々しさを干涸らびさせてはいないであろうか。

ところでこのような無償性とは、決して価値の欠如と向かい合っているものではない。事態はむしろ正反対で、向かい合う対象に計算の可能性を超えた価値、意味を認めることを基礎としており、その掛け替えのなさはもっぱら対象の差異性に由来するものなのである。人は愛する者に対しては、物心分かたず愛情、好意を惜しみなく捧げる。それは特定の愛人、友人が他に類例のない存在であるからに他ならないが、この差異的な者を愛でる行為は次第に愛情を捧げ、贈与する者に一つの強い属性を授けることになる。その結果その者にとっては、すべての差異的なものが愛着と、驚異の対象となるのである。

ところでこの世に存在するものみなは、タウヒードの世界観が示唆するようにすべて差異的であり、その本性を窮め尽くすことができないほどの深み、秘密を湛えてはいないであろうか。差異性を一義的なものと捉える者にとって、この世には基本的に等価交換されうるものなど何一つ存在しない。そしてあらゆるものは、その差異性のゆえに観察者の予想を上回る秘密を開示するのである。そしてこの秘められたるものに魅せられた者にとっては、存在世界は自分が征服し、利用するもの、単なる自分自身の道具ではなく、いつでもそれ以上のものとなる。それはその提供する秘密、啓示によって意識、感性の内容、質を豊かにすると同時に、芸術的な審美眼、倫理的な感受性等人間が自らを富まし、魅力的なものとするために必要な、さまざまな資質を磨き上げていく。しかし存在世界の豊かさ、それが人間にもたらす奥深い啓示の意味を忘れて、自己の確立に専念し、人間理性の優越性の虜となり、人間中心主義から果ては強度の利己主義に陥りがちな〈現代の人間〉は、たった一つの価値の規尺に基づく文明観、等価交換の原理に基づく商品化という同一律の道具を介して、政治的、経済的覇権が確立される過程の最中を生きている。

この同一律と差異性のせめぎ合いは、国際的な政治力、経済力という観点からすれば、現在のところ前者の一方的勝利に終わっている。ただしこの勝利にも、大きな落とし穴が存在する。この同一律の帝国は、覇権に参画しうる者がごく少数であり、取り残された大多数の人間にとって負の要因が決定的に明らかになるからである。圧倒的な覇権が確立しつつある国際社会の現状において、人々が作り上げる地図は単純明快である。政治力、経済力を基準として世界を色分けすれば、勝ち組と負け組の区別が歴然としているために、作り上げられる地図はこれまで以上に明瞭である。そしてこのような基準をイスラーム世界に適用した場合、ほとんどすべてが後者に組み入れられることになる。人口が少なく、産油量が多いため、経済的にきわめて豊かな例外的な国がない訳ではないが、これは単なる僥倖に属するケースであり、これを一般化することはできない。ところでこの種の退嬰性の原因を厳密に追い求めることは、すでに本書の枠外の問題であるため、ここでは二十世紀の後半の歴史を簡単に回顧するに止めておくことにしよう。

現代中東世界と世界史

第二次大戦後この世界に独立の嵐が吹き荒れたさいに、運動の先頭に立って体制の変化に大きく貢献したのは、一般の民衆、とりわけ草の根のムスリムであったことは忘れられてはなるまい。この地域が頼りうるものといえば、民衆の力しかなかったのである。独立達成に至るまで、それぞれの地域は多くの犠牲者を出しており、例えばリビアやアルジェリアの場合には人口の三分の一の生命が失われているが、この種の事実は人々の認識に正確に刻まれておかれるべきであろう。失われたものの大きさが、復興の遅れと無関係ではありえないのである。そして独立達成後の最大の問題は、諸国間の連帯の欠如にある。反植民地闘争において最も力のあったのは民衆であった。しかし独立諸国が大衆動員をかけるさいにはイスラームを利用しながら、その後の政治の運営に当たってはそれぞれ異なった思想、信条で対処し、結局小さなブロックとして孤立するばかりで、互いに他と連帯し、共同行動を起こすことができなかった。個々の政治的指導者はすべて、アラブ・イスラーム諸国の連帯の必要性を強調してきた。例えばバアス・アラブ社会主義の綱領を検討すれば明らかであるが、その主要な目標はアラブ諸国の連帯であり、経済制度の社会主義化などは二の次の問題とされているのである。したがって再建を志す新生独立国家には、国際場裡で外部の圧力に有効に抵抗しうるだけの規模に欠けていた。そのような状況を克服するだけの思想的統一が果たせず、結局独立後も分割統治の枠組みの中でしか動きえなかったことが、この世界の支配者たちの最も大きな問題である。しかしこのような小国乱立の状態で、これらの国々の協力、連帯の阻止のために大きな戦略的効果を上げているのは、この世界の心臓部に建国されたイスラエルの役割である。大国アメリカから絶えることなく強力な軍事的、経済的支援を受け、建国以来十年に一度は必ず周辺諸国に戦いを挑むこの国の存在は、独立して間もない隣国の経済的発展を著しく阻害している。これらの国々は、自国の防衛のために外部に依存せざるをえず、その結果は当時の冷戦構造を見事に反映するものとなった。拡張主義的なイスラエルを挟んだ、親米穏健派対親ソ強硬派の対立は、この世界の分裂、分断という戦略に見事な成果を上げてきているのである。

度重なるアラブ・イスラエル戦争、その後のイラン・イラク戦争、湾岸戦争からアフガニスタン、イラク攻撃といった二十世紀後半の五十年間のこの地域の歴史を回顧すればすぐに明らかとなるが、この世界の多くの国々は直接、間接に戦いに明け暮れ、腰を落ち着けて復興、建設に取り組む充分な暇などはなかった。このような状態において国家が果たしうる役割はきわめて限られていたのである。例えばナセル革命以降、エジプトに派遣された日本人特派員たちは、彼が病死するまでの約二十年間、この国が経済的に破綻し、崩壊するという記事を書き続けたという、誤算の記録が存在している。そして開放経済に宗旨変えした現在でも、この国は依然として毎年のように赤字を累積させ続けている。このような事実は、当然次のような問いかけを促さずにはいない。国民経済的観点からでは捉えきれないこの国の経済を、もの言わず支えているものは果たして何なのであろうか。

ここでは明らかに計算不可能なもの、政府機関では把握しえないものが、大きく機能しているのである。このようなエジプト経済の性格は、同時にこの国の国家国民的性格と密接に関連している。このことは端的に国家という形式が、一応くにという領土的な単位の外側を覆ってはいるものの、実質的にはそれが機能しているのはごく表層の部分に限られており、底辺においては別種のものが作動し続けていることを告げているであろう。それを直ちにイスラーム的なものと呼ぶことには、いささか抵抗がある。イスラームそのものは不変であるが、それは長い歴史を通じて人々により汚れた衣装を纏《まと》わされ、偏った姿に表象される嫌いがあり、あたかもそれは例えば頭の固い宗教学者たちの心の中にあるものに過ぎないと、理解されがちだからである。それよりもここでは一段と婉曲に、伝統的なもの、あるいはより明示的にタウヒード的なものと述べておいた方が妥当であるかも知れない。要は西欧化の時代を百年以上経験し、多くの近代化を試みた後も、この世界には依然として二層構造が存在し、その境界線上で激しい価値観の対立が続いているということである。この世界にしても、熱心に西欧化を試みている。しかし歴然としているのは当の西欧自体が、この地域の進歩、発展などには何の関心も払ってはいないという事実なのである。

近代的な装いを持つ上層と、伝統的な幅広い下層、ないしは底辺との対立は、本書の読者にはすでに明らかなように、きわめて基本的なものである。それは簡単に要約するならば、同一律の系と差異性の系との対立、摩擦といいうるであろう。おそらくこれら二つの系は、完全な対立項ではなく、人間社会の有効で、調和ある運営のためには、何らかのかたちで互いに折り合いをつけなければならない間柄にあるものかもしれない。世界は回転と並進運動からなる、開かれた運動であるとするルクレティウスの言に従うならば、二つは共に存在してこの世の物理学を成立させることになるのだから。ただし現在の同一律の突出は、イスラーム世界に何をもたらすであろうか。この問題には、内的部分と、外的部分が存在する。これは域内の問題と、国際関係上の問題といい変えることも可能である。

先ずはイスラーム世界内部の問題であるが、先に分析してきたようにこの地域の国々では、近代的な装いをした政府、公権力と一般の民衆の間には大きな溝があり、二層構造ができあがっているが、二つの層は水と油のように分離したままであり、上層部は内政、外交のいずれを問わず、ほとんど民衆の期待に応えることをしえないでいるのである。南アメリカは『百年の孤独』という優れた象徴的な小説を持っているが、欧米化の〈百年の不毛〉はイスラーム世界において日を追うごとに明らかとなり、民衆は再び伝統的な価値観に回帰する姿勢を示しつつある。日々経済的な面ばかりでなく、文化、社会のさまざまな局面において負荷が重くなる一方で、公的なもの、機関にほとんど何も期待しえない民衆は、結局自分たちの生存を保障するものが何かを、自らの経験に照らして深く問い直し始めているのである。公的機関に期待しえないとしても、人々にはいつ、いかなる状況においても守り抜かねばならないものがある。その点で千年以上の伝統を持つイスラームは、歴史的に大きな実績を上げているのである。共同体の最低点である個人の擁護を最も重要な課題とし、それを単なる理論でなく、実践的に教え、同時にその実現のための方策を組織化しているこの教えは、共同体の成員のすべてがさまざまなレヴェルで、公益の維持、発展に参画しうるような構造を作り上げているのである。

他者に向かって開かれた個人は、夫婦、家族、親族関係に始まって隣人、小共同体へと献身と協力の枠組みを可能な限り拡げていく。公益の維持のための努力は、くにの独占的な専権事項ではない。相互扶助のネットワークは、共同体のあらゆるレヴェルで網の目のように編み上げられ、それは伝統的に共同体のさまざまな困難を克服してきているのである。それはくにのレヴェルで失なわれたもの、それが不可能なことを、代替して行なうセーフティー・ネットの役割を果たし続けてきている。このようなネットワークが形成されるために大いに与《あずか》っているのは、イスラームの諸制度である。例えばザカートのシステムは、すでに述べたように個人が怠ることのできない義務的な行為の一つであるが、この支払いの形式は財の贈与の回路が決して単線的なものでなく、見事な編み目をなしている点を明らかにするものである。すべての富める者は、その財の一部を自発的に共同体の善のために拠出しなければならない。そしてイスラームの登場当初は、この拠出された財は国庫に納入されていた。しかしその後すぐにこの財のきわめて大きな部分は、個人の責任で地域の共同体に拠出されることとなった。

そもそもザカートには、それが徴収された地域で活用されることという条件があった。個人は自らの財を拠出するに当たり、それが有効に活用されることに最も敏感である。そしてほとんどの場合個人はいわずもがなの理由から、公的な政府機関を拠出先に指定しない。彼、ないし彼女は、自分の地域で最も公徳心に溢れ、社会的に貢献している人物、組織を選び出し、それにザカートの配分を委託する。そのような人物、機関が見出されない場合には、個人の裁量で日頃気にかけていた貧しい個人や、慈善組織に拠出するが、これはザカートの精神に照らして余り望ましいことではない。ザカートが受益者に与えられるさいには、拠出者の名が匿名であることが望ましいとされているからである。その名が知られた場合、受益者は当然拠出者に対して心理的な負い目を感ずるが、これは本来の目的に反するというのである。税務署が監視するわけでもなく、しかも匿名で与えられる贈与となると、有償性の虜となっている観察者が、すぐにその有効性について疑念を寄せることは必定である。ごまかし、未納、何でもありうるのは有償の世界のことであり、日々無償の献身、贈与で鍛え上げられた者にとっては、それこそは魂を浄化させるための数少ない機会なのであり、これを怠ることは精神性の向上の最大の妨げとなるのである。個人に与えられた贈与の機会は、自分自身の鍛錬の機会であると同時に、公共善をめぐる他者の評価、選択眼を鍛え上げ、それを介して強い人脈が作り上げられる。個人から小共同体のレヴェルに、国家のシステムとは別な社会的協力のさまざまな輪が出来上がる訳であるが、例えばそれらの人脈の輪が立ち上がり、結束して力をなしたのが、最近ではイランのイスラーム革命である。

個人やさまざまな規模の共同体が社会的な公益に参画する機会を持つことは、さまざまなレヴェルの社会的問題に地域毎に対処し、自律的に解決する慣習、気風を創ることに大いに役立っているが、ザカートの拠出法などはその最も典型的な例である。くにが公益の維持に当たる独占的な機関でないいま一つの例としては、これもすでに指摘したワクフ（宗教的寄進財）の制度が挙げられる。この貴顕の志によって寄進された宗教的財は、神のものとなって所有権が移動しないが、それはくにの方針とは別に、さまざまな公共の施設、慈善事業のために用いられる。このように財政状態のいかんにかかわらず、おおむね公益のために奉仕しているのはこのようなくに以外の単位だったのである。そしてくにの公益にたいする貢献が劣化してきたさいに留意されるのが、伝統的なネットワークなのである。最近のトルコにおける民衆レヴェルの大規模なイスラーム回帰現象は、地域の要求とそれに具体的に対応する草の根の諸組織の精力的な活動によるところが大きいといわれている。差異的なものの尊重に基づく他者への献身は、現在横行している利己主義、ひいては人間中心主義の克服に貢献し、人々を自らの伝統的な価値に定置させることに役立っているが、日々顕在化している国家の無力は、ますます彼らをそちらに向かわせる強い契機となっているのである。

差異性の原理は、現在のところ国家の水準で安定を確保し、力をつけるまでには至っていない。しかしかつては大帝国を運営した実績を持つこのシステムの回復のために、より多くの人々が具体策を構想し、その実験を試みるとしてもあながち根拠のないこととはいいえないであろう。

現在のイスラーム世界において、国家、政府は独立獲得後の国際環境の中で、政治的、経済的に完全に劣勢に立たされている。旧ソ連崩壊後、覇権国は、共産主義という主要な敵の衰退、消滅に伴って、文明の衝突の相手として戦略的にこの地域を選んだ感が強い。中東和平という初めだけがあって、完全に終わりがない玩具を弄びながら、イスラエルを梃子にした中東世界の締め付けは、現代史を正確に繙《ひもと》いたことのある者の目には明白である。この締め付けは、オイル・ショックというこの地域の経済力の拡大の時期に、しばらく緩みを見せたが、最近では国際テロを口実に激化の一途を辿っている。しかしこの激化が、覇権国側の覇権の質的変化を主要な原因としている点は、看過されてはならないであろう。軍事力、経済力の独占、集中の度合いは一段と強まり、その成果を基礎にしたグローバリゼーションの圧力は、他の諸国、とりわけ途上国に重くのしかかっている。国際的に確立されたこの覇権は、同一律の帝国の覇権と呼ばれうる性質のものであり、それが遅れた者たちにもたらすものは新たな種類の隷属と、屈服でしかないのである。それは並み居る他国を力でねじ伏せずにはいない。ただしその力は、結局はこれまでの国民国家主義の限界を露呈せざるをえない。それは目標の定まった大がかりな総力戦においては、その強い破壊力を以て圧倒的な力を誇示することができるが、細部の維持、またはゲリラ戦にはきわめて脆い性質のものなのである。それは外部の攻撃においては、巨大な力を発揮しうる。しかし内部の維持には、多くの盲点を抱えているのである。同一律は外部世界の隷属、併呑には高い効率を誇る一方で、内部的には成員の間の矛盾を激化させ、自分たちの足下を強く揺さぶる要因を抱えているのである。覇権国アメリカの内部における八五パーセントの負け組の誕生は、その何よりの証拠といえよう。さらにライシュが『勝者の代償』で指摘しているように、一五パーセントの勝ち組の間には絶えず激しい競争があり、勝者自身が短期間に交代を余儀なくされる。集中、独占は取りも直さず他者の排除を意味するものに他ならないが、この原理は遅かれ早かれ自分自身をも排除せずにはおかないのである。いったん排除された者たちにとっては、当然それ以上この種の原理に固執する気は起こらない。ただし現在勝ち組と思い込んでいる者も、同じ可能性についてつねに憂慮すべき立場に置かれているとはいえないであろうか。

ことは単に他国の事柄であるばかりでなく、われわれ自身とも直接に関わりのある問題でもある。覇権国アメリカにおいてすら八五パーセントの負け組が存在するのに、不思議なことに日本ではこの問題はほとんど真剣に論議されない。累積する一方の赤字、永続する経済不況で、国家としての勝ち組の指標に翳《かげ》りが見えると同時に、内部的には企業倒産、組織的なリストラが進行し、社会保障制度の退化とともに国民生活の質は急速に低下している。しかしそのような危機的状況にあっても、公的選挙の投票率は三〇パーセント台という低調ぶりであり、このような現象は政治への無関心と解釈されるのがもっぱらであるが、これは同時に国民国家システムの制度疲労といった側面が強いであろう。すべては国家の専権事項となり、一介の国民が参加しうる道も機会もほとんど完全に閉ざされたままなのである。

この矛盾を最も端的に示している例は、年間自殺者三万数千人という急増ぶりである。嘆かわしいことは一日百人もの自殺者が存在するにもかかわらず、これが少しも大きな社会問題にならない点である。公徳心も地に落ちたものであるが、日本人の利己心もここまで鍛え上げられ、仲間の不幸にもいささかも動じなくなってきているのである。いい方を変えるならば、身近に不幸な人間が存在しても、個人では手の下しようもないような社会が、いわゆる豊かな先進国の現実なのである。今後経済情勢の回復は果たされるとしても、同一律の原理に基づくこれまでのような方式では、底辺にまで手の届くような事態の改善は望まれないであろう。この点では貧しい途上国、とりわけイスラーム世界の事情はきわめて異なっているといえよう。自分自身も神からの預かりものであるために、自殺という行為そのものが固く禁じられていることもあるが、貧者、困窮者を死に追いやるということを決して許さない程の、公益にたいする配慮をこの地の個人、共同体は保ち続けているのである。ところで自殺者の急増は由々しき問題であるが、さらに大きな問題は人々の間の公徳心、倫理観の衰退であろう。この問題の系を辿っていくと、結局は差異的なものの軽視、無視に繋がっていくことになるが、これが文化、社会のさまざまな領域に及ぼす影響には計り知れないものがある。

同一律の横行は、覇権国、先進国の別なく、文化の基本的な部分に障害を与えずにいないものであり、したがってそれぞれのくにはそれに由来するさまざまな問題を抱えているが、それがもたらすものが未だに大きいために、それをめぐる幻想に惹かれて充分な懐疑の視線を浴びせてはいない。無償のもの、贈与の精神、他者への献身といった計算の可能性を超えたものは、自然、人間の相違なく他者への瑞々しい関心からもたらされ、それが豊かな審美眼、寛《おお》らかな倫理観を涵養《かんよう》し、それによって魅力的な人間が生み出されるが、そのような存在を創り出すために必要な貯水池、水源が、いままさに干涸《ひか》らびようとしているのである。乾燥化が危険ラインをすでに越えかかっていることは、現在周囲に溢れている共同生活の実態を見ればすぐに明らかであろう。離婚率の上昇、家庭内暴力、近所付き合い、共同体生活の劣化等あらゆる次元で、人間が他者と結び付く継ぎ手に欠損が生じているのである。この種の問題に対応するためには、それぞれ異なった文化圏に属する人々が、自らの伝統的文化を再検討するにしくはあるまい。それぞれの文化は、独自の形式を以て貯水池、水源に水分を供給することによって存在の瑞々しさ、共同体の有機性の保持に貢献してきている。その根底にあるものは、個人の私的関心を相対化し、他者との社会的調和を達成するための、〈第三項〉を提示することにあったといいうるであろう。それぞれの文化圏が与えられ、慈しんできたこの第三項は、それを核として独自のパターン化を行ない、時を経てそれぞれの文明圏を築き上げてきたが、多くの人間の参加により形成されたこれらの文化、社会的作品は、それぞれ独自の長所を持っている。例えばアッラーをこの第三項とするイスラームの教えと、それが中核となっているイスラームの文明は、その差異性への徹底的な配慮によって、同一律の横行の時代に強い警鐘を鳴らすと同時に、強力な対抗概念を提供するものであろう。それはイスラーム世界の人々にイスラーム回帰を促すと共に、外部のわれわれにとっても数多くの示唆を与えずにはいないのである。

政治的権力、経済的価値が、ひとの尊厳を無視し、軽視して憚《はばか》らない同一律の支配の下で、いま求められているのは差異的なものの復権であり、その眼差しが擁護するすべての存在者、すべての人間の尊厳である。二つの系の相克は次第に強度を増しているが、人間が最終的に選び取らなければならないものは、ただ一つである。われわれは人権といった抽象的概念ではなく、その背後にあるすべての存在者の尊厳の思想、例えば仏教の縁起の思想、あるいはイスラームのタウヒードの世界観から、別種の、新しい共同体観を構築する必要に迫られているのではないであろうか。

世界史の今を映す鏡、パレスティナ

グローバリゼーションの規模の拡大は、これまでの主義、主張の枠組みに大きな制度的疲労をもたらしている。資本主義、民主主義を根幹とする国民国家のありようは、それ自体内部に問題を抱えながらも現在まで、人々の社会生活を運営するために有効な手段として採用され続けてきた。しかしグローバリゼーションによって加速された中心と周辺の乖離は、ますます覇権国とそれ以外の国々の地位との隔たりを強くし、遅れて名乗りをあげた国家の自主的、自律的性格を危うくし、その存立の意義を弱体化させている。くにという単位そのものの弱体化は、くにの民衆の生活にたいする寄与、貢献の度合いを著しく希薄なものとし、その結果民衆はますます自らの手で、自分たちの生活の防衛に当たらざるをえない状態に置かれている。このような状況を最も端的に示しているのが、現在のパレスティナ情勢であろう。

平和的な解決に向かっての暫定的な措置として、占領下で名目的な自治権を与えられたパレスティナの政権は、散り散りに切り離され、細分化された領土の周囲、幹線道路を、イスラエルの軍隊に取り囲まれ、実体のない、虚構の領土を与えられているだけである。さらに正当な手続きを経て、民衆自らの手によって公的に選出されたアラファート議長は、イスラエル側から、国内の不満分子を抑えることができず統治能力に欠けるとして、首長の座から引き摺り下ろされかねない不安定な地位にしかない。半世紀にわたって状況に少しの改善も見られず、むしろ悪化の一途を辿るばかりの現実を前にして、丸腰の民衆は自爆テロを敢行するが、これに対してイスラエル側はパレスティナの居住区に軍隊を派遣し、過激派の掃討という名目で民間人の多くを殺傷するのみならず、公共施設、民家の破壊はおろか、果樹園の木々を伐採したり、灌漑施設を破壊する等、人々の生活自体を危機におとしいれるような行為を敢えているのである。その間国連決議を無視して入植地を増大し、水資源のほとんどを自分たちの用に供する傍ら、自治区の周囲を高さ八メートルのコンクリートの壁で囲い込むといった、パレスティナのゲットー化を着々と推し進めている。この壁が象徴的に担っている負の役割はベルリンの壁の比ではないが、第三者はほとんど故意に、この事実を見抜く意思を持ち合わせていない。

日々の日常生活そのものの基盤を脅かすような事態が深刻化し、数十年に及んで境遇の改善が見られない状況にあって、民衆の生活は経済的に貧困化の一途を辿り、まさに出口なしの状態で発生しているのが、武器を持たぬ民衆の一部による自爆テロである。これに対してイスラエルは軍事行動を起こし、民間人を巻き込んだ過剰報復を繰り返している。数十年にわたって公正な解決を怠ってきた付けが、このような丸腰の民衆対正規軍の力の応酬というかたちに現れているが、このような現状にたいする反応が明確に二つに分かれている点は、いかに強調しても強調し過ぎることがないであろう。半世紀にわたるこの問題の歴史的経過を完全に無視して憚《はばか》らない人々は、単に現在の武力の応酬を非難するという、いかなる解決にも繋がらない、無責任な見解を繰り返すばかりなのである。他方この長い期間情勢の変化を逐一見守ってきた中東、イスラーム世界の人々にとっては、事のなり行きは明白なのである。

半世紀にわたるパレスティナの歴史的命運は、西欧の植民地主義を経験してきた人々にとっては、決して他人事ではない切実な問題である。すでに指摘したようにパレスティナ情勢の悪化は、そのままこの地域の国々の地位の悪化に比例している。紙幅の関係でこの地域の現在の状況については細かく触れえないが、少なくとも最近の米国によるイラク侵攻とその後の経過については、若干触れておく必要があるであろう。二〇〇三年のイラク攻撃に関しては、その大義の欠如が特徴的である。開戦当初は、イラクが所有する大量破壊兵器の脅威がこの戦いの大義とされたが、それが立証されないとなると急遽、テロ集団アル＝カーイダ支援、フセイン政権の非民主性が理由として挙げられるといった豹変ぶりである。原因は何であれ、ここの主導権を握ってさえいれば、後はその豊富な石油資源によって採算は取れるといった計算が、仕掛けた側の論理の背後にあることは見え見えであるが、このような論理は外部の第三者には通じることがあったとしても、現地の民衆の間では絶対に通用しないという事が、少なくともこれまでのマスコミの一般的な論調に欠けている最大の問題点であるといえよう。

　サッダーム・フセイン元大統領は、確かに非民主的な独裁者であった。彼の圧制に憎しみを抱く人々は、イラク人の中にも数多い。しかし同時に彼の力を、国外の勢力の浸透から身を護る自主的な防衛の手段として、期待を寄せていた人間が少なからずいたという事実も否定しえない。最終的に問題は人々の独立心、自尊心と関わってくるが、このことを判断の基点に据えない限り、現在の状況の正しい分析は不可能であろう。具体的に植民地主義の苦痛を体験し、それからの脱出の困難を経験した人々は、自主性の確立、維持が死活の問題であることを、骨の髄から弁《わきま》えているのである。民衆の自主独立という点を加味した場合、フセインがもたらす悪と、それから解放すると称する者の地位を比べてみた場合、控えめに見ても後者のそれは同等か、低い評価しか与えられないのである。現在駐留軍に加えられているゲリラ攻撃については、もっぱらフセインの残党と、外部のテロリストたちの手によるものといった論評が加えられているが、民衆の本来の反応という観点から分析を加えた場合、事実はきわめて異なっているといわざるをえないであろう。占領軍側の下心はすぐに明らかになるほど鮮明であり、事情が許せばその手はすぐにシリア、イランに及ぶことが明瞭である場合、人々はそこに直ちに植民地的なものの再来を認めざるをえないのである。

　現在アメリカが直面している戦後のイラク統治の困難のゆえに、事態は周辺諸国に飛び火していないが、この戦争直後にこの世界で囁かれたのは、中東、イスラーム世界全域のパレスティナ化の傾向であった。イラクにおける外国勢力による自治権の奪取、安定政権不在の中での民衆の生活の劣化、占領軍の民衆にたいする高圧的な態度と、無辜《むこ》の人々に向かっての不用意な発砲等の事実が報道されるにつれ、人々の疑心暗鬼は募る一方なのである。それはイラクの場合に限られた訳ではない。既存の国家の力は日に日に弱まり、そのマイナス面は直接民衆の生活に跳ね返ってこざるをえない。公権力の弱体化を前にして、民衆が自らの生活を守るために頼るべきものはどこにあるであろうか。この地域の人々は長い歴史を通じてこの種の困難を幾度も経験してきたが、彼らが最終的に依拠してきたものは、いうまでもなくタウヒードの教えと、それが作り上げてきた伝統であった。無視、軽視される個人の命運を前にして、民衆の一人一人がその自尊心を奮い立たせる契機となったものは、タウヒード的な伝統であった。

この点に関しては、卑近な例に具体的な証拠がある。積もる困難を前にしてパレスティナの民衆が最終的に信頼したのは、イスラーム系のハマスであるが、彼らは身近な小共同体における地道な相互扶助の実践によって、着実に力を着けてきたグループである。数十年に及ぶ経済的な困難の中で、人々の生活は極端に厳しい状況に置かれている。その中で地域の人々の連帯を強化し、彼らの統一を守り続けてきた彼らに寄せられる人々の信頼は、想像以上に強いものである。具体的な政治的局面での伝統への回帰は、イラクにおけるシーア派勢力の地力にも読み取ることができるであろう。アメリカを初め、西欧世界のイスラーム嫌いは筋金入りである。イラクにおけるシーア派の復権を、外国勢力はとりわけ拒否したがっているが、このような考えの持ち主たちの想像力の貧困ぶりは、まさに仰天ものであろう。どこぞの外国勢力がやってきて彼らに、下らないキリスト教など忘れてしまえと命令した場合、彼らは唯々諸々としてそれを受け入れるであろうか。他人の好き嫌いはとにかくとしてタウヒードの教えは、その徹底的な個人の尊重、民主的性格のゆえに、現地の人々の間では、状況が悪化すればするほど強まっていく性質のものなのである。

イスラームの世界観が保証している差異的なものの尊重は、すべての人間の独立、自尊を擁護するものであり、そのようなものとして最終的に個人の尊厳、ひいては自らの所属する共同体の自主性を一義的なものとする。それはいかなる公権力を前にしても、自主、独立を守り抜く意思を持つものである。それにたいする侵害は明らかに不正に他ならないが、それについて信者たる者には、当然取るべき態度が明示されているのである。有名な預言者のハディースには、次のような言葉がある。「不正を眼にしたらムスリムは、行為を以てそれを正せ。それができなかったら、舌を以て抵抗せよ。それもできないようならば、心に深い怒りを燃やせ。それも為《な》しえないような者は、もはや信者ではない」。イラクにおける占領軍にたいする反抗についてメディアは、旧フセイン政権の残党と外部のテロリストの行動という単純な分析しか行なっていないが、植民地主義を体験した民衆の自尊心は、外からの民主主義の押し付けなどに簡単に納得させられるようなものではない。文化的な価値観を蔑《ないがし》ろにした外部からの強制は、ただ民衆の自尊心を逆なでし、彼らの反発を増大させる結果を生むだけなのである。

イスラームは絶対者である神とすべての存在者を等距離に置くことにより、あらゆる個人の尊厳を基軸とする民主主義的な世界観を提示している。存在者の差異性を尊重するこの世界観は、あらゆる領域における同一律の肥大による差異性の抑圧、侵害を阻止するためにさまざまな規制を設けている。このような世界観は、存在世界を水平的に配分する文化、社会的伝統を作り出しているが、それは当然内からも、外からも侵害されざるをえない状況に曝されてきた。垂直的な〈溝つき空間〉の論理による条理化は、同一律の原則に基づく政治的、経済的覇権主義によって、差異的な空間を蚕食し、それが持つ本来の活力を個人、ないしは小共同体の片隅に追いやってしまった。近現代におけるイスラーム世界の命運は、その事実を端的に立証するものである。

しかし冷戦後のグローバリゼーションの拡大は、政治的、経済的力の一極集中化を加速させ、それによって覇権国の権力が一段と強められる傾向は認められるものの、同時に格差が拡大されるばかりの弱小国との摩擦は、激しさを増す一方であることも疑いのない事実であろう。権力、財力の肥大化は、緩慢であるが着実に、民衆の個人生活の原点までをも侵し始め、人々は精神的、物質的サステナビリティーを脅かされているのである。存在者が、ないしは人間が、自らの存在の意味を問い、自分自身の生存の道を切り開くための原点となるのは、個人の自主性であることは当然で、不変の事実に他ならない。国家の相対的弱体化に直面して、制度的な庇護をどこにも期待しえない場合、人々が最終的な活力の基盤をタウヒード的な世界観、それに基づく伝統的なものに依拠しようと試みるのは当然のことであろう。そのさい基点となるのは、自由に関するイスラームの考えである。それについては預言者の伝承が、次のように述べている。「自分以外の者に隷属してはならない。なぜならば神は、お前を自由な者として創られたのだから」。神の下僕であるムスリムは、神にのみ隷属するのであって、それ以外の何者にも屈服してはならない。個人の自由を妨げるような者に対しては、信者たる者は断固として抵抗しなければならない。それはムスリムにとっての基本的な義務であり、自らの自由を放棄することは創造者との盟約において、認められないことなのである。

このような状況において十分留意されなければならないのは、イスラームという教えの光源の力強さと、それが培ってきた伝統的なものの層の広さ、深さに関する認識である。

文明、ないしは文化とは、さまざまな構成要素からなる有機的な統一体である。キリスト教的西欧、インドないしは中国等の文明について論ずるさいに、われわれはそれら一々に支配的な宗教、思想、社会制度、文化的特殊性等を綜合的に検討しながら理解を深め、それに基づいて解釈を行なう。しかしイスラームの場合は、この文化的伝統を理解するための基本的な作業がなされないまま、いわば十分な理解なしの解釈が先行しているのである。例えば創造者とすべての被造物の関わりを同一に捉える世界観と、そうでない世界観との間には大きな相違があって当然である。イヴをアダムの肋骨から作られたとする世界観と、一人の人間に配偶者が与えられたとする世界観とでは、存在論に際立った相違が生じ、この相違が夥《おびただ》しい変化をもたらすことは容易に看取されうることであるが、オリエンタリズムはこの種の基本的な相違を棚上げにし、相手の文化的独自性を消去することから観察を始めるのである。

イスラームについての認識、理解は、その中核部分において顕著である。しからばこれを是正するためには、何から始めなければならないであろうか。もしくは核心部分を与えられていない観察者は、何を拠りどころに間隙の部分を補っていくべきであろうか。

本書の読者には、そのような問題についての解答となるようなものの概要を示したつもりであるが、ここで再度簡単にイスラーム認識のためのブラック・ホールに関する問題性について、略述しておくことにしよう。

イスラームのタウヒードは、アラビア半島の遊牧民の生き様に激震をもたらし、彼らをしてまったく別種の生活を選ばせた。この社会変化が、いかなる世界観、思想的背景を持つものであり、それがこの世界の後の発展に、どのような方向性を与えることになったかといった問題は、これまで十分な分析がなされぬまま放置されてきた。したがってイスラームという教えを正しく認識し、評価するためには、先ずその中核をなすタウヒード観の独自性についてさらに十分な検討を行なう必要があるであろう。それがもつ認識論、存在論的な特性の分析は重要であり、その結果はこの教えに関わるすべての領域に及ぶのである。

本書においても第一章において、この問題の核心的な部分について触れたが、これはさらに敷衍《ふえん》して積極的に論じられるべき重要な主題である。

次いで指摘されねばならないのは、シャリーア解釈の不備であろう。そもそもオリエンタリズムは、預言者に関するハディース、伝承を、単なる口伝にすぎないとしてその信憑性を完全に否定する態度を取ってきた。その結果、同時代者の証言をすべて欠いた預言者の伝記はきわめて不完全なものとなり、同時にイスラームにとって最も重要な最初期の歴史は、十分に描き出されることがなかった。さらにそのような姿勢は、クルアーンに次ぐ、シャリーアの第二の法源を否定することによって、シャリーアそのものの解釈を完全に片端なものとしているのである。ハディースに書き留められている預言者の言行は、第一の法源であるクルアーンの解釈、適用の優れた実例ともいえるものであり、この無視はシャリーアそのものの融通性、流動性についての理解を妨げることとなり、そのために硬直したシャリーアには歴史的役割はほとんど存在しないといった、イスラームの法的側面に関する完全な無視へと繋がっていくのである。本書の第二章において、これらの点を修正するかたちで説明を行なったが、さらに触れるべき点は多い。そもそも歴史に冠たる大文明に、法的秩序が欠けていたなどという考えからは、もうそろそろ抜け出したいものである。

上述のようなタウヒード論における神と被造物との関連についての理解の不備、シャリーアの本性、機能に関する認識の不徹底は、イスラーム世界の歴史的解釈にも大きな欠陥をもたらしている。イスラームの世界観と法を基本的な枠組みとする共同体のありようは、登場以降さまざまな紆余曲折を経ながらも、イスラーム世界の歴史的発展の基盤となってきたが、時代の経過と共にイスラーム的なものがどこに、どのようなかたちで維持され、存続してきたかについては、十分な分析がなされてきたとはいい難い。そもそもこの世界の学者たちはきわめて分業意識が強く、概ねの歴史の専門家たちにとっては、生起した諸事実を編年体で纏《まと》めることが歴史記述の主たる関心事であり、それ以外の事柄については専門外の事柄としてほとんど注意を払ってはいない。また外部の歴史研究者たちは、それらの業績に依存しながら主として王朝史的な観点から、政治的な事件、ないしは社会的諸制度を中心に分析を行なうのが常であった。それぞれの時代に、民衆の信条、思想がどのような文化的、社会的影響を与え、それが具体的な歴史の展開に果たした役割といった、文化を構成する諸要素を綜合的に勘案した社会史的な視野からの考察、分析は、どの時代、地域の研究にもほとんど皆無であるが、今後そのような綜合的な視座からの検討が積み重ねられることによって、イスラーム的なものの配分、蓄積の実態が明らかにされる必要があるであろう。

登場後十四世紀を越えるイスラームという教えのインパクトと、それが秘めている社会的な力については、未だに十分な理解がなされていない。イラクで犯したアメリカの誤算も、その端的な実例に他ならないが、戒められるべきは異質なものにたいする驕《おご》りであろう。

今なお十数億の信者を抱える教えは、簡単に無視することができないエネルギーを秘めているのである。とりわけその教えが基本とする個々の存在者、人間の差異性の尊重という視座は、同一律の肥大による負の影響が顕在化しつつある現在においてこそ、ますます貴重なものとなるであろう。

附 録

（インタビュー）

イスラーム研究の道程

戦後体験とフランス文学研究

一九三三年生まれのわたしにとって、知的な経歴と戦後の体験とは切り離せないものです。敗戦を小学六年で迎えましたが、敗戦は日本の大きな分岐点であって、それまでの伝統的な日本に外国の生き様のようなものが入ってきたわけです。そういうところで、生きる形の激変を直に、廃墟のなかの体験として生きまして、自分のアイデンティティに対する疑念のようなものを非常に強く感じるようになりました。それまでの軍国主義の風潮が、ある時ぽかっとなくなったわけで、非常に爽快感があり、暗い過去をふっきっての明るい展望が開けてきたのと同時に、自分自身が何なのかということに深い疑問を持ちつづける日々を送りました。そういう言わば空白のようなものに対して最も頼りになるのは文学であるとわたしは思います。一口に文学と言っても、近頃の文学には共感を覚えるものがまずないのですが、少年・青年時代のわたしにとって文学というのは、自分の生き様を全体的に確かめるためのよすがとして、なくてはならないものでした。さまざまな文学作品を読み漁りました。はっきり言えることは、日本の文学にはまったく興味を抱くことがなくて、フランスの近現代の小説なり詩なりに非常にひかれました。大学の学部時代にはアンドレ・マルローに関して論文を書き、大学院でもフランス文学を専攻し、フローベールの文体論をやりました。それは、自分の生き様と現実というものが何を媒介としてどういう接点を持ちうるのかということを考えることであったように思います。マルローは周知のように一種の人間の生き様と生の意味を究明していましたし、フローベールの場合はものを書くということ、つまり文体をもっていかに現実の生を語りうるかということを非常に真剣に考えた人です。そういう意味で、行動なり表現と、リアリティーといったものの接点を探ることをやったのです。

しかし何年かやっているうちに、いかにフランスの文学が素晴らしいものであり、自分にとって啓示的であったとしても、自分の本当の心の系譜とはどこか違うのではないかという思いがあり、そこで自分たちの文化的なバックボーンについて考え始めました。よく言われるように日本人は多元的な精神性を持っていて、過去に神道、仏教、儒教があったといっても、そういうものとの関わりだけを論じてみても、現在の自分は語り尽くせないところがあります。また、欧米のことをやっていればそれで世界が分かるし日本の問題も解決できるという考え方が戦後数十年は強かったのですが、そういう欧米中心主義のようなものには非常に違和感がありました。

わたしなどは恐らくそういうものを徹底的に懐疑してみようという、戦後最初の世代ではないかと思います。欧米の精神文化には非常にひかれましたが、それをどこかで一度対象化、客観化して捉えなおす必要があるのではないかと感じ始め、これは大学でフローベールの文体論などをやりながらある種到達したともいえる境地でした。フローベールはあれほど見事な文体を実践しましたが、およそ三十年がかりの、三つのヴァージョンをもった、言わば奇妙奇天烈な文体をもつ『聖アントワーヌの誘惑』がそうであるように、一作書くごとに、自分の業績を打ち壊すような作品を書いています。フローベールが自分の文体に対して本質的な疑問を持つというそのあり方が、自分のアイデンティティー理解と重なったように感じました。わたし自身の西洋文化、西洋文学に対する志向のようなものを相対化する契機となったのです。そういう意味で今でもフローベールには感謝しています。フローベールを嫌う人も多いでしょうが、フローベールの批評精神が教えてくれたものは大きかったと思います。当時のわたしはフランス文学の専門家になろうと思っていたところがありました。慶應大学での先生は佐藤朔さんで、その先生からも慶應大学に残ってフランス文学を教えなさいとお誘いを受けたことがありました。しかし結局その道に進むことは選ばずに、当時慶應大学にいらした井筒俊彦先生につくことにして大学院の専攻を変えました。

井筒先生の魅力は世界の文化・文明というものを非常に多元的に捉えていることにありました。周知のように大変な語学の天才でした。さまざまな語学をやりながらさまざまな文明について等分の視線を注ぐ井筒先生のものの見方にとても強くひかれ、わけもわからぬままに、井筒先生の「アラビア語でもやってみたらどうか」というご示唆に従ってアラビア語の世界に入りました。これがわたしのアラビア世界、中東世界研究の始まりです。しかし先生がやったらどうかとおっしゃったから始めたというだけではなく、当時の自分の専門をもう少し客体化・相対化するという動機もありました。また、自分自身の日本人性のようなものを確認するためには、そういう手続きを経ることも必要だろうという考えもありました。制度的に言えば、フランス文学でマスターコースをとったうえに、またもう一つマスターコースをとり直して、井筒先生についてアラビア語を勉強したということになります。

なぜ当時のわたしにとって他ならぬアラビア文化であったのか。先に述べましたように西欧を相対化したかったと同時に、日本人性も相対化したかったのです。ならば、中国とかインドとか色々ありますが、これらは遠いようで近いようなところがあって、西欧と自分の相対化を考えていた自分としては、いっそのこと全然見慣れていない文化・文明、こちらを本当に相対化してくれるであろう未知の文明、アラブ・中東世界のほうに飛び込もうというわけでした。

井筒俊彦門下と中東留学――アラビア語の習得

わたしが中東・イスラーム研究の世界に入った当時は、今とはまったく研究環境が違いました。アラビア語の講座もなくて、例外的に大阪外語大学に語学学校のような形で講座があるだけでしたので、どこに籍を置くかということで大変苦労しました。井筒先生の肝煎で、絹の道の向こうに研究対象そのものの中東世界があるのだからということで、さしあたり東洋史に在籍させていただきました。およそこういう次第でアラブ研究を始めました。

ところが井筒先生はわたしが転科したその年にカナダのマックギル大学に呼ばれてしまいまして、転科はしたもののすぐに先生がいなくなってしまったのです。それで大変苦労しました。しかたがないので、日本・エジプトの文化交流の一環としてのエジプト留学生の試験を受けまして、カイロ大学に大学院生として入学しました。アラビア語は非常に難しい言語でして、勉強し始めて一年や二年ではどうにもならない。ひと月の間文法を井筒先生に習いまして、あと二、三か月アラビア語の詩を習いました。しかし井筒先生がカナダにお出かけになってしまったので一人で学習を進め、その後一、二年で向こうへ行ったものですから、アラビア語が満足にできるはずもない。そうした事情もあったので、専門はアラビアの文化や伝統を学ぶうえで比較的入りやすい歴史学・イスラーム史を選択しました。

向こうには、歴史研究もある種の伝統、前提がありました。正統四代カリフだとかウマイヤ朝だとかやるわけですが、向こうでは正統四代カリフというものが批判の余地のない理想的な時代だとされていて、現地の人々はそれをあまり批判的には見ない。「預言者世にいれられず」とは日本などでよく言われることわざですが、イスラームの場合はまさに世にいれられた預言者なのであって、しかも、アラビア半島の一角で立てた教えが瞬くうちに広がって、百年たたずに大帝国を作ってしまう。

イスラーム世界におけるイスラームを見るうえでは、建設的な要素と破滅的な要素の二つを見ていかなければならないと思いますが、イスラームというのは、周知のように今でも十数億の信者がいます。それだけの持続性と発展性があります。と同時に、かつては光そのものであったイスラームが、歴史の流れと共に退嬰《たいえい》的になってゆく、そのいわゆる没落過程も明らかであり、結局それがいつどういうかたちで始まったのかということが、どうしても究めてみなければいけない一つの仕事なのです。

エジプト留学では、ハワーリジュ派というイスラーム世界で初めて出てきたいわゆる反体制の派を研究の主題にしました。わたしにとっては大変なことでもあり、同時に興味深かったことでもありましたが、イスラーム世界でハワーリジュ派を研究対象にすることは憚《はばか》られることなのです。反体制派ですから。この反体制派の詩人たちのアンソロジーのようなものがあります。それを分析し、またその詩の背後にある歴史的状況なり思想的神学的状況も調べるという方法で「ハワーリジュ派の詩の分析」をやりました。そのためには歴史も学ばなければならないし、神学もやらなければならない。さらに法学と政治論も関わってきます。この主題に取り組んでみてわかったのは、イスラーム研究は、単に宗教としてのイスラームとかイスラームの神学とかイスラームの法学とかを個別的にやっていただけではまったくその姿をつかむことはできず、それらが密接に組み合わされて全てが動いているということでした。

イスラーム性のネットワークがいかに働いていて、どういう破綻が生じるとどういう問題が起きるのか、つまりイスラームの力そのものの構成と発展、そして分解過程というものが、イスラーム最初の分派であるハワーリジュ派、一番最初のケースであるハワーリジュ派をめぐる状況からよく見えてきます。正統四代カリフ時代という最も高度にイスラーム性が発揮された時代に起こった反体制運動ですから、実によくその辺の機微がわかるのです。これを専ら研究致しましてドクター論文を仕上げました。単行本としてはだいぶあとになってから、これをベースに『イスラームの反体制』として発表しました。

イスラーム研究というものにはさまざまな専門があります。例えば歴史研究なら、正統四代カリフの時代からウマイヤ朝にかけてのものとか、アッバース朝の歴史を見るとか、現代を分析するとか、こうしたさまざまなものがありますが、わたしは綜合的・複合的な相手を研究するにあたって、どこか一つに対象を限定するということはできませんでした。専門家としては対象を一つに限定してやっていたほうが成果を早くあげられるのですが、それではイスラームの本質は分からないと思い、あえてそういう道は選びませんでした。

イスラーム哲学・思想

そうした考えで次に着手したのは、哲学・思想関係でした。ハワーリジュ派というのは信仰と行為の関係について、信仰は信仰だけで完結するのか、行為がなくては信仰は成り立たないのではないかという大きな問題を投げかけた流派でした。それは当然イスラームの中で新しい神学論争を呼び起こしました。それゆえこれは「神学の始まり」と呼ばれています。

イスラームにはカラーム系、つまりイスラーム固有の哲学・思想派と、ファルサファ系、これは実際のところは複雑なのですが、簡単に言えばギリシャ哲学的なものを受け継いだもの、この二つの流れがあります。わたしは個人的に言えばカラーム神学の、とくに原子論のようなものに興味を持ちました。

これは業績をあげるにはなかなか難しいもので、その間、井筒先生の示唆もあり、先ずはガザーリーの『哲学者の意図』の翻訳に取り組みました。関連する研究書も少ないなかで、初めて日本語に翻訳するのはなかなか骨が折れました。この本はガザーリーというカラーム系の思想家がファルサファ系の考え方を積極的に取り込もうとして書いた、ファルサファ系の哲学の要約、概論のようなものです。それと同時にイスラームの哲学の流れを概観したアンリ・コルバンの大変有名な『イスラーム哲学史』も翻訳しました。

しかし哲学の流れだけを追いかけていっても、イスラーム文化全体の把握にはうまくつながらないようなところがあります。イスラーム文化はその構造が実に複雑なのですが、専門家はきちんと分を知っていて、その複雑な構造のほんの一部しか口にしません。そういうわけで、本当のところは、その専門家が言っているところと、その原構造あるいは大きな構造というものを照らし合わせながら見ていかなければならない。結局イスラーム文化・文明というのは外部の人にはわかりづらいのですが、そこに参加している人たちが口にしないながらもお互いに共通して持っているものが非常に大きいのです。ところが専門家は、自分の専門の問題だけに関して議論を発展させるようなところがありますから、哲学の問題にしても神学の問題にしても、特定の哲学者がこう言ったからどうだというだけではなく、それを今一度大きな枠組みの中に落とし込むような理解の仕方が必要なのです。このような考えがあったので、ある哲学者個人について大きな本を書くという仕事はしませんでした。

カザーリーを中心としてそれ以前、つまり初期カラーム神学の考え方とか、ガザーリー以降、これは井筒先生が発展させているのですけれども、モッラー・サドラーとか、そのへんについて、それらを貫通するような関心を持ちたいと思っていますが、これは一人ではなかなか大変な仕事です。概観をなぞることしかできませんが、時と関心の赴くところに従って色々と研究は続けています。

シャリーア研究

これら哲学の研究と同時に、シャリーアについても多角的に見ていこうとしました。シャリーアとは「水場への道」という意味ですが、この考え方はイスラームの登場当初からあり、それ以後もあり続けるものです。ただしそれが体系化されていくのには結構時間がかかっていて、何が体系化されてゆくかはその時々のイスラームの歴史的状況がずいぶん影響しています。イスラームの力が強い場合には政治論のようなものもシャリーアのなかに色濃く織り込まれますが、イスラームの政治性が傾いてくると、むしろ生活に関係のある部分に細かな注釈がつけられるといった事情があります。伝統的なシャリーア理解はこうした広い視野によるものではなくて、形成されたもの、既存のものは尊重するが、それ以外のもの(言わばシャリーアの運用過程、人々がシャリーアをどう生きたのかということ)は尊重しないような議論に傾いたもので、ぶつ切りの専門タコ壺化した、分断的で孤立的な研究です。わたしはシャリーアの理解は、政治の情勢も勘案した統合的なものであるべきだと考えています。政治論も入ってきますし、もちろん実定法的なものも国際法的なもの(シヤル)も入ってきます。そのように大きくとらえたうえで、ある特定の時代・地方ではどのような要素が特に、またどういうかたちで当時の社会に影響を与えたか、そういう分析をしていくべきだと思います。

シヤルはいわゆる国際法にあたるものです。これはオスマン朝の外交政策にもある意味で強い影響を与えたものですが、そういう事情に関する研究はほとんど目にしたことがありません。イスラーム世界の有為転変、毀誉褒貶とともにその重要性は流動しますが、そういうものは確かに存在していました。

法の問題は、現存する法体系について精密に調べていくこともありますし、欠けている法や法意識を復元させるといった研究の方法もあると思いますが、今のところしなければならないのは、そうした法意識なり具体的な法の総体が、歴史社会の発展に具体的にどれほどの影響を与えたかを検証していくことでしょう。

イスラーム経済研究

法学的要素が政治と社会にどのような影響を与えてきたかということを、どこかの時代できちんと考えてみる必要があるという考えから、ここ十年ほどは、そのひとつの道筋としてイスラーム経済論に取り組んできました。

イスラーム経済はこれまで「そのようなものはない」と言われてきていたものです。イスラーム経済論は法学の一分野に入りますが、法学全体が、オリエンタリズムにおいては「机上の空論であって現実の文化・社会的な次元では何の役割も果たしていない」とされていましたので、そんなことはないということを実証する試みに取り組んでいます。「イジュティハード（法的解釈）の門は閉ざされた」、つまりイスラーム法はある時代から時代状況を踏まえた柔軟な発展をしなくなったと、ある時代に言われて、それ以降イスラーム法に属するものは全て具体的な政治世界では何の役割も果たさなくなったというようなことが定説になっていました。そのためにその方面の研究は全く行なわれてこなかったのです。しかしそれに対する問題提起は欧米でも始まっています。この十年、二十年のことですが。

それまでわたしはどちらかというと哲学とか法学とかいったものを理論的にやってきましたが、今は理論的・観念的なものが具体的な中東・イスラーム世界にどのような伝統的な足跡を残しているかということを検証するために、イスラーム経済をひとつのキー概念とするべきだと考えています。そのために、イスラーム経済について最も重要だと言われているムハンマド・バーキルッ＝サドルの『イスラーム経済論』とか『無利子銀行論』などを訳しながら研究を進めてきました。

この十数年はそれを土台に、現地調査、具体的にはシリアのアレッポのスーク（バザール、伝統的市場）の分析などを研究材料として、その周辺にある具体的な問題群、たとえばいわゆる伝統経済が庶民の経済活動にどの程度の比重を占めているのかとか、制度的にどのような特殊性を作り上げているのかとか、そうしたことを伝統的なスークという場における交渉、売買のあり方の特殊性を通じて分析しています。スーク経済のあり方は、いわゆる一物一価の売買ではなく、また、一人一人の商人が切り離されて孤立して、しかもその商人たちの間に資本の多寡によって上下の差ができてくるようなあり方ではなく、資本の多寡にかかわらず、そこに参加している全ての商人・買い手が水平的に横につながっていくような市場の特殊性を持っていますが、この実際の有り様をつかみ出してきました。こうしたやり方は、これまでの研究にはほとんどありません。こうした市場の特殊性は、そこの社会生活の特殊性にもつながっています。

アレッポのスーク（著者撮影）

個でありながら同時に複数である。このあり方は都市論にもつながっていきます。かの地には、伝統的な古い都市に見られる中庭式住宅が並んでいます。中庭式の住宅というのはどこにでもみられるものですが、問題は、かの地のそれはずっと大規模に組織されていて、他からの隔絶と他への開放を同時に表現するような性格を持っているのです。その性質は中庭だけではなく、居住区のクオーターの構造にも見られます。これは個人の家のあり方、小共同体のあり方だけではなく、イスラーム的なものが保障している共同体性そのものを示唆しているように思います。

そうしたことをさまざまな角度から分析するために、例えば経済的な側面ではギルドについても考えています。ギルドとは、周知のようにある種の同業者が寄り集まって一つの自主的な小共同体を作り、そこで自由な、しかし公正を意図するような経済活動をその小単位で行なうもので、それが近代意識の萌芽につながったというようなことが言われています。ギルドのようなものが中東世界にあるのかないのかと言えば、これは中東世界にもあります。イスラームの場合、そうした機能は「市場」という単位で行なわれていると言ってよいでしょう。ギルドという小さな部分が独立してその役割を果たさなくとも市場全体がそういう役割を果たさなければならないという全体的な完結性を持っています。そういう性格もイスラーム世界に独特なものではないかと思います。

西欧の場合、集団形成は、王朝があって、諸国家が、似通っているかもしれないけれどそれぞれ違った法体系をもっていますが、イスラームの王朝の場合には国が違っても法が同じですから、国の違いが決して法的な制度の違いに簡単にはつながらない。そういうところである種の一体性が保たれ、共同体性が維持されます。つまり、国が最高の権力機構ではなく、むしろイスラーム的な考えとかイスラームの法のようなものが最高のものであって、それに国という機構・体制が宿り木のように宿っているだけです。それはいわゆる近代社会とは別な様相をしています。それがイスラームの文化・文明の特殊性であって、その特殊性を理解するにはさまざまな切り口があります。伝統的な価値観がどのような社会体制、国家意識を作り上げていったかということを調べることだけでことは済まず（これが地域の伝統的な特殊性を考察する上で一番重要なことですけれども）、それが近現代の動きの中でどのような結果を生んでいるのかという問題につながります。

世界中のどの地域も単独で自律することはできません。イスラーム世界も時代の流れに巻き込まれ、その構造のなかに位置付けられます。イスラームのシステムというのは、集中・独占というものに適合しない性質があります。時代が家内生産から工業生産となり、さらにIT化されていく時代、技術が発展する中で、イスラーム世界はその本源的な部分を固守しています。そういう意味でイスラーム世界の政治・経済的な遅れというものが指摘されます。他方忘れてならないのは、時代の流れの中で、工業化された世界では人間の生活までもが工業化されますし、IT化された文化においては人間の生活までもがIT化されていって、それがさまざまな文明の障害をもたらしていることです。

イスラームの価値観は、一々の単位、一々の存在者、一々の人間の固有性を絶対に売り渡さないところに真価があります。そのことが、イスラームが文明的にさまざまな特殊性を依然として持ちつづけていることにつながっています。そのために西欧世界、近代社会が示しているものには乗り遅れていて、そういうものに何らかの対処をする必要は確かにあるのですが、その反面、最低限人間に必要なものをイスラームの文明が保ちつづけているということが持つ意味は、今後特に重要になってくるのではないでしょうか。このような観方はあまりにも楽観的であると言われる方もいますが、世界の情勢を見ているとそれほど楽観的でもないと思います。そういう価値を再び見出すことができるかという問題を先進世界は課されているように思います。そうした観点に立てば、逆さまのかたちですけれども、中東・イスラーム世界が持っている特殊性の意味には簡単に捨てがたいものがあるのです。現在の中東世界でも上層部では、集中とか権力とかを維持する機構、代理の権力、つまりあるものの代わりに他者が行使する権力というものが同一律の拡大によって極めて特殊な状況をつくりだしていて、それに個々人が冒される部分がでてきています。中東世界も上層部ではそうした代理のまずさのようなものが問題を引き起こしていますが、一皮むいていわゆる中から下、隣人、家族という小共同体における有機体性、瑞々しさといったものは現にものすごい力で存在しています。そうした力強さが、例えばイラクの戦後の動向にもあらわれていると思います。民衆にはほとんど定期的な収入などなく、先進国ならばリストラの拡大によって自殺者が増加したりするような状況ですが、そういう方向にはいかないところの力強さを簡単に侮ってはいけないのではないかと思います。

公的レヴェルの脆弱さに対しての私的レヴェルの豊かさ、それを支えているのは単なる個人の心情的なものではなく、むしろ世界観のようなものです。差異的なものを尊重し、差異性にいつも心を致して、他者に対する侵害を極力拒否する。これは例えば利子を取らないというようなことにも関係しますが、公共善が本来の意味で生き続けている。それが国家的レヴェルではなく、一番下のところにしかないところが問題なのですが、それが脈々として存在していることにムスリムはものすごい自信を持っていると思います。私的、個的なものの尊重は、いずれわれわれ日本人や西欧人がどこかで再び問い直さなければならないことだと思います。

現地生活の研究における意義

わたしは当初日本で充分に勉強する機会には恵まれませんでしたので、何も分からないときからエジプトに留学し、散々苦労して日本に帰ってきましたが、それからすぐオイルショックがありました。日本政府がアラブ諸国に対して文化交流をしなければいけないという方向に動き出したとき、その第一弾で日本文化の紹介のためにエジプトのカイロ大学に行って日本語を教えるという役割を命じられました。そろそろ自分の個人的な環境を整えて仕事をしようと思っていたところだったのですが。しかしわたしにとってこれは僥倖でした。派遣の主旨とは別に、カイロ大学に日本の研究をするための学部を開設するということになりました。そしてエジプトに二年滞在し、日本学科を開きました。その後イランでも文化交流で仕事をして欲しいという要請があり、イランでは日本の思想を教えました。

その後、国際大学に勤めることになりましたが、ここでは文部省の科学研究費もたいへん潤沢にいただき、豊富な研究資料を購入、蒐集するとともに、研究のためにシリアに赴きました。アレッポ大学では日本とアラブの文化交流センターを作っていただき、そこを拠点にして、先ほど話したように色々な研究を行なうことができたのです。エジプト、イラン、シリアの三つの地域にそれぞれ数年以上滞在したことが中東世界を理解するうえでとても役に立ちました。さまざまな文明のそれぞれの伝統と近代への向き合い方は違っていますが、それらの国々に蓄積されてきた伝統的なもの、世界観なり倫理観、ひいては組織・制度のようなものまでが、近代化の中で確かに大分姿を変えているものの、表面上は見えないだけで、一歩深く入ると脈々と流れています。その種の事柄は本には書かれていないのです。この三つの国での生活を通じて、こうしたことをリアルに体験しました。さまざまなミッションで中東世界で働いている方々と話してみると、研究者の言っていることと実際とは全然違うじゃないかという声を非常によく耳にします。このようなコメントは、表層的なところから深層的なところまでについて言われます。結局のところそれはどういう事情に由来するかと言えば、ヨーロッパ世界のオリエンタリズムというものがあって、自分自身の観点からしか対象を見ていない。欧米のメンタリティーはやはり他者を対等に理解するということに不向きであると残念ながら言わざるを得ない。もちろんそこから、優れた、透徹した解釈や理解は提出されていますが、本当に対象に固有の感受性、感性、思想に則して理解しているかと言えば、そうではないのです。だからわれわれのやらなければならないことは山のようにあります。

ところで、中東・イスラーム研究は伝統的に、乱暴に括れば、欧米系のものばかりでなく、いわゆる「国学」としての現地のものがあります。この「国学」のほうは互いに言わずもがなの共通理解を持っていて、土俵を同じくして研究を進めています。ところがわれわれ外部の者にとっては歴史的な環境も違えば、伝統、常識も違っています。したがって現地のものをただそのまま訳したり移し変えたりしても日本の研究者や一般読者に通用しないところが多々あります。このごろでは現地の人々の中にも、外の世界に向けてそれに相応しいようなかたちで自文化を紹介している例がありますが、それはそれで受け手側に捉え方が任されているような手法のものが多く、隔靴掻痒《かっかそうよう》の感が拭えません。そこでわれわれ受け取り手が、主体的に相手に求めていくという態度が必要だと思います。現地の人々のディスカッションを、われわれにとって意味のあるかたちでまとめ上げていくような道が求められています。共通項のないところに、ただ論文のようなかたちで送り出しても、専門家の自己満足で終りかねません。これでは現地の文化に直に触れることのない日本の人々に、相手についての深く正確な認識を与えることにはつながりません。権威ある者のごとく「これが中東・イスラーム世界である」といった言説が大流行の時代に、それを批判的に検証、摂取する手立てがないのですから、丁寧な解説のついた価値ある著作の翻訳、優れた解題が必要だと思います。とにかく現地の香りのする研究、紹介が極めて少ない。この大文明には、まだまだ教えられることが山のようにあります。認識なしの判断の域を脱するために、いまだにこれほど多くのものが取り残されていることには、少なくとも一人の研究者としてはむしろ大きな幸せを感じています。

（二〇〇四年）

＊増補新版刊行に際して文章を整理した。

主要著訳書

一九七四年　コルバン『イスラーム哲学史』（共訳・フランス語・岩波書店）

一九七五年　ナスル『イスラームの哲学者たち』（共訳・英語・岩波書店）

一九七六年　ワット『イスラーム・スペイン史』（共訳・英語・岩波書店）

一九七七年　イブン・ハズム『鳩の頸飾り』（訳・アラビア語・岩波書店）

一九七八年　カナファーニー『太陽の男たち』（訳・アラビア語〔パレスティナ小説〕・河出書房新社『現代アラブ小説全集7』所収）

一九七八年　サーレフ『北へ遷りゆく時』（訳・アラビア語〔スーダン小説〕・河出書房新社『現代アラブ小説全集8』所収）

一九八〇年　『イスラームの心』（著・中公新書）

一九八三年　『イスラーム辞典』（編著・東京堂出版）

一九八五年　ガザーリー『哲学者の意図――イスラーム哲学の基礎概念』（訳・アラビア語・岩波書店）

一九八七年　『地域研究の方法と中東学』（編著・三修社）

一九八八年　『イスラーム経済』（編著・三修社）
一九九〇年　『共同体論の地平』（編著・三修社）
一九九一年　『イスラームの反体制』（著・未來社）
一九九三年　バーキルッ＝サドル『イスラーム経済論』（訳・アラビア語・未知谷）
一九九四年　バーキルッ＝サドル『イスラーム哲学』（訳・アラビア語・未知谷）
一九九四年　バーキルッ＝サドル『無利子銀行論』（共訳・アラビア語・未知谷）
一九九六年　ガーバー『イスラームの国家・社会・法』（訳・英語・藤原書店）
二〇〇四年　『イスラームの構造――タウヒード・シャリーア・ウンマ』（著・書肆心水）
二〇〇四年　『イラク戦争への百年――中東民主化の条件とは何か』（編著・書肆心水）
二〇一〇年　アッ＝タバータバーイー『現代イスラーム哲学――ヒクマ存在論とは何か』（訳・アラビア語・書肆心水）
二〇一〇年　ハッラーク『イスラーム法理論の歴史――スンニー派法学入門』（訳・英語・書肆心水）

多元的文化への偏見のない関心——井筒俊彦を引き継ぐために

インタビュアー　**湯川　武**

このインタビューは、二〇〇六年五月二〇日に、慶應義塾大学三田キャンパスで行われた。井筒先生は、本インタビューの語り手である黒田壽郎先生の先生である。その黒田先生に大学院の修士時代に教えを受けた聞き手である私にとっては、井筒先生は直接教えを受けたわけでもなく、また面識があるわけでもない。同じ慶應義塾という学塾に身を置いてイスラーム史という分野を専攻するようになったといっても、ご著作の一読者でしかない存在であり続けた。

その点、黒田先生は、井筒先生を語るのにもっとも相応しい人物の一人であると、いろいろな面から言えるであろう。慶應義塾大学文学部学生の時代から井筒先生の授業を受講されており、その後のお二人の関係についても、このインタビューで、ご本人の口から話していただいた。

ここでは、この黒田先生のインタビューのお相手を、私、湯川武が本書の編者から仰せつかったことの背景として黒田先生と私の関係を簡単に述べてみたい。黒田先生の教えを受けたのは、私が慶應義塾大学文学研究科の修士課程に在籍していた一九六〇年代後半のことで、その当時、黒田先生は、同じ慶應の言語文化研究所に在籍しておられた気鋭の若手研究者であった。一対一の授業でアラビア語による地中海史の講読演習であった。授業だけでなく、様々な面でイスラーム史の初学者である私にとってはきわめて刺激的な話をしてくださったことを今でもよく覚えている。

その後、黒田先生は、日本や世界がイスラームを見る見方に対して、独自の観点から危機感を抱かれ、鋭い批判と警鐘を与え続けられている。そのことは本インタビューからうかがわれるであろう。井筒先生の研究と思想の持つ意味、そしてまた、それを基盤としながらも独自の道を歩まれた黒田先生の研究のあり方、すなわち井筒先生との共通点と相違点という問題につながるのではないだろうか。

（湯川武）

クルアーンの意味論的分析

湯川　井筒俊彦先生の業績を全体として伺いたいと思います。時系列で考えてみて、黒田先生がお若いときに、井筒先生に出会われた最初の経験、学部生、大学院生、そしてその後と、井筒先生からどういうものを受け止めたのかをお伺いします。

黒田　今日ここにうかがって大変懐かしい思いです。私は普通部から大学院を出て、言語文化研究所の助手となり、国際大学に行くまでずっと慶應におりました、根っからの慶應ボーイです。慶應に通い始めたころは、戦後すぐの物質的にも、精神的にも大変な時代でした。ところでまずは仏文を専攻したのですが、その理由はといいますと、その当時は日本の文物を読んでみても全然楽しくもなく、つまらない。言うも恥ずかしいのですが、ヨーロッパのもの、とりわけフランスのものを読むと深く心を揺さぶられて、充足感がえられる。そんな若者でした。結構本は読んだ方です。

井筒先生に習い始めたのは、大学の二年からです。井筒先生は、世界の広さを知らない若者にとって大変貴重な存在でした。先生の講義は、一般の言語学の理論だけでなく、ソシュールやベンジャミン・

ウォーフといったユニークな言語理論に加えて、ポール・クローデルの詩学等、通常の言語学者には期待できないような、広い感性に支えられたものでした。先生がそれまでになさった仕事である『ロシア的人間』や、ギリシア哲学を論じた『神秘哲学』等を読むにつれ、知的な活動というものの限りなさ、というか少数の限られた文化に限定されるのではなく、世界中の文化について、自在に交流する大きな精神的バックグランドを持つことの重要性を示唆されました。このような広い視野を、若い頃から与えられ続けたということは、何よりも貴重な経験でした。先生の知的な豊かさの根底には、語学の天才としてさまざまな文化のエッセンスを、原典に直接当たることにより曇りのない目で捉え、それを独自に咀嚼するという揺るぎない態度がありました。徹底的な原典主義、類まれな広い関心からもたらされる知的刺激は、若い学生にとってたまらない魅力でした。

当時の研究者たちには、今では考えられないような特異な偏りがありました。研究には専門別の縦割り構造があって、例えばフランス文学の研究者は、フランス文学だけやっていなくてはならず、同時にヨーロッパの文学としてドイツやイギリスの文学に手を出すと、たちどころに異端視されるという傾向がありました。専門家としての狭いたこつぼ的な囲い込み主義が横行していた時代です。ヨーロッパの場合一つを見てもこうなのですから、世界中のさまざまな文化、文明の所産と臆するところなく関わりを持ち、おいしいものを拾い出してくる開拓者としての精神などというものは、周囲を見渡しても少しも見当たらない。しかし井筒先生は、当時のこのような風潮を類まれな語学力で吹き飛ばしてしまわれました。このような風通しの良さは、井筒先生からしか期待できなかったものです。

先生からは実に数多くのことを教えていただきましたが、しかし基本的に何を習ったかといえば、セマンティック・アナリシス、意味論的分析の方法だといえます。先生は単に卓越した語学力をもたれていただけではなく、さまざまな文化、文明の精神的、思想的な深みに豊かな感受性をもって当たられました。その感銘の仕方は、語学的に正確な認識、それに支えられた意味論的な分析に支えられたものでした。その結果作り出されたのがセマンティック・アナリシスの方法でした。これにはさまざまなやり方があると思いますが、井筒先生の場合には、それが異文化の骨格、構造を正確に認識することに密接に繋がっていました。この点が先生の偉大な業績であることには疑いがありません。その本領が遺憾なく発揮されたのが、イスラーム世界に関する研究です。

The Structure of the Ethical Terms in the Koran とか *God and Man in the Koran* といった初期の労作は、クルアーン（コーラン）の世界の構造分析で評価の高いものです。クルアーンという啓典は非常に難解なもので、この読み辛さが外部世界の者にイスラーム理解を狂わせる大きな原因となっていますが、他方イスラーム世界の人々はクルアーンについて知りすぎるほど知っています。そのために第三者に良く解らせるような説明をほとんどしておりません。しかし信者たちは、時代、状況に応じて、この啓典に関する新しい解釈を施し、その理解のされ方にも、特定の枠組みの中でさまざまなヴァリエーションがあります。従って理解をいろいろな意味で本筋に戻すことは、第三者ばかりではなく、信者たちにとっても極めて重要なことなのです。クルアーン解釈の原点が強く求められている状況において、原典に即したセマンティック・アナリシスの方法は、イスラーム世界の要請にも沿うものでした。あまりにも多様なクルアーンの解釈を、根源的にこのようなことを主張しているのだと示すことは、第三者ばかりでなく、信者たち自身にとっても基本的に重要だった訳です。これが広く一般に、とりわけイスラーム世界で絶賛を浴びた理由でしょう。

大学時代の教師としての井筒先生から習ったのは、この辺りまでのことでしょうか。大学院、助手になってからもいろいろと講義に出させていただきました。時を経るにしたがって内容は変化していきますが、特に印象に残っているのは『大乗起信論』の講読です。この仏典を読みながら先生は、イスラームのスーフィズム、老荘の思想などとの著しい共通性を指摘されたのですが、これが *Sufism and Taoism: A Comparative Study of Key Philosophical Concepts* や『意識と本質』に繋がっていくことになります。われわれは幸いにも、創造の秘密の現場に立ち会うことができたという訳です。ですから一概に何を学んだかということはできませんが、要するに先生の何に惹かれたかといえば、多元的な文化に対する偏見のない関心ということになるでしょうか。多彩な知的な活力に魅せられたという訳です。

湯川　そのような非常に幅広い文化的な多元性および多様性、知的な活力の対象としてもさまざまなものがあると思います。その中で黒田先生がイスラームという道をやってみようというきっかけとなったのはどういうことだったのでしょうか。

黒田　私は慶應で修士課程まで仏文にいました。仏文の研究も面白かったのですが、当時の周囲の知的状況を見ていますと、特に欧米の文物だけを見ていれば世の中のことはすべて解ったつもりになるといった、欧米一辺倒なところがありました。仏文の研究者にしても、日本人でありながらいかにフランス人並みの知識をもち、そのような視角から現地の研究を行うことができるようになるか、ということが理想でした。しかしこのような研究態度には、当然のことながら徐々に批判的にならざるをえなくなったのです。日本人としてヨーロッパに傾倒する自分は、果たしてなんなのかという疑問が強く持ち上がってきたのです。世界は周囲の人々が考えるように、ヨーロッパと日本だけではない。世界を見る見方には多様なものがあって、自分のヨーロッパに対する興味とか、認識をどこかで相対化する必要があるという考えにとりつかれ、ずいぶん悩みました。文学批評のようなことに集中すれば、そこに血路が開かれるのではないかとも考えたのですが、それだけでは可能性が限られているような気もする。とりわけ自分の欧米認識を相対化するには、もっと別な第三項が必要なのではないか。そのような時に相談相手となって下さったのが、井筒先生でした。

第三項としては、インドや中国のことをやってみるのも一つの方法です。しかしこれらの分野は、すでに多くの先達が深い読み込みを行っており、同時に欧米の相対化を行うという点ではそれほど相応しいとはいえない。それならばいっそのこと地中海を隔ててヨーロッパと対峙している、アラブ・イスラーム世界を研究してみたらどうか。それによって自分の欧米認識を相対化し、その過程で自分自身の問題を探れるのではないかという、井筒先生の示唆がありました。井筒先生は学生たちに、新たな誘いかけをすることが上手な方でした。特に語学に才能のある学生たちには、色々な言葉を習得させるために、毎年違った言葉の講読をして下さいました。私なぞは語学の才能もないのに、中国語、ロシア語、ギリシア語等と次々に習うのですが、結果的にはパンクしてしまう。これは冗談ですが。新しい挑戦にはなんでもつき合って下さるという点では、すばらしい先生でした。要するに自分探しのために、ヨーロッパ、欧米文化一辺倒という姿勢を相対化するための方便として、中東、イスラーム研究を選んだということになります。動機は不純でしょうか。

湯川　大きく言えば当時の時代状況もあったと思います。第三世界論が出てくるし、政治的、軍事的な世界の変化もあったと思います。黒田先生は若くてそのようなことには敏感だったと思います。井筒先生もそういう関心はどうだったのでしょうか。彼は純粋に知的なレヴェルで広がりを持ちたいと考えていたのでしょうか。

黒田　井筒先生と時代状況との関わりですが、私はあまりそのような観点でお話しをしたことはありません。先生は最初から共産国ソ連ではなくてロシア的人間ということを問題とされていましたし、中国にしても、父上が大変禅に詳しい方で、中国の古典にも通じておられる方だったようです。だから私のように不純な動機からではなく、最初からそういうものを通り抜けていたという気がします。

湯川 それですと言い方によると表面的な状況とか社会的な状況というよりも、文化的、知的な広りとしての世界という見方ですね。

黒田 それはそうですね。これは井筒先生の批判という訳ではないのですが、知的な方に専ら重心が傾いていて、現実的、政治的な側面に関してはあまり関心はお持ちでなかったと思います。

井筒俊彦のイスラーム研究――その評価

湯川 井筒先生との接触のうちで中東とかイスラームという道に入られたわけですね。黒田先生が学生の時代にはクルアーンの訳は出ていましたか。

黒田 まだ出ていません。私が学部の頃に翻訳をなさっていました。

湯川 英文のクルアーンのセマンティックな研究もまだでしょうか。

黒田 まだです。

湯川 大学院を終えた当時、言語文化研究所はあったでしょうか。先生は当時どちらに所属していたのでしょうか。

黒田 言語文化研究所ができた経緯は、深くは良く知りません。けれども井筒先生のああいう才能を処遇するような場所が、慶應にはなかった。その間京大から先生にお呼びがかかったり、色々外から誘いがあったので、塾の方も考えて、やはり先生に相応しい研究所を作った方がよいということで、それが契機で研究所が創設されたのだと思います。

湯川 まだ目にできる著作としては『ロシア的人間』、『アラビア思想史』、『神秘哲学』だけですね。

黒田 それからおそらく *Language and Magic: Studies in the Magical Function of Speech* がそろそろ出る頃だったと思います。

湯川 そうですね。一九五六年（昭和三一）ですからその後ですね、*The Structure of the Ethical Terms in the Koran* は。黒田先生も直接授業を受けるだけではなくて著作を読む年代になってこられて、意味論的な研究は先ほどからお話をしていただきましたが、例えば『イスラーム思想史』に書き換える前の『アラビア思想史』はどのようにお読みになりましたか。

黒田 私のような者がこのようなことを言うのは僭越だと思いますが、『アラビア思想史』には面白い意見がまとめられていますがまだ方法論的な一貫性があまり感じられません。先生の優れた感性が、アラブの哲学的な作品をどのように捉えたかは解るのですが、やはり『イスラーム思想史』の方がはるかに重厚で、一貫性があります。

しかし私見では、『アラビア思想史』や『イスラーム思想史』は、どちらかというと先生の本領としては、本音が十分述べられているというような著作ではないと思います。むしろ先生の素晴らしい業績は、意味論的な分析でクルアーンの分析をなさって *God and Man in the Koran* という評価の高い著作を書かれましたが、その次の *The Concept of Belief in Islamic Theology* が、先生のイスラーム研究の最高の傑作であると評価します。イスラームの信仰の姿を、重要な著作の分析を介して見事に解明したこの著作は、同時にイスラーム世界における神学の発展の経過を鮮明に映し出しており、まさに傑作です。この間マレーシアの大学の神学部の先生に会う機会がありましたが、彼も私と同意見で、神学部では重要な教科書のひとつとなっているということです。

イスラームというのはどのような教えかということは、これまでもさまざま論じられているし、一四〇〇年の伝統の中で色々な解釈の仕方がありますが、イスラームの教えを信ずることと、その結果行われるべき行との関わりがどのようなものかということは、イスラームの神学の歴史における中心的な課題です。キリスト教の場合は、三位一体論があって、父と子と聖霊といった三つのものの割り振りの解釈の違いによって、さまざまな分派や異端が出てきて、それを巡る論争の中で神学が発展してきました。しかしイスラームにはそのような問題はありません。神は一つです。したがって信仰と、それを信じた結果どのような行為を行わねばならないかという事柄、ひいてはそれが政治的にどのような結果をもたらすのかといった事柄が、議論の中心課題となります。そういう意味で思想的にはある意味で単純ですが、実際にこれをシャリーアとの関連から検討するとかなり複雑です。信仰と行為の関連はかなり複雑なものがあって、整理するのは難しいのですが、*The Concept of Belief in Islamic Theology* は初期のハワーリジュ派が提起した信仰と行為の関わりが、その後のさまざまな神学者たちによってどのように展開され、最終的にイブン・タイミーヤがどのように締めくくったかまでを分析していますが、これは神学の発展史をきちんと踏まえた大変見事な信仰論です。これに具体的なこの世界の歴史を重ね合わせると、イスラーム世界の展開の具体的な変遷の足取りも明確に理解されるような具合に書かれています。私がこの著作を、先生の最高傑作であると評価するゆえんです。このような著作が、未だに日本語に翻訳されていないことは問題です。イスラーム世界理解の要といえる本なのですから。

湯川　井筒先生の研究のその後の経歴の中で、この流れは途絶えますね。

黒田　ですから、それが大変惜しいことです。またそこが私の不満なところです。井筒先生は、そこから方向転換をされました。

湯川　これは一九六五年ですね、この本が言語文化研究所から出たのは。当時黒田先生はこの本をお読みになって強い感銘を受けられたのですか。

黒田　はい。私は丁度ハワーリジュ派の研究をしておりましたから。導入の部分はハワーリジュ派の話で、この辺の議論もしっかりしているし、イスラームにおける正統と異端の問題もきっちり議論されていて、その結果信仰の姿がどのように落ち着いていったのかという道筋が鮮明に分析されています。イスラーム思想といいますが、イスラーム思想は世にいわれる哲学的なものに限られません。哲学だけを論じていればイスラーム思想かというとそうでもないのですが、こういうところは専門家ならば理解できますが、非専門家にはなかなか理解し難い。私があえて『イスラーム思想史』が、井筒先生の著作としてはむしろこの著作の影にあると評価するのは、このような理由です。もちろん二つの傾向はともに重要ですが、独創性、著作の意義としてはむしろ信仰論を高く評価するわけです。

湯川　その関連ですが、岩波書店のイスラーム古典叢書が出ていますね。その中で黒田先生はイブン・ハズムの『鳩の頸飾り』と……。

黒田　『哲学者の意図』とイブン・ハズムですね。

湯川　そのあたりで一緒に作業をなさっている時の状況や、お互いの考え方はどうでしょうか。

黒田　イスラーム古典叢書が計画され、それが進められている頃は、実は私は井筒先生と同じところには居りませんでした。私と井筒先生は、慶應の後はあまり同じ場所にいる機会には恵まれませんでした。私はアラビア語を習い始めてから仏文科をやめて、東洋史に入り直しましたが、その二ヶ月後には先生はカナダのマギルに行かれてしまいました。その二ヶ月間先生には特訓を受けましたが、それでは十分ではないのでエジプトに留学しました。古典叢書の仕事をやっていた頃には、直接の触れ合いはほとんどありませんでした。古典叢書には文学作品もなければならないということで、アラブ文学では重要であり、しかもフランスのトゥルバドールにも強い影響を与えた『鳩の頸飾り』が候補に挙がり、先生からジャーヒリーヤの詩を教えていただいた関係で、これを訳すことになりました。これは確かに面白い詩集です。あとは『哲学者の意図』ですが、これは私に少し哲学の素養を付けさせようという先生の親心から出たものだと思います。参考文献がなく、この翻訳には大変苦労しましたが、お蔭様でやり終えて大変自分にとってプラスになりました。

湯川　それでは、このイスラーム古典叢書全体の編集の意図とか分からないということですね。その後、先ほどお話になっていた井筒先生の *The Concept of Belief in Islamic Theology* とはやや異なるタイプの哲学、思想研究、特に神秘主義哲学の研究が出てきましたが、それと、繰り返しお話になっていますが、イスラームそのものを研究することとの関連をお話いただけますか。黒田先生から見てどういうふうに見えるのか。

黒田　この辺になってくると、井筒先生の世界の独自性が問題となってきます。先ず井筒先生の場合に引き当てて話しをしますと、それまでの禅哲学、ギリシア神秘主義研究といった精神的な傾きが、*Sufism and Taoism: A Comparative Study of Key Philosophical Concepts* のような著作を書かせる基本的な要因となったと思われます。これは先生が、イランの研究所に呼ばれるといったことも関連していると思われます。その当時のイランは、スーフィズム一辺倒でしたから。

ところでイスラームとは、私の考えによれば、あえて大きな分割をすればタウヒードとシャリーアとウンマ、この三つがそれぞれ極をなしていて、それらの極が相互影響し合って始めてイスラームの全体像が出来上がるのだと思います。ところで井筒先生の場合は、むしろ思弁的な、思考に重きが置かれ、タウヒード的な側面に強い関心が注がれていました。シャリーア、とりわけウンマの側面に関する関心は、その精神的な傾向からしても余り興味の的ではなかった。ところでやはり井筒先生も、イスラーム研究をなさっていて、この三つの極の相互関連を追い続けることには、かなり窮屈なものを感じておられたのではないかと思います。

せっかく色々なことをご存知なのに、イスラーム世界の三極の構造だけを追うのは、詰まらないし、それよりも御自分の独自な境地を開拓することを意識されたのだと思います。多文化の形而上学的な思想の構造、さまざまなアジアの思想を比較研究することにより、独自の世界が開かれるということを、先生は深く認識されたのだと思います。カナダやイランにいてますますそういう傾向が深まったのでしょう。そして東洋思想に惹かれることによって、イスラーム学としては神秘主義、スーフィズムに関する傾倒が強まったのです。これは最後には『意識と本質』のような高度な完成に繋がっていきますが。

ただしスーフィズムと一概にいいますが、これを単なる非現実的な形而上学的な傾向とだけ理解することには問題があります。先生はアヴィセンナから後代の存在の優先性論に繋がる存在の問題について、細かく、丁寧に追いかけていらっしゃいますから、単なる神秘的哲学だけに深入りしたとはいえないのです。現在のイランの哲学は、神秘主義的なものと存在論的なものとを独自なかたちで融合したものですから、現代の哲学に還流するものを着実に抑えておられるのです。井筒先生は、晩年にサブザワーリーの著作に関する大きな論文を書かれていますが、これはイスラーム思想史研究における大きなミッシング・リンクを追い求める上で極めて重要な著作の一つです。アヴェロエス以降イスラーム世界には哲学上の発展はない、というのがこれまでの欧米の研究家の間の通説でしたが、実はそうではない。

アヴェロエス以降現代に至る思想の流れは、これまで完全に放置されたままでしたが、今後この線は後進のわれわれが積極的に研究しなければならない主題です。

クルアーンをどう読むか

湯川　そうすると井筒先生の思想史研究は必ずしも神秘主義研究だけに入り込んでしまったわけではない、勿論それに非常に関心を持っていたし、独自性を立てようというところはあったけれども、もう少し広く取って、現在の特にイランのムスリムの哲学者に通ずるところもあったと。

黒田　その点で特に重要なのはアヴィセンナの存在の問題でしょう。これは結局スーフィズム的なものをアリストテレス的なものと合体させる契機となっています。そこから新しい本当の意味でのイスラーム的な思想が登場することになるのです。

湯川　いわば、哲学研究の意味ではこれから開拓すべき分野の道を開いたというわけですね。

黒田　井筒先生の話に戻りますが、最高傑作といえばやはり『意識と本質』ですね。東洋思想の共時的把握となっていますけれども……。

湯川　イスラーム研究とは限定できないですね。

黒田　そうですね、イスラーム研究とはいえないでしょう。しかしそれを超えているということができるでしょう。ただしそこにはイスラームの神秘主義的な傾向が濃厚に示されていますけれども、その裏には先生がまだ言及されていない存在論の発展が残されているので、簡単に否定的な評価だけを下すことはできないでしょう。正直にいって先生は、外的な部分はあまりお好きでなかったと思いますが、こういう業績のおかげで先の展望を持つことが楽になったと思います。

それでいよいよ自分のことになります。何でイスラーム研究かということですが、研究の動機についてはすでに若干お話しました。そのような具合で、まずは研究の主題に食い付いていくしかない。その過程で徐々に気づいていったのは、やはりほかの研究者たちと自分の見解の隔たりです。これまでの研究には、クルアーン、ハディースがいかなるものであり、それを基本的にどう読まなければならないかといったことについては、まあまあ研究も進み、丁寧な解説もあります。それによっていわゆる専門的な常識も、色々な形で確立されていますが、実はこの常識がかなり中途半端な、おかしなものであるということに次第に気づくようになるのです。このような問題意識は、学問研究にとっては最も重要なものでしょう。しかし疑いは疑いを生み、結局何一つ信用できなくなるため、非常に歩みが遅くなるというマイナスにも見舞われます。とにかく小学校高学年で敗戦を迎えた世代の一人として、与えられたものの一切を一度は疑ってかかるといった態度が、そのまま研究姿勢の原則となるといった状況が、中東、イスラーム世界の研究に当てはまるというのが、われわれに伝えられた伝統的な成果でした。サイードの指摘するオリエンタリズム的な状況は、いわゆるイスラーム学そのものの中に存在していたし、今なお存在しているのです。

未だに考えられていない問題は山のようにあるのですが、例えばクルアーンとスンナの問題です。歴史的には久しくこの両者がイスラームの基本的な法源であるといったかたちで、対等なものとして取り上げられる傾向がありますが、この点に関してはもう少し細かな議論が必要でしょう。クルアーンというのは、法的にいうとゲーム理論の第一ルールのようなもので、具体的なルールを生み出す元になるルール群で、具体的なルールはそれと具体的な状況を付き合わせながら出来上がっていくものです。第一ルール群にある精神なり規則を、具体的な状況に合わせて規則化する。このようにして出来上がっていくのが第二ルール群です。クルアーンとスンナとの間には、第一ルールと第二ルールの間の質的相違があります。クルアーンというのは神の書ですけれども、ハディースに纏《まと》められた言葉の内容、つまりスンナと呼ばれるものは、預言者ムハンマドのそれこそ尋常でないクルアーンの読み方・適用です。それは同時に単なるムハンマドの読み方だけではなく、彼に付き従った人々に共通の読み方でもありました。最近のワーエル・ハッラークの研究が明らかにしていることですが、スンナといわれるものが人々の間で受け入れられ、定着したのはイスラーム暦三世紀のことであり、それまでいわゆるスンナに該当するものは、教友ないしは初期の信者たちの言行、見解によって代替されていたという事実は、極めて重要です。要するにそれらは、後代に預言者の言行によって代表されうると人々に認定された訳ですが、この時間的ギャップは、イスラーム社会の成立を究明するために非常に重要なものです。

クルアーンをどう読み、どのようにアプライするかということは、イスラーム社会の成立と密接に関わっている問題ですが、残念ながらこのような点は現地ではほとんど無視されています。私はアラビア語を習得するためにエジプトに行きましたが、そこで学科としてはイスラーム史を研究することになりました。そしてそこでの研究テーマとしてはハワーリジュ派を選んだのですが、あちらではハワーリジュ派は異端派とされていますから、何でそんなものを研究するのだとクレームを付けられました。研究テーマとして相応しくないというのです。しかし強引に自己主張をして、結局このテーマを研究主題にしました。ハワーリジュ派について書かれたすべての文献を網羅して、とりわけ彼らの詩を分析して書き上げたのが「ハワーリジュ派の世界観」です。この意図は、イスラーム、イスラームといわれるが、その内容は決して一色ではなく、クルアーンの読み方、そのアプリケーションのいかんによってかなりな隔たりがあり、これがシャリーアの解釈、共同体運営の流儀に深く関わってくることを明らかにすることにありました。ご承知のように正統四代カリフの時代は、スンニー派ムスリムにとっては理想的な時代で、いかなる疑念もさしはさんではならないものと神聖視されています。しかしこの間に既にさまざまな問題が顕在化してきているのです。ところでハワーリジュ派の反乱は、シャリーア理解の相違が、ウンマの形成と密接に関連するものであり、その結果政治的な表現として現れたものであることは明らかです。このようにイスラーム世界のどのようなアスペクトをとってみても、タウヒード、シャリーア、ウンマの三つの項は密接に絡み合っており、このような関連なしにイスラームを理解することは不可能なのです。

イスラームというものの基本的構成要素はなにかという点から検討していくと、驚くべきことにほとんどの研究者たちが、それらのすべてに十分な配慮を示しながら分析してはいない点が明らかになります。例えば井筒先生の場合でも、このような観点からすれば、シャリーアとウンマの関わりという点については、優れた信仰論の場合を除きほとんど言及なさってはいません。

湯川　実はそこが私としては一番お伺いしたいところで、井筒先生を通じて色々なものを見るのだけれども、井筒先生をどこで超えるか、あるいは井筒先生がやっていないことをやるか、そしてそれが何に通じるかということを考えていくことはすごく大事だと思います。井筒先生が偉いといってしまえばそれで終わりです。後半の部分は、それが典型的に現れているのが、一般の人々の目に触れる『イスラーム文化』という井筒先生の本と、黒田先生が最近お書きになった『イスラームの構造』、これを対比してみるとずいぶん違う見方ができるのだなと。

黒田　でもね、忘れてもらっては困るのが、同じものだということです。見方を変えるとこういう風に見えてくるということで。

イスラームの捉え方

湯川　単語は違うけれど、これを捉えてこう見ているのと、ああ見ているのとでは角度が違う。そういったお話を後に続けましょう。色々と研究の広がりがありました。井筒先生の思想研究にしても。ところで一般の人や学生たち、そういう読者を対象にして岩波から『イスラーム文化』が出ています。今でもよく売れているといいますし、最近では岩波文庫の大きな版になってこれもまたよく売れているそうです。いわば一種の啓蒙書ですね。その他にも一般読者向けですと人文書院から出た『イスラーム生誕』ですとか『コーランを読む』というのがあります。『イスラーム生誕』と『コーランを読む』は、クルアーンはどういうところから生まれてきてどういうものかということで、先ほど黒田先生がお話になっていたようなものです。『イスラーム文化』というのはそれだけではなくて、そもそも話している対象が経団連で、話の内容は今のイスラームですね。イスラームというものにはこういう特徴があるのだよということをお話しになっている。本では三つの章に分けられており、最初が「宗教」。基本的に神をどう捉えているかとか、聖なる書物としてのクルアーンを取り上げ、それから二番目が「法と倫理」。これはシャリーアの問題ですね。第三章が「内面への道」。これはスーフィズムの問題とシーア派の問題が両方入っていますね。この三つの章に分けたというのは、この三つがイスラームを理解するためのキーになるのだというおつもりだったと思います。そのことと関連して、黒田先生が新しくお出しになった『イスラームの構造』は、同じように三章仕立てで「タウヒード」と「シャリーア」、そこまでは似ているのですね。

「宗教」ということ、これは明らかに「タウヒード」と繋がる内容も入っています。「法と倫理」と「シャリーア」もです。ところで最後でぱっと分かれて、「内面への道」ではなくて「ウンマ」という柱です。一章、二章は取り上げている対象は同じようなものですが見方が違います。ということで、全体を読むとすごく印象が違うわけですね。両方読むとイスラームとはどちらで捉えたらいいのかと普通の読者は考えると思います。そういうところを踏まえた上で、これは黒田先生のお考えに基づいて、私たちがいつまで経っても遠い異文化とばかり思っているイスラームというものを、基本的にどのように見るのがいいのだろうかというお話をぜひ伺いたいです。

黒田　井筒先生は精神的な事柄に対する理解力に関しては、深さも幅も十分にお持ちの方でした。譬《たと》えていえば美しい花を美しく見るという点については他に追従を許さないほどの先生です。イスラームの文化については、色々な人が多くを語っていますが、『イスラーム文化』というのはそういう面では非常に優れたものです。また『イスラーム誕生』は、ジャーヒリーヤからイスラームへの変化をあれほど美しく、シンパセティックに書いた本は他に見当たらないのではないか。そういう点で高く評価されて良い著作だと思います。とにかく読んでいて楽しい。

　ところでイスラームについての井筒先生と私の立論の違いは、第一にはテンペラメントの相違があります。井筒先生の最終的な関心は、精神的な自己完成にあり、したがってイスラームを説明する場合も最終章が内面への道ということになります。しかし私の場合は、もう少し異なった文化圏の文化的、社会的現実にどこまでも深入りしたいという思いが強いのです。文化、文明というものは、複雑な諸要素の集合体で、その中のすべての要素は全体の翳《かげ》を帯びている。そのような複合的なものを捉えることによって、初めて文化的なものの真実を捉えることができるのですが、その場合重要な要素をなるべく除外、排除しないことが肝要です。

　ところでイスラームというものですが、長らく放置されてきたこの教えに関しては、最近になって数多な解説書が書かれてきました。しかしあれこれ書かれすぎて、いま一つ要点が纏《まと》まっていない嫌いがある。イスラームにも色々あって、モロッコのイスラームとインドネシアのイスラームは同じではないというようなことがよくいわれます。時代、場所によって同じ教えがとる形はそれぞれ異なります。違っていて当然なのですが、同時にイスラームはイスラームでもあるわけです。多くの議論は、相違点だけを取り上げて、異なるものの間にある共通性を見出そうとしません。今必要なのは、複雑煩瑣に枝分かれしたこの大樹についての、最大公約数を求めることでしょう。

正直に言ってイスラーム世界のいろいろな人々と話し合っても、違った人が違ったことを言うということはしばしばです。ムスリム当人たちにしても、十人十色、違ったことを言ったり、したりしている。第一ルール群は厳格に守られる必要はあっても、そこからの解釈の自由はかなり大幅に認められているので、一四世紀の間にかなりのヴァリエーションができている。その中で最大公約数を求めることは至難の業なのですが、決して不可能なことではない。イスラームとはいかなるものかということを、単なる理論だけではなく、その中の主要な要素を中心にして取り出してみようという試みが、今回の『イスラームの構造』の狙いです。歴史的にも地理的な広がりにおいても、これだけは疑いもなくイスラーム的なものであるという、コアになるものを抽出した結果がタウヒード、シャリーア、ウンマの三つの極ですが、これが次いでどの程度歴史的、地理的広がりにまで適用できるかという関心が、この本の主題です。

三つの極がそれぞれ欠けることなく関わりあっているということは、イスラームにおいてきわめて特徴的なことです。これに関しては、今や誰一人否定しきれないのではないでしょうか。例えばタウヒードとシャリーアだけのイスラームでは、現在のイスラーム回帰現象はとても説明しきれない。最後の章が内面への道となる傾向は、旧来の非社会的な神秘主義者たちの道ですが、これでは革命以後の現在のイランなどはとても理解できない。好き嫌いはあるにせよ、現在復興しつつあるイスラームは、イスラームの本来の姿に近いものです。ウンマに対する責任を放棄してきた、放棄せざるをえなかったのが近現代のイスラームで、これをかつての状態に引き戻そうというのが、現在のイスラーム世界を突き動かしている傾向ですが、とにかく三極の一つであるウンマが抜けているのは、この最近のイスラーム世界の政治的状況を反映したもので、決してイスラームの真の全体像を捉えているものとはいえません。具体的な現実と対峙する理解の拠点を作り上げることが、目下の私の中心的な関心なので、この点では狂いはないと思います。

イスラームの三極構造の分析は、この教えの宗教、法と倫理、社会の相互関連性を検討したものですが、これまではそれぞれの柱が、互いに関連することなく、個別的に分析されるだけという状況に止まっていました。したがってイスラームの本当に固有な点、その力強さが少しも理解されないままできた嫌いがあります。ところでこれらの三つの極が発する磁力を組み合わせてみると、実に数々の重要な発見がもたらされます。例えばその一つが、タウヒードについての理解でしょう。これまではタウヒードは、神の唯一性論と解釈され、その詮議は専ら神にのみ焦点が当てられてきました。しかしこれをシャリーアと結びつける観点からは、イスラームのいまひとつの重要なアスペクトが浮かび上がってきます。それは〈存在者の唯一性〉という観点です。あらゆる事象を唯一性の観点から検討するというのが、タウヒードの原義であり、この原則は全宇宙に、つまりあらゆる存在者に向けられなければならない。実はここが三大啓示宗教といわれる三つの姉妹宗教、ユダヤ教、キリスト教、イスラームの三つの教えの中で、イスラームを他の二つから明確に区別する重要な点です。

これまではユダヤ教、キリスト教、イスラームの間の相違についてはほとんど言及がなされてきませんでした。しかし神が唯一であることの意味が、最も端的に生かされているのが最後の啓示宗教といわれるイスラームの特徴でしょう。長くなりますので要点についてしか述べられませんが、要するにイスラームは創造者と被造物の間の関係を等距離に置いています。三つの啓示宗教はすべて、神は一つであるという点については同じですが、一番注意しなければならないのは神、つまり創造者と被造物との関係です。それがどのようなものであるかについては、先行の二つの教えはほとんど明言していません。しかしイスラームは、神の前で万物は等位にあり、万人もまた等位にあるとしています。万物は同じ神から創られているのだからその存在としての価値は等しく、その意味で等位にあるということです。すべての人間はバヌー・アーダム、つまりアダムの一族、アダムの末裔であるということになり、有情無情を問わず等位であるという存在論的な等位性が、この教えの世界観の中心をなしています。そしてこのような考えを基本にして構成された生き方の規範が、シャリーアなのです。ところでこれまでは、シャリーアの基本とはなにかといったことは何一つ言及されぬまま、すべてが説明されてきました。これではシャリーアの何たるかが分かるはずはないのです。このような存在論的な民主性について、ユダヤ教やキリスト教がきちんと述べたことはありません。

存在者のタウヒードという考え方は、イスラームのさまざまな思想、制度等いたるところに見出されますが、この考えからなにゆえに初期のカラーム神学者たちが、あれほど独特な原子論に執着したかという点も明らかになります。存在者は原子の段階からすべて異なっており、したがって万物は差異性そのものであるという確信は、イスラームの個体性に関する観法を極めて豊かなものにしています。それぞれの存在者は、完全に独自なものであり、この世に同じものは決して二つはないという認識は、あらゆるものに代理を認めないという文化圏に特有の世界観の礎となっています。ちなみにこの種の原子論を強力に展開していたのは、今戦乱で忙しいイラクの思想家たちです。彼らは特有の世界観の持ち主なのですね。

存在者のタウヒードには、三つの準則、つまりこれまでに述べた等位性、差異性のほかに関係性というものがあるのですが、この最後の準則もイスラーム哲学を理解するためにきわめて重要なものです。これまで専門家たちの間では、イスラーム世界における哲学的思索は、アヴェロエスで終わりを告げたということになっていました。なぜかというとこの時期の哲学は、実際にもラテン的世界に直接的影響を与えてきたし、彼らのメンタリティーにすれば理解に容易だったためです。西欧世界の人々は、自分たちにとって都合の良いものをしか理解しようとしない嫌いがあります。しかしイブン・アラビーという思想家は、極めて神秘主義的な傾向の強い思想家でしたが、その存在の一性論ですべての存在者における存在の通底性を強調しました。あらゆる存在者は、神によって与えられた存在を共有しているのです。この形而上学的な存在の共有の思想は、後に出たモッラー・サドラーによって存在の優先性の理論に組み替えられ、これが現代にまで引き継がれてくることになります。要するにあらゆる存在者は、その特異性そのままに、神から授かった存在を共有するという存在の優先性論が、この地域の哲学的思索の主流になるのですが、ここにアヴェロエス以降の思索の大きな発展が見られます。

イスラームの三極構造の一つの極であるタウヒードに関連する、存在者のタウヒードの三つの準則、つまり等位性、差異性、関係性についての強調は、他の二つの極との関連によって導き出されるものですが、これ一つをとってみても、イスラームの思想史のすべての過程を通観し、その細部を互いに一つに関連させるような視座を提供してくれます。存在の優先性論については、これまでほとんど研究者の関心の外にありました。論より証拠、この観点に則ったイスラーム世界の思想、とりわけ現代思想の成果については、何の研究も出ていないではありませんか。しかしここにこそ、今後のイスラーム思想の最も大きな可能性が秘められていると思われます。イスラーム世界研究における最大ミッシング・リンクがここにありますが、対象に即した研究の視線は、まだまだこの世界から大きな宝を引き出す可能性があると思われます。ちなみに私は最近、この線に沿った優れた著作を著した、アッ＝タバータバーイーの『叡智の基礎』(訳書名『現代イスラーム哲学』)という作品を翻訳し終えたところですが、アリストテレスの再解釈ともいえるこの作品の研究を通じて、慶應の若い方々がどんどん新しい研究成果を上げていくのではないか。この大学には優れたアリストテレス研究の伝統がありますから。

スーフィズム的なものから存在の優先性論への転換に関して、最も大きな役割を果たしたのはモッラー・サドラーです。ところでモッラー・サドラー研究の先鞭をつけたのが、H・コルバンと井筒先生だという点はここで強調しておく必要があるでしょう。両先生の基本的な関心は、勿論スーフィズムの方にありましたが、面白いことにお二人がかなり努力を注がれたモッラー・サドラーの『存在認識の道』の研究が、存在の優先性論に関する重要なものであることです。両先生の思索と、その後のイスラーム思想の潮流を隔てていくのは現実世界への関心ですが、この点でなによりもタウヒードとシャリーアとの関連を見逃してはならないでしょう。神秘主義的な傾向の強いイブン・アラビーにしても、シャリーアに関しては、通常の法学者の観点とは違う角度からかなり積極的な関心を払っていますが、この辺は研究者たちが簡単に関心の外においてしまう問題です。別の言いかたをすれば、思想家たちの形而上学的な関心は、同時に必ず現実世界の問題と密接に関わっているのです。

例えばタウヒードは必ずシャリーアと関わってくる。例えば湯川君が訳しているマーワルディーのアフカーム・スルターニーヤ（『統治の諸規則』）。あれはシャリーアの本ですが、それは他の二つの極との関連で捉えられなければならない。

湯川 それをいうとシャリーアとウンマの結合ですね。

黒田 そうですね。しかし人はあまりそういう風に見ようとはしない。シャリーアというとイスラーム法と訳されるのが一般ですが、そうなると今機能しているのはいわゆるアフワール・シャフスィーヤだけだということになります。民法の分野に属する個人の身分法ですね。公法はほとんどヨーロッパ起源のものに取って代わられているから。このような事実を前提として、シャリーアというと、アフワール・シャフスィーヤのことだけを対象として、それだけに関する大きな本を書いてそれで事足りるとする。ただしシャリーアというものは、本来このようなものではありません。イスラーム文明というのはいつでも、タウヒード、シャリーア、ウンマという三つのものが結合して機能している。当初はそれが最大限に機能していた訳ですが、それが次第に力が弱まり欠如体になってきますが、そのそれぞれは縮小されたかたちで存続しているのです。その場合でも三極の纏《まと》まりは、そのものとしてさまざまな次元で生き残っている。

シャリーアをイスラーム法と訳してしまうと、何か法的に規則化されたものだけが対象となるという危険性がある。しかしこれは先ず一人ひとりの個人が生きるための規範、ガイドラインなのであって、それは何らかの規則をはるかに超えるものです。そこで基本となっているのは、一人ひとりの個人が、力能、資質に相違はあるものの、すべて同じ権利を持つものであり、そのような者として他者と協調して生きることに努めなくてはならない、という存在論的な平等を基礎とした生き方です。要するにイスラームは、差異的な存在の平等を基礎にした民主主義ですが、このような観点からすれば、形式的に差異を消去して獲得される平等を基本にした欧米型の民主主義よりは、一段と根源的な民主主義であるといえるでしょう。個別的な存在者が持つ差異性は、簡単に消去されうるものではなく、しかし西欧ではこの差異は、ある種の価値判断の基に差別につながっていきます。西欧世界における、さまざまな文化的優越意識のように。

ところで先に述べたような根源的な平等意識を基礎にして、それを個人からさまざまなレヴェルの共同体に割り振ったのがシャリーアだということができます。シャリーアをこのように解釈し、それをアフカーム・スルターニーヤの理解に適用すれば、極めて多くの秘密を解くことができます。例えばカリフの存在の理解です。カリフとはアラビア語では代理人の意味です。ところでカリフという言葉には二つの使用法があります。一つは人間は神のカリフであるというものです。これは一人一人の人間は、すべて神の代理人であるという意味です。イスラームでは、すべての個人がそれぞれ直接の神の代理人なのです。ところでいまひとつの使用法は、神の御使いの代理人という用法です。実はこれが一般に知られている信者たちの長としてのカリフですが、ここで押さえておかなければならないのは、二つの用法における代理人性の問題です。一人一人の個人は、神の直接の代理人です。ところで人口に膾炙《かいしゃ》しているカリフは、神の御使いの代理人にしか過ぎません。このようにイスラームにおいては、個人は最終的にはいかなる存在によっても代理されない存在なのです。つき従わなければならないとしたら、一人の権力者としてではなく、シャリーアの担い手としてのカリフに対してであって、この場合強調はシャリーアにあるのであって、決してカリフという人間にあるのではない。

このような事実を西欧世界の場合と対比してみると、ことは明瞭でしょう。キリスト教の場合代理性は、社会構成の上で極めて大きな役割を演じています。イエスの代理をするのがペテロであり、その代理をするのが教皇といった具合に、教皇の権利が確立されていきます。そして神と民衆の間にあり、神と彼らの関係の仲立ちをする教皇の権利は絶対です。そしてこれにローマ法の独特の論理が組み合わさって、独特の王権論が出来上がってきます。この間の事情を良く物語っているのが、カントローヴィチの『王の二つの身体』でしょう。宗教が前面にあった場合は、人々はイエスの権威を代表している教皇に従わなければならない。しかしそれに代わって王権が強くなると、今度は王が神の権威の代表者として人々に君臨することになる。ここで重要なのは、キリスト教世界において代理者の手に委ねられる権威の絶対性です。これをイスラーム世界の場合と比べてみるとその相違は明らかでしょう。イスラームの場合カリフという支配者がいますが、彼の権威は実のところ各個人に劣るものなのです。人間一人一人が直接の神の代理人であり、信者たちの長という意味でのカリフは、預言者のカリフ、つまり神の間接的なカリフでしかない。この場合の代理性、代表者性とは、あくまでも相対的なものでしかないのです。この相違は、政治的支配者の質の相違ばかりではなく、彼によって統治される者たちの社会の構造の相違を示唆するものですが、残念ながらこのようなイスラーム社会の質的な相違についてはこれまでほとんど分析されることがありませんでした。

これは上代の話ですが、時代が下がるとヨーロッパでは国民国家が台頭してきます。経過を説明すると長くなるので割愛しますが、国民国家というのは、民衆の一人一人が国家に権利を委託するというかたちで成立するものです。この場合でも国家は、またその支配者は、このような成立の事情にかんがみ、各個人に対して絶対的な権限を持つことになります。その意思は個人の上に大きくかぶさって、その自主性を抹殺することに繋がりやすい。現在では公的なものはすべて国家に代表されていますが、果たして公的なものとは、そのような人工的なものによって代替されつくせるようなものでしょうか。現在の国民国家に関しては既にその大きな矛盾の数々が指摘されていますが、これについて再考するためにもイスラーム社会のあり方は示唆するものが大きいように思われます。その際に重要なのはなんといっても公共性の問題でしょう。

国民国家というものの最大の問題点は、公共性にあります。このシステムでは、すべての公私の関係が、国家対個人に還元されています。公的な問題点、矛盾は、すべて国家の責任であり、国家が解決すべきものであって、それで事足りるとしてきたのがこれまでの一般的な態度でした。ここに来てようやくＮＧＯとか、ＮＰＯとかいった非政府的な機関が立ち上げられ始めていますが、これでは抜本的な問題解決にはならないでしょう。公的な次元は、そもそも個人がさまざまな対象と関わりを持つ多様な次元で現れてきます。それは早い話が夫婦関係から、家族関係、親戚縁者、小共同体、勿論国家のレヴェルを含めて、それ以上の範囲に及ぶまで、さまざまな規模、レヴェルのものがあります。しかし現在の国民国家では、個人対政府の関係だけが突出して、その他の関わりが問題となり、取り上げられる可能性がほとんどありません。これには勿論現在の経済体制が大きく関係していますが、最大の問題は国という抽象的な存在を基盤にした法的制度の問題が深く関わっているものと思われます。このような状況において、さまざまな共同性について、それぞれ固有な配慮がなされており、それに基づいて社会形成を行ってきたイスラーム世界のシャリーアの伝統の見直しは、極めて大きな展望があると思われます。これまで欧米のシャーリア研究は、強いオリエンタリズムの傾向からきわめて退嬰的なものでした。しかしここ二、三〇年来優れた研究が出始めています。Ｗ・Ｂ・ハッラークの著作、とりわけ『イスラーム法理論の歴史』などは出色のものでしょう。この領域の研究はまさにこれからです。

人間の作り出した文明と、その有効性にはさまざまな周期があるように思われます。これまでは明らかに西欧の世紀といわれるように、欧米的なものが優位に働くかたちで世界が推移してきました。しかしそれが異常な発達を示してきた結果、現在ではそれとは異質なものが有効に機能することが期待されつつあるのではないでしょうか。代理性、代表性の強調は、政治的、経済的覇権主義を生み出し、その結果さまざまな分野で少数の勝ち組と、大多数の負け組が生じてきています。現在早急に求められているのは行過ぎた代表性に歯止めをかけ、世界に調和ある均衡をもたらす努力ですが、その基本はすべての個体に、その権利を回復させる営みです。そのために必要なのはすべての存在者が存在を共有するという視点に立った、真の意味での民主制の復活でしょう。そのために最も大切なのは、異質の文化、文明の差異性に基づいた理解であり、この点で東洋的な思想の共時的な分析を行った井筒先生の業績は、われわれにとって大きな促しですが、その精神を継ぐ者として心がけなければならないのは、その中の固有なもの、例えばイスラーム、ないしはイスラームの社会、文化のより細部にわたる個性の抽出の作業にあるように思われます。

この点で重要なのは、既に西欧においても、自らの文化を相対化しようと試みる企てが力強くなされ始めていることです。フランスの思想家にピエール・ルジャンドルという人がいます。彼は西欧では未だに異端視されているようですが、ドグマ人類学というものを提唱しています。要するに彼は、中世以降のヨーロッパの発展はキリスト教とローマ法が合体してできた基礎に立って、自らのものだけが真理であるとして他を排除するようなかたちで世界を席巻してきた。しかしこれは欧米の一つのドグマであり、これを常態に戻さなければならないと主張しているわけですが、そのための対項として必要なのは、これと対峙する異質の文化圏の思想、制度等に関する客観的な研究成果でしょう。彼は異文化に属する人々が、自分たちの文化的伝統に即して、そのような視線から西欧の文物の洗い直しをするように促しているのですが、これはまた井筒先生が残されたわれわれに対するメッセージであるともいえます。先生の遺産は、先生の目線とは異なったところからも継承されなければならないのでしょう。

私は最近の『イスラームの構造』で、イスラーム、ないしはイスラーム世界を、その独自性に従って分析する一つの基本的な視座を提供しました。その三つの基本的な要素を、それぞれ互いに密接に関係付けることによって、思想は思想、宗教は宗教、歴史は歴史といった具合に別々に分析していたのでは、捉えきれないこの世界の実相がかなり明確に捉えられるようになりました。これによってちりぢりばらばらに蒔き散らされていたさまざまな細部に、ある意味での統一が可能になった思いがします。例えば湯川君の研究されているマーワルディーの本ですが、これまでこの著作はかつてのカリフ制に対する思い入れから書かれた、現実性のない著作として研究者から敬して遠ざけられるといったかたちで関心の外に置かれ続けてきました。しかし彼が書いているこの種の体制は、潜勢的にこの世界に存在し続けてきたものです。そしてそれは長らく人々から忘れ去られていましたが、イラン革命以後その現実的な性格が一挙に明らかになったといえるでしょう。イラン革命はカリフ制を標榜している訳ではありませんが、この著作はイランの現体制が意図する重要なアスペクトを極めて明確にしてくれるものです。現に存在しないが、いずれは復活するであろうものを想定することも、優れた地域研究者にとっては重要な課題です。イスラーム世界のように、かつて華々しい伝統を持ち、人々が今なお強く昔のものに固執するようなかたちの文明圏を研究するためには、その底に流れる基調低音の実態を探るということは、欠かすことのできない作業です。そしてそれは単に過去の洗い直しに役立つばかりでなく、先に若干の指摘を行ったように、現在われわれが抱える難問の解決のためにも示唆するところが大きいといえます。井筒先生の残された遺産は極めて大きく、われわれの開拓すべき領域はまさに広大です。

セマンティック・アナリシスは、原典に外部からのいかなる観点の負荷も与えることなく、典拠の原意をそれ自体として抽出する最も客観的な分析法です。井筒先生は言語論的な意味論的分析によってクルアーンを分析することによりイスラームの聖典の客観的解明に努め、大きな成果をあげられました。そしてこの技法を思想的な分析に活用することにより、イスラームの信仰の構造の基本的な解明といった優れた業績を残されたばかりでなく、その方法をさまざまな東洋の思想に応用することにより、東洋の諸思想の体系化という前人未到の企てに挑まれました。その際に保留されたのは、イスラーム的観点からすれば、この世界の歴史的・社会的分析です。この文明は当然、独自の具体的な歴史を体験しており、その創り上げた伝統はさまざまな文化、社会的足跡を残しています。この伝統は今なお強烈に生き続けているのであり、このような側面に関する認識を欠いてはイスラームの解明は完了しません。先生の衣鉢をついだわれわれは、今後井筒先生の Philosophical semantic analysis を補完するかたちで Social semantic analysis といった手法で、この世界の分析を展開するつもりです。イブン・ハルドゥーンを始めとしてこの世界には、この面で注目に足りる業績をあげた人材には事欠きません。

湯川　ありがとうございました。今お話いただいた中で、最後にうかがおうと思っていたこともお話いただけました。井筒先生に触れ、そしてご自分の道を開いて研究をなさって、そして井筒先生が築かれたところから出発し、独自の道を歩んでこられた黒田先生自身として次世代に何を伝えるか。イスラーム研究あるいはもっと一般的な人間の社会と文化を伝えるためにどうするのか。一般化された言葉で言うと、物事をばらばらに考えるな、お互いの関係とか、重層・錯綜しあっていることをしっかり見なくてはいけないのだと、そしてその中で重要な要素を見極めてその関連を見なければならない。イスラームそのもの、あるいは現実の世界を見るときに、それを単に過去のものとして見てはいけない、生きているものとして見なければいけない。その見るときに、キーとなるタウヒード、シャリーア、ウンマの三つの概念をしっかり押さえておく。しかもそれをばらばらではなくてつなぎ合わせて考える。それはなくなってしまったわけではなく、実は生きている。イスラーム研究への非常に大きな示唆だと。イスラーム研究というのを、われわれは時代錯誤の古臭い、いまさら通じないものだという偏見に捕われているが、ところがイスラームの基本的なものの考え方が現実には社会の中でわれわれが知らない形で生かされている。そこをもっとよく研究し理解すべきである。多分そういうメッセージが込められていたと思います。本当に今日は二時間の長きにわたってありがとうございました。

（湯川《ゆかわ》武《たけし》・慶應義塾大学名誉教授）

＊初出『井筒俊彦とイスラーム――回想と書評』二〇一二年、慶應義塾大学出版会刊行

初版あとがき

近現代において、欧米世界を除くさまざまな地域が、国際的な圧力のために苦難を強いられてきた。今では忘れかけられている植民地主義の歴史はその端的な証拠であるが、それからのかたちばかりの脱却を果たした多くの地域にとって、真の意味での自立的な再生、発展の道を切り拓くことは容易な業ではない。二十世紀の中葉に多くの地域が独立を達成しているイスラーム世界にとっても、具体的な歴史の軌跡が示しているように、その後の半世紀は茨の道であった。内に抱える問題と外部からの圧力は、克服することが困難な複雑で、屈折した状態を作り上げている。さまざまな主義、主張が乱立し、互いの連帯の機運が一向に盛り上がらないのが、この世界のいま一つの特徴である。長い模索の後で、人々はようやく自らの伝統的な価値に目覚めるが、私生活、小共同体に根付いているこのような価値を、時代の状況の中で公的次元に生かすことは困難であった。

植民地主義のくびきから免れはしたものの、自ら歩むべき道を求めあぐねている途上国、とりわけイスラーム世界に、再び襲いかかっているのは組織化されたグローバリゼーションの嵐である。冷戦構造から解き放たれ、自由に世界化するこの動きの中心は、無敵の軍事力を背景にこの地域に再び強い政治的、経済的圧力をかけ始めている。その端的な例が、9・11以降のこの地域にたいするアメリカのビヘービアーである。イラク攻撃からアメリカ主導型のいわゆる民主的政権の樹立の後には、さらにほぼ中東全域に及ぶ、アメリカ的色彩の強い〈大中東イニシアティブ〉の実現へと、地域の主体性を無視した計画が着々と構想され、実践されようとしている。ここに顕著なのは、覇権を握る者の側の文化的画一主義であろう。そもそも現在のグローバリゼーションの基本的動力となっているのは、同一律である。専ら等価交換の原則に依存し、効率の最大化を求めて勝利した経済的勝者のエネルギーと、力こそすべてと自負し、軍事力と政治力を行使して国際政治を牛耳る者のそれが手を携えて試みるのは、差異的なものの排除である。そしてそれが狙いを定める最初で、最も重要な標的は異質の文明、文化である。

有史以来人類は、さまざまな時代、地域に多くの文明を作り上げてきた。そのうちのあるものは既に滅び去って他に席を譲り、あるものは勢いを減じながらも、独特な伝統と共に生き延びている。ここで問題なのは、イスラームは過去のものか、あるいは未来に繋がるものかという問いである。この点に関しては一昔前、つまり植民地主義華やかなりし時代には、当然予想されるように外部の観察者の解答は否定的なものであった。客観的な情勢は、このような無視、軽視を正当化するのに十分だったのである。そしてイラン・イスラーム革命に続くイスラーム潮流の台頭によって、一般の関心は若干高まりを見せたものの、9・11以後は専らテロ事件に絡め取られ、イスラーム文明の根幹をなし、その伝統を千数百年にわたって維持させてきたものの本性に関する認識については、未だに不備も甚だしいものがあるといえるであろう。

千数百年の歴史を持ち、モロッコからインドネシアにかけて十数億の信者を持つイスラームについて、一貫した説明を行なうことはきわめて難しい。信者たちの信仰のかたちは、その数ほど多く、多様である。しかしこれほどの人々を魅了してきた教えには、イスラームが一つのイスラームである以上、信者たちの理解に通底するものがあるはずである。多くのイスラーム論議が、木を見て森を見ずの結果に終始し、結局この教えの本性を見失いがちなのは、統合的なこの教えの要となる共通部分に関する認識を怠った結果なのである。従って本書では、専ら不問に付され続けているこの共通部分の解明に努めた。貌《かお》のない教え、貌のない文明としてしか捉えられていないイスラーム、ないしはイスラーム文明にそれに固有な表情を与えることが、本書の基本的な目的である。

それに当たって先ず取り上げたのは、この教えが世界認識の基本としている存在論であるが、この説明に当たっては本文に詳《つまび》らかなタウヒードの三極構造論を用いた。同時にそのような世界観からもたらされる存在の分有に由来する、独自の認識論について検討を行なった。これらの側面はそれだけで、この教えが作り上げてきた文明が、近現代において欧米で特に顕著になった人間中心主義、個人主義、利己主義の傾向とは大きく異なり、自然を含めた他者との共感、関係性を一義的とする固有なものであることを明らかにするものであろう。タウヒードの世界観は、それを実践するための規範であるシャリーア、その社会的実現の具体例、ないしは見取り図であるウンマと対を成して、イスラーム的なものが産出されるが、この三幅対は未だに多くの信者たちにとって、充分に生きる指標とするに足りるものなのである。

その第一の要因は、この教えが持つ差異性の尊重であろう。大規模なグローバリゼーションの時代における同一律の横行が、極端な差別化を組織的に推し進め、差異的なものを無視する環境の中で、イスラームの教えは生活のさまざまな領域、審級において、その存続を擁護してきた。人間社会の運営のためには、差異性と同一律という二つの対立する原則は、程良い均衡を保って共存する必要がある。例えばこれまでの文明においてこの種の均衡は、種々の経済活動の調和ある共存を維持させることが可能であった。一般に交換、徴集＝再分配、互酬ないしは贈与といった三つの活動形態は、それらが程良く均衡を保つことによって均整の取れた経済活動を成立させ、それを基盤に調和ある社会が形成され、協調的な共同体を維持することが可能であった。しかし同一律の過剰な横行は、交換と徴集の要素のみを際立たせ、後の半分、つまり再分配、贈与の側面を容赦なく斬り捨てていく。触れるものすべてを黄金に変えるミダス王さながらに、経済活動の最大の効率化を意図するグローバリゼーションの中心は、世界を無機質なものとすることに余念がないが、それと手を携える権力を至上のものとする政治的覇権主義が意図するものも、これと同断であろう。

この種の同一律の跳梁がもたらすものは、物質的、精神的公害である。抑制を知らぬ生産至上主義は、さまざまな物理的環境汚染を導き出しているが、現在われわれが配慮しなければならないのは、むしろ互酬的なもの、贈与的なものの組織的な消失、急激な退嬰に伴う私的、ないしは共同体における生活の質の劣化であろう。人間の活性の泉となるものは、経済的価値に還元されることのない、有機的な他者との親密な関係、交流であるが、これは互酬的なものが確保されてはじめて獲得されるものなのである。生活のさまざまなレヴェルでこの有機的な活力の源を失いつつあるわれわれにとって、権力、財力の覇権主義に代わるものを求めることは焦眉の急であるが、それに当たって重要なのは、交換、徴集＝再分配、贈与といった異なった活動形態を、均整の取れたかたちで共存させる枠組みと、それに必要な条件を模索することであろう。

イスラーム世界は、カリフ制の衰退と共に徴集＝再分配の活動を効果的に運用することに失敗してきた。これが現在の低迷の基本的な原因であるが、同時にその差異性の尊重から、共同体内部の至るところに贈与的な要素が生き残るための、しくみを忍び込ませてきた。この文明は伝統的に、少なくとも交換、徴集＝再分配、贈与といった三つの異なる活動様式の共存について、厳しく目配りをしてきた文明である。グローバリゼーションの果実を少しも享受する機会を持たず、ただその否定的な側面だけを押しつけられているこの世界の人々にとって、万象の等位性を基本に調和ある社会的均整を保持し続けてきた教えは、簡単に放棄しうるものであろうか。伝統的な価値は確かに錆びついてはいるものの、未だに彼らの生き様の足元を確かなものにするだけの役割は果たし続けているのである。また文化的には他者の立場にあるわれわれにしても、この文明の構造は、現在世界が直面しているさまざまな問題に対処するに当たり、多くの示唆を含んでいるのである。

間口も広く、奥行きも深いイスラームの教え、イスラーム文明に関しては、未だに語るべき事柄は数多い。本書では主題とするものの核心部分についてのみしか語りえなかったが、9・11以降、イスラーム・イコール・テロリストの教えといった、短絡的な思考が世に蔓延《はびこ》る中で、本書の意義を逸早く認め、新しい出版社〈書肆心水〉の最初の刊行物として手掛けて下さった、社長にして優れた編集者、清藤洋氏に心から御礼を申し上げる次第である。

二〇〇四年九月

黒田 壽郎

増補新版あとがき

本書の初版が刊行されたのは、今を去る十年前のことである。フランス文学研究から専門を変えて中東研究を目指した筆者は、当初戸惑いに明け暮れる一方であった。何事につけ研究に当たっては、対象に関するもっとも核心的な事柄から手をつけるにしくはない。当時の研究で中心的な役割を果たしていたのは、西欧の研究者たちである。彼らは数百年の研究の伝統を持ち、独自の強固な言説の網目を作り上げていた。中東世界の雑多な事象に関心を寄せ、そのような知の膨大な蓄積を背後に持つその権威は揺るぎないように思われた。しかし初めてこの世界に分け入った新参者には、納得のいかない事柄にすぐに気付かずにはいられなかった。そのもっとも顕著な例は、例えばイスラームの核心に関することである。現地のムスリムの間では〈イスラームとはタウヒードの教えである〉という言葉が行き渡っている。本場の人々がそういうのだから、それは本当のことであろうと思い、この最も重要なものについて調べてみると、不思議議や不思議、西欧の研究者たちの著作には、ほとんどこれに関する指摘が見当たらないのである。それならば次に重要なシャリーア、あるいはウンマといった問題に当たってみると、これらのものについて重要な指摘はほとんどない。このような言説の体系が大手を振ってまかり通っているのは、なぜであろうか。

イスラームは解り難い教えだ、といわれるのはこのような歪んだ言説の体系が生み出す産物に他ならない。このような代物に依拠する限り、正しい理解は確実に不可能なのである。このような言説に対する抵抗は、小規模に続けられてきた。しかし大掛かりで効果的な抵抗はエドワード・サイードの『オリエンタリズム』によってなされた。彼は西欧の知識人たちの中東世界に関する膨大な言説を精査し、結局それらの大半が、この世界の〈不在〉をもとに作り上げられた絵空事に過ぎないことを立証して見せたのである。

サイードの著作は多くの知識人たちに大きな衝撃を与えずにはいなかった。ただし大事をなすに当たって彼も用心深く、批判の対象を文芸作品に限定していた。しかし問題の本丸は、この種の言説の背後に居座って、それに養分を提供し続けている学術的言説の有り様に他ならないのである。これを点検する任に当たるのは学術的研究者であるが、そもそもの出発点から検討がなされなかったのは本書『イスラームの構造』の内容に当たる部分である。

タウヒード、シャリーア、ウンマの〈三極構造〉というイスラームの基本構造の内容、機能の説明は、初版に明らかであるが、これは登場から現在に至るイスラームの主張の原基に当たるものである。これは時間的変遷の影響をほとんど受けることはない。そしてこの点の解明は、イスラームに関連する問題を論ずるために不可欠なものである。中東世界の不在ではなく、実質をもって説明するための基本を構成するものは、まさにこのようなこの世界の原基を正確に捉えることによってしか、決して始まらないのである。

しかしこの世界にも、時代の変化と共に変化するものが存在するのは当然のことである。初版ではその概要を指摘するに留まったが、増補新版を新たに世に問うに当たり、この十年間にこの世界の変化に応じて明らかになった諸問題について、若干のコメントを行うことにしたい。

この世界では、〈アラブの春〉と呼ばれるような改革運動が試みられ、それが一定の成果をもたらしたに見えたが、これは域内の強権的な指導者たちの排除に留まり、その反面この地域全体の力は大きくそがれる結果をもたらしている。それはいわゆるテロリストの暴挙に対する反発というかたちでの、世界的規模のこの地域に対する軍事攻撃という現実に見事に反映されている。ISという過激な集団が引き起こしている蛮行は、決して許されるものではない。しかし一部を取り上げて全体とする傾向は、オウムという宗教的集団の過激な行動をとりあげて、仏教全体を批判する態度に似て、誤りであると同時に大きな危険を孕んでいる。一部の過激集団の行動と、一般のムスリムを区別しない態度は、いわゆる反テロの活動の多くの場面に現れているが、これを容易に可能とさせているのは、とりわけ欧米世界に充満し、今もその強い影響を及ぼし続けているオリエンタリズム的傾向である。虚妄の言説で他者を理解し続けている一般的大衆には、過激派の行動とイスラームの主張の相違など、理解するよしもないのだから。

しかしこのような虚妄の言説は、同時に大きな副作用を生み出さずにはいないのである。問題をより大きな枠組みで捉えるために、ここではISという集団の成り立ちについて簡単な分析を行っておくことにしよう。そもそもこの集団の成立は、アメリカのイラク攻撃に端を発している。大量破壊兵器の保有を口実に始められたこの戦争は、米軍の圧倒的勝利に終わったが、その戦後処理は惨憺たるものであった。占領軍の初代指揮官は、その采配において決定的な失敗を犯している。サッダーム・フセインを倒した後、彼はイラクの旧支配政党バアス党とその率いる軍隊をすべて敵とみなし、その一掃を試みたのである。ところで彼らはその当時、この国で統治能力を持った勢力の大半を占める連中であった。勝ち誇った占領軍は、当時のイラクの最大勢力を敵に回したまま支配を続けようと試みたが、これは土地勘のない彼らにとっては不可能なことであった。彼らが協力を求められたのは、それまで多数派でありながら風下に置かれていたシーア派のみであったが、すぐ隣に強力なイランを控え持つ不気味な存在であるこのグループは、もろ手を上げて協力を求めるような相手ではなかった。解決策のない泥沼にのめりこんでいったのは、この闘いの仕掛け人アメリカであり、この反体制勢力殲滅を旗印にミサイル攻撃を続行し続けた彼らの愚行こそ、ＩＳ登場の仕掛け人なのである。

徹底的に殲滅すると脅されながらイラクで生き残ったこの集団は、またもや外部勢力の無謀な介入によって政府軍対反政府軍といったかたちで混乱をきたしたシリアに勢力を伸ばした。その結果、外部勢力は、反テロ対策という口実の下に有志連合なるものを作り上げ、こぞってこの地域にミサイルを投下し続けた。入り乱れ紛糾した戦争でこの国はずたずたに切り裂かれたのである。問題のすべての源はＩＳにあるという主張は、にわかに信じ難いが、少しでも懐疑の眼差しを持って現状を観察してみると、見えてくるのは植民地時代の状況である。力の格差を利用して地中海沿岸に戦艦を並べ、外から脅威を与えるという流儀で内陸部を支配するのと全く同じ手法で、反テロ行動という口実のもとに他国に襲い掛かるという現在の状況は、植民地時代のそれと瓜二つとは言えないであろうか。このような状況で依然として活用されているのは、現地の不在でそれを説明するという思考法である。これを利用する人々は、小声でイスラームは暴力を否定する教えだと口にすると同時に、本音のところでそれを信じてはいない。このような二枚舌は、植民地主義的な行動を是認するために最も好都合だからである。

このような実態は、われわれに植民地主義に関する見方の修正を迫らずにはいない。これまでわれわれの間では、被植民地がそれぞれの努力の末に政治的な独立を図り、以後一定の社会的、文化的自由を勝ち取ることができるようになった、という解釈が一般的なものであった。しかし実のところ被植民者たちは、一定の権利、つまり政治的自立を取り戻したといえども、文化的、社会的独立など少しも獲得してはいなかったのである。その結果が、有志連合というかたちでの、新植民地的言動の再来であるということができるであろう。

この十年は、脱植民地化などという表現の実態がいかに底の浅いものであり、政治的力の格差がいかに強化されたかを如実に示す十年であった。ただし新しいかたちで復活の兆しを示す植民地主義的傾向に対して、これまでにない反応も認められることは是非とも強調されねばなるまい。強い情報化の流れは、新たな流儀で民衆を覚醒させ、〈アラブの春〉のような改革をもたらした。だがこの改革の影響は小規模なものに留まり、反面中東世界に対する外部世界の圧力は、ＩＳの愚行を契機に一気に強まっている。有志連合によるミサイル攻撃は、今のところテロリストとされる集団の支配下に限定されているが、彼らの攻撃の論理は、これまでの百年のこの世界の歴史と深く密着していないため、その間常に過酷な植民地的支配に悩み続けてきた怨嗟の思いに釣り合うものではない。一部の強硬派と一般のムスリムを区別しないできた偽りの思考法は、ここでこの誤りがもたらす負の側面を払拭することが出来ないのである。つまり一世紀の長きにわたって積み重ねられた十六億の民衆の怨嗟を、払拭し得ないというマイナス面を背負い込まざるを得ないのである。力の優位を背景に行われる外部の勢力と強硬派との争いでは、決して解決が望まれない状況は、既にこの地域の歴史の中に深く刻み込まれている。歴史と現状を対比させない態度は、いかに努力を重ねても確実な成果を挙げることはできないままなのである。この種の態度は、容易に強硬な政策を続行させることができても、それはこの地の民衆を刺激するばかりで、少しも問題解決に繋がらないことは明らかなのである。むしろこの矛盾は、一般民衆の怨嗟を掻き立てるばかりなのである。

このような事実が明らかにするのは、イスラーム世界がいったん独立を果たしたとはいうものの、それは限られた一面に過ぎなかったということである。例えば形式上政治的、社会的独立を手にしたとはいえ、文化的な側面ではなんの独立も手にしてはいなかったのである。

ところでこの十年間に特に顕著になったのは、世界的規模の公私にわたる格差の増大であろう。最近では、政治的にも、経済的にも、公私の双方にわたって格差が年々拡大しつつある実態を告発する著作が多数出版されている。格差とは端的に不平等の現われであり、これが民主主義のスローガンと矛盾することは明白であるが、スローガンだけが独り歩きし、誰もその内実を問おうとしないのはまさに驚きの限りなのである。しかし現代文明が直面している最大の課題は、この〈格差〉そのものに他ならないのである。

ここでまず留意しなければならないのは、自由、平等、博愛というスローガンで有名な民主主義の実情である。人は有名なこのスローガンの三幅対を最上の理念としてそのまま簡単に受け入れているが、そこに大きな問題が潜んでいる点を見逃しがちである。自由と平等は本をただせば互いに矛盾する概念であり、両者を並び立たすにはいま一つの概念操作が必要であるということが看過されがちなのである。本来差異的な個人が、それぞれ自分の自由を謳歌するだけならば、たちどころに他者の自由と抵触することになり、平等は姿を消すことにならざるを得ない。両者の共存のためには、それを可能にする万物の等位性という原則が不可欠なのである。しかし現代に満ち満ちており、しかも年々拡大、強化されるばかりの格差は、この原則を無視して憚《はばか》らないままなのである。例えば生活世界で最上の地位に君臨した経済の分野では、効率の高い生産手段を手に入れ、最も簡便、確実に利益を上げることが、ほぼ唯一の目標となっている。金銭的利潤の蓄積のみが最も高い評価を得て、他のすべては無視されるという状況が定着され、その結果他の要素はすべてが軽視される事態を招いているのである。

貨幣を介する交換経済のみが突出し、社会的安定の基本である贈与経済は完全に軽視されたままである。ここ十年の間にも格差を増幅し続けたまま、いかなる効果的な修正の試みも企てられない資本主義は、過去に一定の役割を果したとしても、既にその有効期限を終えているという状況にある。その組織的弊害は、いまや人々の心性をも狂わせ、大多数の人間を貧困に喘がせ、利己主義の餌食としているのである。

そしてさらに目を転じて、政治的側面について考察してみることにしよう。問題は現代の政治的秩序の基本とされている、国民国家というシステムのありようである。このシステムは、ある集団に国家という主権者を立て、支配下にある民衆の支持を得て、彼らとの協約をもとに、特定の条件を共有することによって統治の権限を獲得するようにしている。このさい顕著なのは、社会関係の構造が、国家の〈公〉と国民の〈私〉の二項対立だけを基本に説明されているという点である。ただし共同体の中の社会関係はさらに複雑で、それこそ夫婦関係から家族関係、親族関係、種々の小共同体関係、大共同体関係と多々あり、国家が包摂しうる関係はその中の僅かな一部に過ぎない。しかし国家と個人のみに焦点が当てられたこの構造は、個人の独自性を強調し、その自立性を重んじる余り万人の平等だけを重視する。その結果前面に出てくるのは男女平等の主張のもとに、男女の差異性を無視するに至る性の中性化の傾向である。そのような傾向が助長するのは夫も妻もない夫婦関係であり、父母、息子、娘のない家庭の登場を始めとする、社会的な関係性の退化といった一般的な社会関係の絆の劣化、崩壊である。

ここでも問題なのは、社会関係の基本となるものの主体が、それぞれ自らにとっての外部を持たないという点にあるであろう。この場合よく観察してみると、国家も、個人も、それぞれ自分にとっての他者を持っていないのである。他者との関わりを欠いたものは、必ず自己にのみ執着し、それによって自分自身を限界付けてしまう。閉ざされた空間の論理は、限りある安定をしか築き得ないのである。

現代の文化的状況の逼迫は、その背後に以上に指摘したような構造的問題性が隠されている。このような状況において、先ず求められるのはその元凶ともいえるさまざまな概念、資本主義、国民国家システム、ひいては民主主義そのものの有効期限切れを宣言することをおいて他にはないのである。

このような宣言を行うことは、中東世界ばかりではなく、同時に世界中の人々が、〈溝つき空間〉の論理という自己への囲い込みの思想を核とする、植民地主義のとりこであったことを示唆するものである。特定の思想の促しのもとに、追いつけ、追い越せをモットーに進められてきた文明化の非文明性が明らかになった時点で、事態からの脱出の可能性を探るためには、いま一つの視点、〈滑らかな空間〉の論理の可能性について一瞥する必要があるのである。

〈溝つき空間〉と〈滑らかな空間〉の論理の対比は、正確に言うとドゥルーズ＝ガタリの『千の高原』の中のある一章で提示されているものである。この章はアラブ世界の種々の特質を説明するために書かれたというそもそもの狙いがあり、アラブ・イスラーム的思想、行動の特殊性を描き出すのに絶妙な効果を見せている。しかし特に境界を持たない砂漠をイメージする〈滑らかな空間〉の論理は、現代文明の状況を説明するのにも極めて有効であると思われるので、この論理を中心に検討を進めることにする。

それに当たってとりわけ重要なのは、井筒俊彦教授の業績である。卓越した言語学者であった教授は、その豊かな言語的才能を駆使して非欧米世界の意味論的分析に当たられたが、その最大の成果は『意識と本質』に集約されている。ここで教授は、東洋のさまざまな文化圏の思想が持つ共通な特徴を摘出し、諸思想の間に認められる類似の思想的構造の解明に努めている。この種の試みは、それ以前の浩瀚なスーフィズムと道教の比較研究において体系的に行われているが、特に留意すべきはそれまで全く無縁とみなされていた両者が、仏教の『大乗起信論』の論理を媒介に論じられている点である。三つの異なった思想の密接な関わりを示したこの著作が、その後の教授の業績の下支えになったことは疑いがない。教授が東洋思想の特質として見出したものは、『意識と本質』の中で詳しく説明されているが、それは世界認識の構造の特質という点に要約されるであろう。

東洋世界においては意識、ないしは理性の働きは最終的なものではなく、いま一つの別の認識が必要とされた。それは通常の人間がするように、存在する個々の事物をその特殊性に応じて差異的に認識するものではなく、それとは異なって自らの外部にある他者を、押しなべて一つのものと認識するような認識である。他者を差異的にしか見ない視線は、他者を自己の見地からしか認めない、実際は他者とは無縁のものに過ぎず、結局はいずれ消え去っていくものにしか関わらない、空疎なものにしか触れ得ないものである。ただし真の認識者は、自己の認識の限界を知り、初発の自らの意識を捨てて、他者のすべてと関わりを持つことに努める。第一の意識はものの部分の総和、全体性と関わるのみであるが、第二のそれはものの本性的な無限性と関わっているのである。禅の修行者が、座禅を通じて意識の迷いを遠ざけ、悟りを得た後に慈悲の行いに専念することの契機となる、この第二の認識の重要性は特に論ずるまでもないであろう。

〈溝つき空間〉の論理と〈滑らかな空間〉の論理の相違は、外部の無限と関わることによって、狭隘な自己への固執を捨て、すべての外部との接触、共感を生きるための視線を備えているか否かという問題に要約されるであろう。井筒教授の努力によって解明された、東洋の思想のこの特質は、欧米的思想の伝統との相違、対比を求めるわれわれにとって干天の慈雨に他ならなかった。ただし偉大な師の足跡を辿るだけの後輩としては、師の確立された成果を思想的分野でなく他の領域に応用してみよう、そのようなかたちで師の成果を発展、展開させてみようと思い立った。実のところその成果が、初版の内容となるイスラームの三極構造なのである。

文化、文明は複雑な化合物である。その構成要素には多様なものがあり、独自の宗教、思想や、地理的歴史的環境、生活手段や風俗、習慣等の固有性、その他のあらゆるものがその形成に与《あずか》っている。ところでイスラーム文明に関していえば、聖俗を二分しないこの宗教において、他の多くの宗教が無視して憚《はばか》らない俗的な問題、政教のうちの政の部分が教えの中にどっしりと居を構えているのである。シャリーアのような法規範、ウンマのような政治的、社会的関心は、他の多くの宗教においては存在しない。それもあってか、欧米起源の宗教学は、固く領域を聖の部分に限っており、俗の問題に深く関わる宗教など宗教ではないといわんばかりなのである。それゆえ研究者の視線は、この非宗教的と観られる部分、シャリーアやウンマの部分にほとんど留意してこなかった。ここにも文化帝国主義の影響は明らかなのである。聖俗を分離しない教えのそれぞれの構成要素は、互いにどのような関係性を持ち、いかに機能しているのかという点に疑問を寄せるのは、研究者として当然のことであろう。その回答が本書の主要な部分であるが、ここから見えてくるのは、政教不分離の原則がそこに秘めている重厚な世界観である。これは、〈滑らかな空間〉の論理が持つ他者への開けは、現代文明の自己中心的性格が閉じ込めている毒気を、雲散霧消するための大きな力になるのではないかという可能性を保障するものである。

井筒哲学が到達したものを出発点として、それを現代の危機を乗り越えるための道具とするという考えは、遙か以前から筆者の脳裏には存在したが、文明の急速な劣化現象は、この思いをますます強くするものであった。タウヒード、シャリーア、ウンマの三極関係は、〈滑らかな空間〉の論理が構成されるための基本構造であった。この基本構造は、さらに多くの類似なものを見出し、世界の清浄化のために用いられなければならない。その点では浄土真宗の北島義信、アフリカのウブントゥー研究者松本祥志らの最近の著作は、大きな促しといえるであろう。同時に筆者が担当のイスラームの三極構造も、簡単な序論が提示されただけで終わっているので、さらに研究が深められる必要がある。その準備のために近年タウヒードの関連では、アッ＝タバータバーイーの『現代イスラーム哲学——ヒクマ存在論とは何か』を、またシャリーア関係ではW・B・ハッラークの『イスラーム法理論の歴史——スンニー派法学入門』を翻訳し、いずれも書肆心水から上梓した。いつもながら社長清藤洋氏に、心からの感謝を捧げる所存である。

二〇一六年一月

黒田壽郎

や　行

ら　行

わ　行

ま　行

な　行

は　行

た　行

さ　行

か　行

索　引

あ　行

黒田壽郎（くろだ・としお）

1933年生まれ。慶應義塾大学文学部仏文科卒業、同大学院文学研究科博士課程東洋史専攻修了。カイロ大学客員教授、イラン王立哲学アカデミー教授、国際大学中東研究所初代所長を歴任。著書、『イスラームの心』『イスラームの反体制』など。編著、『イスラーム辞典』など。訳書、コルバン『イスラーム哲学史』（共訳）、イブン・ハズム『鳩の頸飾り』、ガザーリー『哲学者の意図』、バーキルッ＝サドル『イスラーム経済論』『イスラーム哲学』、アッ＝タバータバーイー『現代イスラーム哲学』（第19回イラン・イスラーム共和国年間最優秀図書賞受賞（2012年））、ハッラーク『イスラーム法理論の歴史』など。

増補新版
イスラームの構造
タウヒード・シャリーア・ウンマ

刊　行　2016年2月（初版2004年10月）
著　者　黒田壽郎
刊行者　清藤　洋
刊行所　書肆心水

135-0016 東京都江東区東陽 6-2-27-1308
www.shoshi-shinsui.com
電話 03-6677-0101

ISBN978-4-906917-51-8 C0014

格差と文明 イスラーム・仏教・現代の危機 黒田壽郎著 （近刊）

イスラーム法理論の歴史 スンニー派法学入門 W・B・ハッラーク著 A5上製 四三二頁 本体六六〇〇円＋税

現代イスラーム哲学 ムハンマド・アッ＝タバータバーイー著 A5上製 二七二頁 本体五五〇〇円＋税

イスラーム概説 ムハンマド・ハミードッ＝ラー著 黒田美代子訳 四六並製 四四八頁 本体二八〇〇円＋税

イラク戦争への百年 中東民主化の条件とは何か 黒田壽郎編 四六上製 三二〇頁 本体二八〇〇円＋税

イラン・イスラーム体制とは何か 革命・戦争・改革の歴史から 吉村慎太郎著 四六上製 三八四頁 本体三八〇〇円＋税

カリフ制再興 未完のプロジェクト、その歴史・理念・未来 中田考著 四六並製 二五六頁 本体一八〇〇円＋税

中国回教史論叢 金吉堂・傅統先著 A5上製 三五二頁 本体六九〇〇円＋税

文語訳 古蘭（コーラン） 大川周明訳・註釈 上下二分冊 各 A5上製 三五二頁 本体五二〇〇円＋税

マホメット伝 大川周明著 四六上製 三八四頁 本体四七〇〇円＋税

安楽の門（大活字愛蔵版） 大川周明著 A5上製 二八八頁 本体五四〇〇円＋税